創見文化，智慧的銳眼
www.book4u.com.tw　　www.silkbook.com

再大的風雨，也擋不住渴望成功的心

納爾遜精神

夢想與奇蹟之書

王晴天、劉秌福、吳宥忠、唐子林、曾衣宸、温世君、黃光啟、葉繁芸、陳靜宜、
黃斐貞、李沛存、簡見家、楊雅雯、鄭玉環　合著

英國海軍名將納爾遜在暴雪天，堅持前往學校，終成大英帝國的海權象徵。
勝者靠的從來不是運氣，而是毅力與勇氣！奇蹟總在拚搏之後，夢想蘊於進取之中。
失敗的人只跟自己學習經驗，而成功的人是跟別人學習經驗。
且看劉秌福執行長等14位月入百萬王者的人生故事。

奇蹟總在拚搏之後，夢想蘊於進取之中！

手握這本書的同時，恭喜你！你已經踏上的一段嶄新的旅程，因為只要你開放心胸、投入閱讀，就能從這本書的故事以及內文中，得到許多啟發與體悟，讓你找到屬於自己的閃光點，成為夢想的實踐家。

或許，你是第一次聽到納爾遜將軍（Lord Nelson）的名字，但是，他在英國的重要性，可一點都不亞於滑鐵盧戰役中大敗拿破崙的威靈頓公爵，以及二戰期間堅定地領導英國對抗德國的首相邱吉爾。納爾遜的名字可能沒有威靈頓公爵或邱吉爾那麼響亮，但在英國卻占據舉足輕重的地位，從英國國家美術館前的廣場以納爾遜最出名的「特拉法加海戰」命名，就足以看出他在英國人心中的份量。

納爾遜（Horatio Nelson, 1758～1805）從小就堅定地想投入英國皇家海軍，並時時刻刻朝目標邁進。有一次，早晨起來的小納爾遜發現外面颳起了暴風雪，一般人在這種時刻，多半會放棄去學校。但小納爾遜卻毅然決然地前往學校，他的夢想就是成為榮耀的皇家海軍，眼前的暴風雨並不構成他實現夢想的阻礙，風雨無阻地前行，這是他還未成年就顯現的人格特質：如此這般地堅毅無懼！

在十二歲這一年，納爾遜如願加入海軍，之後參與了大大小小的戰役，當時拿破崙主宰著歐洲大陸，英國則掌控海權，為了成為真正的全球霸權，拿破崙多次發起海上戰爭，想要拿下海權。納爾遜前前後後參加過124次戰爭，包括尼羅河戰爭以及哥本哈根戰役，不僅維

護了英國進行貿易的海上路線，也粉碎拿破崙入侵英國、稱霸全歐洲的野心。

在這逾百場的戰役中，最為人稱道的，就是1805年納爾遜以寡擊眾的「特拉法加海戰」（Battle of Trafalgar），擊敗了法國與西班牙的聯合艦隊。當時法西聯軍擁有41艘戰艦，而英國只有33艘，在一度被攻破的情況下，納爾遜下達了他著名的命令：「英國盼望人人都恪盡其職。」（England expects that every man will do his duty.）可惜的是，就在英國已勝券在握時，一發子彈打中了納爾遜，造成無法挽回的致命傷，即便如此，納爾遜依然堅守本分，直到聽見英國勝利的消息，才嚥下他最後一口氣，自始至終，他都無畏眼前的局勢，堅定地率領軍隊贏得勝利。特拉法加海戰奠定了英國的海上霸權地位，從這一刻開始，英國正式進入「日不落帝國」的時代。

納爾遜善盡職守、絕不放棄的人格特質，到今天依然是英國皇家海軍的精神標竿，也正是本書所有作者能成功的關鍵。他們不放棄、不退卻，在危難時不放棄自己，在逆境中勇往直前，最終收穫成功，雖然作者們並非出身自英國，但卻是100%貫徹納爾遜精神的後繼者！

本書精選了十四位卓越的成功人士，介紹他們的拚搏精神，與納爾遜相同的是，他們從不因現狀坐困愁城，也不讓困境熄滅內心追求的夢想，永不放棄、絕不言敗，這就是書中十四位專家想要分享的內容。透過他們的人生故事，我們將認識各種「人格商數」（Quotient）——包含逆境商數、情緒商數、溝通商數、樂觀商數、創

新商數、心理韌性商數……徹底剖析各商數的定義、內涵、例子、以及提升商數的方法等等，希望藉此讓每一位深具潛力的讀者們，掌握自身的優勢，明白該如何培養並善用自己的人格強項。

　　成功絕非偶然，而是一種力量的釋放。每一位成功者，背後都有一段充滿奮鬥與熱血的故事。就像納爾遜一樣，即便在西班牙海戰時失去了右臂與右眼，但他沒有困於自己的情緒當中，休養之後又再度回到軍中服役，所以才能成就光榮的「特拉法加海戰」。而本書作者群所分享的故事，也不僅只屬於他們，這些故事與商數背後的啟發，能成為我們所有人的典範。每一位作者，都經歷過人生的挫折與苦難，但他們在挑戰中不斷打磨自己的性格商數，最終像納爾遜那般，在自己的領域當中熠熠生輝。

　　你絕不只是在閱讀一本書，更是開啟了發現自我的旅程。你將感受到內在的力量，看見自己的成長潛能。更會意識到，原來自己一直以來都擁有令人驚艷的能量小宇宙，只是還沒有找到出路而已。這本書，就是那把將你潛能釋放出來的鑰匙。讓我們一同探索自己，從作者們的分享中，找出啟動自身成功商數的開關吧！

創見文化　編輯團隊

CONTENTS

CONTENTS
★目錄★

08 Chapter 心理商數 MQ. *Mental Quotient*

09 Chapter 樂觀商數 OQ. *Optimism Quotient*

10 Chapter 熱情商數 PQ. *Passion Quotient*

逆 境 商 數

Adversity Quotient

AQ,

01-1 開創自己的人生至高點

焦點人物 陳靜宜 *Crama*

 資歷簡介 About Me

🎯 專業頭銜

📍 能量管理師 / 翻轉教練

📍 逆商智慧倡議人

📍 自我實現心理學踐行者

🎯 資格與證照

📍 中國三級婚姻家庭諮詢師

📍 2022 年魔法講盟兩岸百強講師

📍 國立政治大學企業管理碩士（MBA）

🎯 經歷與專長

📍 二十餘年宗教及身心靈領域修習，靈性名 Crama，智慧之火守護者。

📍 歷經數年財務、親子、婚姻關係全面挫敗，長期掙扎於人生黑暗低潮，在

成功金句 衡量成功的標準，不在站立頂峰的高度，而在跌入低谷的反彈力。——巴頓將軍

瀕臨全球金融崩盤的至暗時刻，積極落實修練身心靈及逆商知識，成功翻轉逆境，走出困頓多年的人生低谷。

● Crama融會貫通各家學說，去蕪存菁，致力於推廣逆商智慧與自我實現心理學，將翻轉人生的know-how建構出一套可實際操作且行之有效的完整體系。期望透過演講推廣、課程講解以及教練指導，協助成千上萬的個人與家庭，鍛鍊、提升覺知、覺察及覺悟力，升級人生作業系統。

● Crama主張以終為始，化逆境為願景。統合身心靈，從能量管理著手，有意識地覺知、覺察，轉化問題層級的低階情緒、思想、信念，解構過時僵化的自我定義，深入探索內核，錨定人生中軸線，與時俱進重塑價值，強化個人競爭力。從本質翻轉逆境，持續升級能量層次，發揮高階創造行動力，滿足自我實現需求，將高頻能量影響力擴及家庭及組織，全方位提升財務、親子與親密關係品質，輕鬆實現高自我價值的富足和諧人生。

● 歡迎與Crama攜手啟動人生版本2.0，共同打造豐盛富足、幸福和諧人生。

🌿**生平故事**🌿 Introduction

　　曾經有許多年，Crama長期掙扎於財務、婚姻與家庭親子等方面，處處受挫，極不順遂。十多年來，Crama在金錢路上跌跌撞撞，摔得鼻青臉腫，甚至痛徹心扉；後來更跌入黑暗的深淵，過著食不知味、膽顫心驚的日子。二〇一九年底，更瀕臨人生崩盤的危機，險些走到傾家蕩產、家庭支離破碎的境地。為什麼Crama會陷入如此艱難的處境呢？故事要從二十幾年前說起。

　　Crama畢業於國立政治大學企業管理研究所，擁有企管碩士學位

（MBA）。高學歷的她，卻選擇為愛走入家庭，心甘情願洗手做羹湯，成為一名全職家庭主婦，從備孕、懷孕、哺乳……開始，恪守一名人妻及母親的職責，親力親為地肩負起教養兩個兒子的工作與家務。

然而，懷抱夢想的Crama卻始終未曾與時代脫節，即便身為全職家庭主婦，依然積極把握住每一個寶貴的學習機會。尤其自從二〇一〇年起，孩子們陸續進入青春期，脫離國小階段的孩子不需要母親過多的接送與照料，於是Crama開始密集接觸各類金錢遊戲，其中包括高風險、高報酬的衍生性金融商品。

生性好奇、喜歡接觸新事物的Crama，為了滿足若飢似渴的旺盛求知慾，好學不倦，積極投入大量時間、金錢與精力，宛如海綿一般，竭盡所能地學習、吸收新知，並且努力地研究、實際操作，有時甚至到了廢寢忘食的地步。原本以為天道酬勤，萬萬沒想到，等待她的，並非源源不絕湧入的財富之流。每天看著帳上資產如雲霄飛車來回穿梭於高低起伏間，Crama的心情也像是洗三溫暖般反覆衝擊震盪。

爾時，心性未定的Crama，每每在股票、基金、期貨、選擇權等金融商品間殺進殺出，短線頻繁進出的結果，陷入反覆套牢、虧損不斷的惡性循環，再加上誤信友人介紹，將大筆金錢投入拆分盤及資金盤，導致財務缺口愈來愈大。每天帳上瞬息萬變的盈虧數字，以及經常告急的資金狀態，使得Crama食不知味，苦惱不已，卻又不敢坦誠相告，讓先生知情，於是人前故作鎮定，強顏歡笑，人後卻憂心忡忡，心有不甘。

在那段期間裡，Crama 經常處於緊張焦慮、提心吊膽的狀態中，惶惶不可終日，有如喪家之犬。甚至在最嚴重的時候，每逢結算的日子，只要一聽到電話鈴聲響起，恐懼害怕的情緒就會湧上心頭，久久不能平復。數年下來，在金錢路上屢戰屢敗，導致 Crama 自我價值低落，失去了年輕時的意氣風發與自信心。在這種惡性循環下，財富與資產難以累積，夫妻與親子關係疏離冷漠，自然不在話下。

二〇一七年夏，不斷加劇的虧損，逼得 Crama 不得不離開金融市場。就在手頭拮据、財務極度吃緊的狀況下，當時已赴美一年，身為高二交換生的兒子，做出繼續深造，跳級就讀美國大學的大膽決定。

一向積極鼓勵孩子勇敢追夢的 Crama，不顧先生與婆婆的反對，咬牙變賣家產：忍痛出清帳上虧損的股票、贖回基金，陸續解除手頭上所有能解約的保單，傾盡全力，勉強擠出百餘萬資金，用以支應孩子的學費及在美的各項生活開銷。怎料不到半年的時間，獨自在異國的孩子遭遇一連串的挫折打擊，承受不住壓力的他選擇半途而廢，中輟學業，之前咬牙積攢的金錢，以及耗費的心血，一夕之間盡化烏有。雪上加霜的是，孩子在美台兩地的高中文憑均告落空，正式學歷只能以國中畢業證書示之。

二〇一八年春，鎩羽而歸的孩子回到台灣。曾經滿懷激情與希望，開心終能出國一圓美國夢的孩子，卻被巨大的挫敗壓得喘不過氣來，只能半途而廢。像一隻折翼負傷的雄鷹，踉踉蹌蹌飛回熟悉的巢中，安靜地止痛療傷。

孩子選擇緊閉心門，與外界隔絕，切斷與家人所有的情感互動、迴避與父母間的任何眼神交流，俊秀的臉龐上總是繃著一張面無表情、寒若冰霜的撲克臉，親子關係疏離冷漠，比之於路人尚且不如。就這樣，孩子自我放逐，成天渾渾噩噩，如行屍走肉、爛泥般度日。沉淪一年後，終於開始力圖振作。

所謂浪子回頭金不換，孩子願意發憤圖強，身為母親的Crama自然樂觀其成。然而，命運的嚴酷考驗並未就此結束。由於不願再回到校園，於是在親友的建議下，孩子選擇入伍服役。兵役結束後，縱使正式學歷不高，沒有拿得出手的漂亮文憑，仍然設法自力更生，積極謀職，從餐飲、零售、外送業務、建築工人、計程車、保險經紀人……，孩子在眾多職業間輾轉流離。

俗諺「屋漏偏逢連夜雨」，可能是心神不寧，又或許是信心受損尚待修復。並未真正從創傷走出的孩子，屢屢諸事不順，職涯路上坎坷多舛、禍不單行，一次又一次的沉重打擊，讓抑鬱寡歡的他，開始考慮著手買炭，準備在中秋時節結束年輕的生命……。

當初咬牙送孩子出國唸書圓夢，誰會想到，散盡家財，換來的卻是一場空？Crama的丈夫生性勤儉保守，一年的高中交換計畫已是極限，原本就不贊成孩子繼續留美深造，經歷了這一連串的不順遂，更是對孩子失望透頂，對Crama則是極度不諒解；讓一心支持孩子的Crama，落得裡外不是人。

當時Crama的家庭長期籠罩在冰冷窒息的低壓氛圍中，丈夫連正

眼都懶得一瞧，夫妻兩人相對無言，形同陌路，甚至雙方都考慮走上離婚一途，家庭瀕臨破碎邊緣。傷心欲絕的Crama萬念俱灰，認定自己是個徹底失敗的妻子與母親，午夜夢迴，深覺生不如死，輕生的念頭一再浮現。

　　無數暗夜裏，Crama以淚洗面，一遍又一遍地質問蒼天，為什麼要遭受如此境遇？Crama自認是一個善良又努力的人，為何人生會走到這步田地？心灰意冷之際，Crama也曾認真考慮離婚，然而，多年全職家庭主婦的舒適安逸，以及在投資理財上的挫敗，使得Crama自信全無，不敢貿然走上自立的道路。

　　擦乾淚水，Crama暗自決定，除了好好挽回婚姻，也必須擁有一個獨立自主的事業及收入來源。痛定思痛，Crama決心遠離投機的金錢遊戲，並且虛心檢討以往過失。幾經思索，Crama驀然驚覺，雖然這些年一頭熱地栽進金錢遊戲場，然而，二十餘年來在宗教及各大身心靈學派中不離不棄的追尋，才是Crama與生俱來真正的天賦和使命。自此，Crama終於願意擺脫好高騖遠的習氣，沉下心來，腳踏實地，認真地實際操練所師長傳授的智慧與工具。

　　二〇二〇年初，新冠疫情在全球迅速擴散蔓延，許多國家或城市頒布居家隔離防疫政策，這項措施使得伴侶及親子在家相處的時間大幅增加，許多家庭關係的摩擦加劇，導致各地離婚率激增，但對Crama而言，卻因此迎來了婚姻翻轉的契機。

　　除了投資失利、親子關係生變之外，Crama多年來過度將重心放

在學習成長上，卻忘記用心經營婚姻，冷落了另一半，忽略了丈夫的感受，造成對方心生不滿，這也是親密關係漸行漸遠的一大主因。以往經常花大量金錢與時間到外地學習的Crama，在疫情肆虐期間，不再往外跑，轉而專心料理家務，並利用閒暇時間，有系統地整理身心靈知識。之前形同陌路的夫妻二人，興趣相左、相視無語，藉著關注疫情訊息，讓原本不看新聞的Crama，開始與丈夫有了共同話題，兩人的關係逐漸破冰。

關閉金錢上的黑暗通道後，隨著對身心靈的修練日深，Crama逐漸扭轉往昔驚恐慌張、焦慮不安的情緒，家中氣氛也一掃昔日寒氣逼人的冷漠疏離，取而代之的，是逐漸被歡聲笑語及飯菜香氣填滿的溫暖避風港。

不知從何時開始，親密關係漸入佳境，甚至比年輕時有更多的默契與交集。Crama回首婚姻路，一路走來，歷經幾番風雨考驗，反而促使雙方對彼此的了解更加透澈，夫妻破鏡重圓，感情更勝以往。

家，是一個能量場，也是一個命運共同體。

Crama著手管理個人能量狀態，一步步從清理、轉化、提升頻率做起，啟動了家中磁場的改變，進而改善親密關係，孩子身處其中，隨之轉變亦是意料中早晚之事。

二〇二一年九月份，孩子終於願意將過去一切歸零重來，從高中夜間部一年級唸起，不計曾經在台灣高中就讀一年、赴美一年半、輟學三年多的流逝青春，一步一腳印，腳踏實地填補人生失落的六年寶

貴光陰。

看著曾經迷途的孩子，白天打工賺錢，自食其力，晚上重返校園，用心學習自己感興趣的科目，Crama雖然不捨孩子蠟燭兩頭燒，卻也忍不住流下欣慰的淚水，明白自己這一路上堅持以信心、愛心、耐心，支持、陪伴、鼓勵、引領孩子的初衷，終究沒有白費。

好不容易找到人生方向的孩子，開始奮發向上。從小叛逆愛玩，學習成績差強人意，居然在重拾書本後，每學期名列前茅，優異的表現甚至被師長推薦參加政府科技人才密集培訓計畫。

二〇二〇年底，Crama獲頒中國三級婚姻家庭諮詢師證書。自此，Crama得到丈夫及孩子的支持，發心建立個人事業，將翻轉困境的點滴血淚，凝聚而成逆商智慧，佐以多年來實修研習的身心靈知識，廣為傳遞給千千萬萬的個人與家庭，期望幫助有緣人，以追求自我實現為驅動力，以終為始，迅速脫離人生泥淖，高效直達完成個人天命。

逆商智慧分享者陳靜宜

- 歷經數年之財務與親子、婚姻關係危機
- 成功翻轉逆境，走出人生低谷
- 中國三級婚姻家庭諮詢師
- 2022年魔法講盟兩岸百強講師
- 國立政治大學MBA
- 宗教及身心靈領域十餘年探索及實修
- 靈性名 Crama，智慧之火的守護者

波曼幸福人生學院 Love, peace and joy

逆商：巨變時代下，你最需要的能力

FB社團
與Crama一起打造幸福人生

社團福利有哪些?

掃碼免費收聽
接收好康不遺漏

FB 社團

掃碼免費收聽

總有一款奇跡
適合你 !!!

渡雲幸福人生學院 Love, peace and joy

聯繫方式 Contact Me

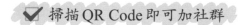
✅ 掃描 QR Code 即可加社群

👤 課程、演講邀約及教練服務諮詢，來信請寄至
　　E-mail：5dmagicplayercrama@gmail.com

👤 中國大陸地區來信請寄至
　　Email：cramachingichen@qq.com

FB 粉絲專頁

成功金句 「生命不是得到，就是學到。」當上帝為你關了一道門，同時也會幫你開一扇窗。

何謂逆境商數？
AQ. Adversity Quotient

逆境商數（Adversity Quotient）簡稱 AQ，是評估一個人處理壓力與挫折的能力，也被稱為「韌性的科學」。AQ 的概念是由保羅・史托茲在一九九七年發行的書所提出的（原書名為《Adversity Quotient: Turning Obstacles Into Opportunities》）。

在保羅・史托茲博士提出 AQ 的概念之前，一般為人所知的是 IQ（Intelligence Quotient）與 EQ（Emotional Quotient）兩項特質。智商（IQ）用來衡量一個人的認知能力，但隨著成長，我們開始意識到自己的情緒，這時候情商（EQ）就發揮很大的作用，維持情緒穩定、發揮所學，這是以往人們認為的成功條件。

但是，這樣的觀念只講對了一半，IQ 高的人能找到良好的解決方案、EQ 高的人能處理自身的情緒，但唯有結合 AQ（逆境商數），這個人在面對不如意時，才能穩定發揮 IQ 與 EQ。隨著年齡增長，我們在生活中遭遇的挫折會變得越來越棘手，這時候 AQ 就愈顯重要，它反應了一個人會如何應對困境，甚至有專家斷言，100% 的成功 ＝ 20% 的 IQ ＋ 80% 的 AQ 與 EQ。

能以絕佳狀態面對逆境的人，對事物會有一定的控制力，他們不光有正確的態度，還能即時行動。如果要進一步了解自己是如何回應逆境的，我們就必須更深層地去探討組成逆境商數的四大核心：控制力（Control）、責任歸屬（Ownership）、影響範圍（Reach）與耐力（Endurance），簡稱為「CORE」。

逆境商數的四大核心 CORE

1. 控制力 Control

當困境來襲，當下的第一反應即能定義你是戰士或逃兵。

面對眼前的不如意或打擊，若你專注的是「什麼可以改善」，而非「什麼無法改變」，對於解決問題就有相當大的幫助。

高爾夫球名人老虎‧伍茲（Tiger Woods）曾經是世界體壇最高薪、最家喻戶曉的名人。一九九七年，他以年方二十一歲之姿贏得名人賽；二十四歲就完成大滿貫，是達成這一項世界紀錄的最年輕選手。

在聲望如日中天的那一刻，誰都不會想到，伍茲之後竟面臨長達十年的低潮期，意氣風發的他爆發婚變、嗑藥和禁藥醜聞，加上嚴重的背傷，一下子從神壇跌落，自此之後便陷入一蹶不振的低潮。

正當伍茲的名字逐漸被球迷淡忘時，歷經四次背部手術的他，拿下了睽違十年的PGA巡迴賽冠軍。他激動地擁抱在場邊的兒女，因為這個冠軍獎盃象徵他從低潮奮起的姿態，也展露出他從未放棄的戰士

精神，比任何一次的冠軍都要振奮人心、深具意義。

🚀 2. 責任歸屬 Ownership

發生意外時，你會把焦點放在責備還是改善現況？

事件發生於一九一四年，第一次世界大戰期間，英國探險家薛克頓（Ernest Shackleton）帶領二十八人，打算橫越南極大陸，不料船行至半路，就遭遇和鐵達尼號一樣的冰擊而沈船，計畫也因此失敗。日後，這個探險卻被稱為「最成功的失敗」，這是為什麼呢？

這次的沈船事件之所以和鐵達尼號有完全不同的評價，全在奇蹟式的「全員生還」。薛克頓秉持著「一個都不能少」的強烈責任感，在七百多天的極地漂流期間，帶領團隊克服浮冰求生、內鬨、糧食短缺等問題，最終成功讓全員獲救。

「責任歸屬」是指不論哪一個環節出了差錯，原因為何、責任在不在你，你都承擔起一切。這個時候，你會採取行動，而非追究起因。就像合作一個專案時，某位同事所犯的愚蠢錯誤造成公司的虧損，但最終你仍會協助他補救，因為你們是一個團隊。這時候如果只想著歸咎責任，就只會抹殺團隊的思考和快速行動的能力。反之，若將精力、資源花在可改善的事物上，從中學習、培養互信關係，就能如薛克頓與團隊一般克服所有障礙。

 3. 影響範圍 Reach

界定逆境本身的影響範圍，並決定後續的處理方式。

你如何詮釋一件事情，會決定你將問題看得多嚴重。能冷靜評估逆境的影響，並調整做法，是許多成功企業能順利轉型，甚至搶得市場先機的關鍵，我們從現今最夯的影音串流平台Netflix說起吧！

Netflix建立之初，依然延續了舊式的DVD租借模式，只是採用「郵寄DVD到府」的方式。但隨著數位科技的發展不斷衝擊DVD租賃產業，所謂「危機就是轉機」，Netflix走上與百視達（Blockbuster）等DVD租賃龍頭完全不同的道路。他們不固執守舊，反而主動調整商業模式，將以往的付費制改為訂閱制，並運用科技開啟線上串流影音模式，一躍成為現今影音平台的市場領導者。

 4. 堅持力 Endurance

不僅指一個人面對壓力時的耐力，也包含你認為逆境會持續多久的評估。

一位平凡的巴基斯坦少女，年僅十四歲的馬拉拉（Malala Yousafzai）於搭乘校車前往學校的時候，遭到塔利班分子的槍擊，塔利班認為女童沒有資格接受教育，而這一槍就此改變了馬拉拉的生活。子彈打中馬拉拉的頭部，但她卻奇蹟似地生還，復原之後她不斷倡導女性受教育的權利，在英國成立馬拉拉基金會（The Malala

成功金句 我走得很慢，但是我從不後退。——前美國總統 亞伯拉罕‧林肯

Fund），支持巴基斯坦、肯亞等國家的教育發展，也在各種場合分享她的親身經歷，你很難相信，那些充滿力量的言論全來自於一個十幾歲的女孩口中。

十七歲的馬拉拉以史上最年輕的得主拿下諾貝爾和平獎，聯合國甚至將每年的七月十二日訂為「馬拉拉日」（當天是馬拉拉的生日），以表揚她不畏懼塔利班威脅，積極為巴基斯坦女童爭取受教育權利所做出的貢獻。

一般來說，及早「看到痛苦盡頭」的人會更堅強，馬拉拉是如此，集中營的生還者也是如此，因為他們認知到「無論現況多悲慘，它總是會改善，而且終究會過去」，這使他們能夠保持強大的復原力。

基本上，逆境商數的高低會由 CORE 的四項元素決定，逆境商數愈低者，遭逢困難時愈容易抱怨、怪罪別人；而逆境商數愈高的人，則會在面臨挑戰時中專注於「如何解決」，成為問題的解決者。

⭐ 提高逆境商數的祕訣 LEAD

史托茲博士以爬山為比喻，將人分為三類：低 AQ 的放棄者（the Quitter）、中 AQ 的露營者（the Camper）、以及高 AQ 的登頂者（the Climber），其中前兩類就占了七成，最後，只有三成高 AQ 的人，才能成為讓人仰望的標竿！

史托茲認為，無論你原本屬於哪一種類型，只要透過練習，都能提高逆境商數，成為成功的登頂者，他也提出了鍛鍊AQ的四個步驟，稱為LEAD。

01 登頂者
the Climber

02 露營者
the Camper

03 放棄者
the Quitter

Step1：L（Listen 聆聽你對逆境的反應）

遭遇挫折時，請先冷靜地聆聽內心的聲音，察覺你目前的AQ如何反應。辨識出你是偏向感情用事還是理智行事。以職場的狀況為例：老闆突然交辦給你一個迫在眉睫的重大任務，你會做何反應呢？

首先，我們可以透過「認知三角」模型去釐清你內在的情緒（feeling）、想法（thinking）、與行動（action）。這樣做的好處是，你可以在第一時間以客觀的角度，檢視自己的「反射動作」與聆聽內在「最真實的聲音」。

成功金句 平庸的人躲避痛苦，優秀的人不怕吃苦，傑出的人自找苦吃。

- **事件**：老闆突然交辦你一個迫在眉睫的大任務。
- **情緒**：為什麼又是我？倒楣耶，上次小陳離職也是叫我接手！
- **想法**：做不到啦！才給我五天的時間怎麼可能？
- **行動**：知道要做但卻拖拖拉拉，毫無動力。

在聆聽階段，最重要的是正視挑戰來臨的事實，與自己內心的反應，無論此時的你是山腳下的放棄者（the Quitter）、還是山腰上的露營者（the Camper）都無妨，坦然面對才是提升 AQ 的第一步。

🚀 Step 2：E（Explore 探索情況 & 承擔責任）

此時不需要急著扛起整件事情的責任，所謂探索，是找出狀況的癥結點以及確認你在過程中應承擔的範疇。當你辨識出具體的責任歸屬時，內在也會升起一股動力。在第二個階段，我們可以採取「評分─分析─評估」的模式，逐步釐清狀況。

★ **評分難度**：以 1～10 分為範疇去給分，1 為最容易，10 為幾乎不可能完成的難度。

★ **分析問題**：仔細拆解問題，釐清自己之所以認為困難的原因。

★ **評估行動**：針對各個問題點，試想自己是否能獨立解決？還是需要他人幫助？或者需要更多資源？

以前面的舉例（老闆突然丟出的任務）來分析，會產生以下的結果：

一、評分難度：為8.5分的高難度任務。

二、分析問題：

▶ 覺得時間太緊繃，根本不夠。

▶ 認為自己無法勝任，就算不吃不睡也無法完成。

三、評估行動：

▶ 時間壓力：評估時間，與上級商談，看能否多爭取一點時間。

▶ 感覺無法勝任：有哪些是能自己處理的？是否需要他人的協助？

從第一個步驟的L（聆聽）找出情緒反應，到第二步驟的E（探索）理性思考，這正是逐步往高AQ靠攏的過程。

 Step 3：A（Analyze 分析證據）

這是四個步驟中最關鍵的一環。其實從前面的「認知三角形」與「探索情況」就能發現，除了事件本身的難度之外，心態也是阻止我們往前邁進的主因。所以，在第三個步驟當中，你必須將「事實」與「假想內容」分開，轉換心態，清除阻擋你行動的障礙。

在我們上述的舉例當中，可以看到「為什麼又是我？」、「很倒楣」等情緒性字眼，這些感受會形成假想的內容，許多人會因此形成心理暗示，不斷告訴自己「我做不到、我沒辦法」，因而影響到後續行為（變得毫無動力與拖延）。即便透過探索（步驟二的Explore）釐清

成功金句 你弱的時候，壞人最多。這個世界的溫柔，都來自於你的強大。

問題點，我們也經常陷入「惡性假想的迴圈」，想要跳脫出來，就必須專注於客觀事實上。

你可以問自己：「有哪些證據能證明我無法掌控這件事？」你的證據可能是時間壓力、可能是對任務不夠清楚，但分析之後就會察覺，有問題並不等於你做不到。如此一來，你才可能擺脫挫折的限制，證明你對逆境的想像是不恰當的。

我們必須學會正確地檢討事件，才能對症下藥。分析問題的根源有哪些是自己造成的？哪些又是自己無法控制的？別將所有的責任都歸咎於自己身上。相反地，你要客觀地去劃分責任歸屬。要記得，無論如何都不要讓自己長時間地處於受苦的狀態。

Step 4：D（Do Something 採取行動）

俗話說得好：「知易行難」，D 這個步驟是最簡單卻也最困難的一步。在花了許多時間思考之後，接下來就要將計畫化為行動了。在這個階段，不妨從「如何掌控狀況？」、「你能做什麼來縮小負面影響？」、「該怎麼做才能度過逆境？」等方向著手，一步一腳印地執行自己能力所及的部分。

行動1. 具體的執行步驟

訂下行動目標與時間表（包含截止日），並立即執行，如此便能克服拖延的惡習，以下提供幾個擬定計畫的切入點：

切入點❶ 我需要什麼額外的資訊？能向誰詢問？

切入點❷ 我該在何時採取行動？哪一天應該做什麼事？

切入點❸ 是否有方法控制負面影響的範圍（或縮短時間影響）？

切入點❹ 我能控制的事項有哪一些？有哪些是不確定因子？

切入點❺ 這些行動當中，最應該優先執行的是哪一項？

行動2. 定期獎勵與自我鼓勵

在練習行為的改變時，難免會有自我懷疑的時刻，「這樣真的可以嗎？」、「不會出問題嗎？」消弭這些質疑之聲的最佳方法，就是獎勵與鼓勵。每當達成你計畫表中的小目標時，就給自己適度的犒賞；當產生自我懷疑的負面想法時，就想想三個自己做得好的地方，以肯定取代自我質疑。

行動3. 適時地尋求協助

向他人尋求幫助並非懦弱的表現，而是對自我有良好的理解（所以明白哪些事情已超出能力範圍）。對於力所能及的部分盡力完成，其他則善用資源與人脈來協助處理，才能妥善地處理困難。

LEAD的前三個步驟能幫助你思考、找出該專注的事項，最後的D則能讓你採取有意義的行動。若能適當地運用LEAD四個步驟，就能有效提升AQ力，避免被連續不斷的挫折擊垮。

成功金句 真正的強大，不是忘記，而是接受。接受人生中的遺憾，接受人生的孤單，也接受那個不完美的自己。

你的情緒保護色模樣

內心感到受傷、遭遇到各種困境……這些都是生活中經常會發生的事。然而，在每一個「倒楣」時刻，你會怎麼做呢？輕鬆回答以下問題，看看該如何處理你的情緒才好？

Q1. 今天是你的生日，但完全沒有人做任何反應，你會……

a. 可能大家都太忙了，也或者是想要給我一個驚喜吧！ ………… ◇

b. 我自己一個人也可以去大吃大喝啊！ ………………… ◎

c. 算了，我早就習慣了，這不重要。 …………………… ★

d. 感到很憂鬱，自己躲起來難過。 …………………… △

Q2. 朋友和你應徵同一份工作，結果只有他被錄取，你會……

a. 心裡不甘、難過，暫時不想看到他。 ………………… △

b. 下一個被錄取的就是我了，先祝福他吧！ ……………… ◎

c. 對這件事情保持冷漠，不想有什麼反應。 …………… ★

d. 朋友一定有認識的人幫他引薦，絕對不是實力問題。 ……… ◇

Q3. 和你相伴多年的愛犬/愛貓死掉了，你會……

　　a. 難過得無法自拔，在房間裡掉眼淚，或和別人訴苦。 ⋯⋯⋯⋯ △

　　b. 不要再想這件事情，把和牠有關的東西都收起來。 ⋯⋯⋯⋯ ★

　　c. 寵物本來就會死，牠如果再晚一點死會更痛苦。 ⋯⋯⋯⋯ ◇

　　d. 把難過的心情寫下來，或者是藉由其他方式排解悲傷。 ⋯⋯⋯ ◎

Q4. 看到一台完全符合你喜好的平板電腦，但錢不夠你會……

　　a. 不要去想，當作沒有看過那台平板就好。 ⋯⋯⋯⋯⋯⋯⋯ ★

　　b. 去向朋友或父母央求，借點錢來達成願望。 ⋯⋯⋯⋯⋯⋯ △

　　c. 努力賺錢、存錢，希望有朝一日可以買下它。 ⋯⋯⋯⋯⋯ ◎

　　d. 算了啦！平板電腦有什麼好的，還怕被刮傷，太麻煩了。 ⋯⋯ ◇

Q5. 你喜歡的對象即將要和別人步入婚姻的殿堂，你會……

　　a. 居然沒選我，真沒眼光，他以後一定不會幸福。 ⋯⋯⋯⋯ ◇

　　b. 去旅行、散心，試著讓自己接受並祝福他。 ⋯⋯⋯⋯⋯⋯ ◎

　　c. 跟別人抱怨，哭哭鬧鬧，或借酒澆愁。 ⋯⋯⋯⋯⋯⋯⋯ △

　　d. 不要再想他了，趕快找另一個人來愛。 ⋯⋯⋯⋯⋯⋯⋯ ★

成功金句 當我們在生活中遇到真正的悲劇時，要嘛失去希望，陷入自我毀滅；要嘛利用這個挑戰來找到我們內在的力量。──達賴喇嘛

 解答與分析

選★最多的人　【壓抑型的情緒保護色】

面臨困境的你，會下意識地將那些不愉快排除於你的意識之外，透過刻意遺忘或避不去想，藉此減輕自己的痛苦。雖然這樣能讓你免除情緒失控的情況，但悲傷並不會隨之排解。你的難過與困擾就如同垃圾一般，逐漸在心底堆積，不是不存在，所以在某些時刻，這些情緒垃圾就會爆發，讓你深感痛苦。

建議你，好好整理內心的情緒，過度壓抑只會讓心靈深陷不安，請記得，你永遠不是孤單的，可以找個人傾訴，把話說出來或許就能舒緩許多，適度的宣洩對於心理健康是有所裨益的。

選◎最多的人　【昇華型的情緒保護色】

你很清楚深陷於負面情緒當中，對情況不會有幫助，所以當你遇到困境時，你會試著將自己的注意力轉移到其他事情上，例如透過旅遊、聽音樂、看電影、或寫日記等方式去宣洩內心的情緒。這樣的你一般給人的感覺是豁達而理智的，具有溝通和包容的能力。

建議你多加觀察自己的強項，在這些釋放情緒的管道中找到最吸引你或最得心應手的項目，這往往能讓你的天賦得到最大的展現。比方說，將失戀帶給你的苦楚化做文字，或許就能發掘出你在創作方面的潛力喔！

選◇最多的人 【合理化型的情緒保護色】

當你遇到不順心的事情時，「找藉口」似乎是你最常用的策略。你會用各種理由告訴自己：「其實那個東西也沒那麼好。」讓自己認為得不到的東西必然不好，藉此讓內心舒暢一些、減少不快。但是這樣的你，是不是錯失了許多值得追求的事物呢？明明在乎，卻裝作一副無所謂的樣子，這樣下去不僅是自欺欺人，日後也很容易後悔喔！

建議你先從「正視內心的情緒」開始做起，有一句話是這麼說的：「如果你覺得放棄夢想是一種解脫，那你永遠不會成功。」你的人生目標、企圖、夢想，如果沒有透過追求，就不可能到來，下一次遭遇失敗時，不要先酸葡萄心理地去否定，為自己奮鬥一次吧！這樣一來，你將能蛻變為命運的掌控者。

選△最多的人 【退化型的情緒保護色】

逆境來襲時，你會變得相對不成熟，回到童年的行為模式，例如你會躲在房間裡大哭，任由自己情緒失控，或者依附在某個人身邊，向他們訴說你的痛苦。即便你平時是一個非常理智的人，在這種時候，你會變得驕縱而依賴。這樣的你需要一個能夠全然理解並關懷你的人，他必須像一位有包容力的長輩，能夠在你需要時提供安慰與照顧，直到你的情緒平穩下來。

提醒你，發洩情緒和找人傾吐固然重要，但若頻率過高，對方再

成功金句 逆境會檢測一個人的品格，一個人的真實品格通常在逆境中顯露無遺。

怎麼成熟，耐性都會被你磨光。因此，你必須學習獨立處理問題和情緒管理，不要過度地傾倒情緒垃圾，畢竟，沒有人喜歡跟一個充滿負能量的人相處啊！

困境不能屈服心智

(焦點人物) 温世君*Joy*

01-4

 **資歷簡介** *About Me*

温世君，英文名字是 Joy
意思是喜悅／喜樂／高興／幸福／勤奮

🎯 生活經歷

📍 南北水果批發買賣 20 年

📍 紫竹林早餐店 8 年

📍 台北市交通義勇警察 6 年

📍 智慧型立体業務首席顧問

🎯 畢生志願

📍 全力推動終身學習，讓所有喜歡學習、熱愛學習的人，都能得到最完善、最完整的教育培訓，為國家培養更多的優秀人才，提升國家競爭力，讓大家可以邊學習、邊賺錢、邊創業。

📍 協助各領域專家、成功人士、企業老闆、創業家……出一本自己的書。

(成功金句) 只有當你開始做自己不敢做的事情時，你才會開始成長。

生平故事 Introduction

　　大家好，我是溫世君，從小在農村長大，我的父親是遺腹子，所以生活過得非常辛苦，雖然家境貧窮，卻阻止不了父親的好學精神，父親為了要上小學，就去幫人牧牛，做些小零工，以賺取自己的學費，日子雖然辛苦，但他依然憑藉自己的力量從小學畢業，在那個年代，很多人是完全沒念過書的！小學畢業之後，我爸爸又想辦法做了各式各樣的雜工，瞞著家人偷偷地報名了初中考試，沒想到真的考上了！當父親高興地跟家人報喜時，以為兄弟姐妹會全力支持，卻沒想到得到的並非肯定的回應，而是無情的阻止。父親雖然說自己會想辦法賺取學費，不曾用到家裡的一分錢，卻還是得不到家人的支援，萬般無奈之下，父親只好放棄自己的志願，開始了一輩子的農夫生活！

　　父親常勉勵我們一定要好好地上學讀書，將來才會有出人頭地的機會，也經常語帶遺憾地感嘆說：他們是欠栽培的一代！

　　我有四個姊姊和一個弟弟，因為家境清苦，所以小時侯姊姊都會利用學校放假期間，主動帶領我們這群弟妹去田裡幫忙，舉凡播種、除草、施肥……等等，只要是能幫的忙，她們都會帶著我們一起去做，深怕父母親因為太過勞累或辛苦而生病，現在回想起來，當時的生活雖然辛苦，卻也很幸福！

　　為了改善家裡的經濟情況，姊姊們國中畢業後就到外地工作，賺錢貼補家用，雖然大家都在外地工作，卻不約而同地省吃儉用，每個月只要一領到薪水，就馬上把錢寄回家資助父母，父母親既感動又心

疼！但家中的經濟也因為姊姊們的努力而得到了改善。

我的學習之路還算平順，國中畢業後，為了不要給家裡太大的負擔，我順利考取了屏東高級工業學校夜間部的汽修科。考量到就學的便利性，我離鄉背井，到屏東市區的某間修車廠當學徒。學徒的生活非常辛苦，除了必須包辦修車廠的所有雜事之外，連老闆家裡的事務也必須處理，甚至三更半夜常常被叫起床，跟著師父去做道路救援，修理故障車，吃不好也睡不好，還學不到什麼技術！因為只要有技術性的工作時，老闆就會把我支開去做一些雜事，等我快速地把雜事做完，想一探究竟時，技術性的工作早已完成，所以一年的時間裡幾乎什麼都沒有學到，只有做不完的雜事！

放寒假時，我利用空檔，偷偷地去找需要學徒的汽車保養廠，皇天不負苦心人，終於讓我找到別間汽車保養廠，我馬上辭掉了學徒的工作，跑到第二家汽車保養廠當學徒。相較於前一家，這裡不但生活津貼較高，老闆又很樂意把技術教給我，不到半年我就成長為「半師傅」，也學會了開車，並且在剛滿十八歲生日的時候，順利取得汽車駕照！當時我體會到一件事：「命運掌握在自己的手上，一切只能靠自己努力爭取」！

軍旅生涯期間，我先是到嘉義訓練中心受訓，之後被分派到大園的司令部，接著又被派到花蓮的營部，最後是台東的連部，接著為了接受基地訓練而到屏東大鵬灣。訓練結束之後，整個部隊直接移防到馬祖北竿鄉，接著是馬祖西莒鄉，當時因為蔣經國的去逝，外島直接提升至二級戰備狀態，真的是風聲鶴唳，隨時都有開戰的可能！新來

　成功金句　只要你有信心和決心，失敗永遠不會是你的終點。

的新兵幾乎哭成一團……，當兵期間輾轉各處，最後回到台中清泉崗退伍。三年的軍旅生涯，讓我徹底從懵懂無知的少年蛻變成獨當一面的男性。

為了改善家裡的經濟情況，退伍後，我瞞著父母親，藉口要到台北找三姊、四姊玩，開始了創業的第一步。早期的農村生活非常辛苦，只能靠天吃飯，父親的運勢也不平順，經常在快要豐收的時刻遇上天災！一下西瓜被大水沖走、一下香蕉被颱風吹倒，再加上「行口」（大盤商）的欺負，簡直是雪上加霜。所以我在心中立了一個志願，我一定要讓產地的水果直接送到消費者手上，改善所有農村子弟的生活！

來到台北的我先找四姊借了十萬元當作創業基金，接著我找上當時生活非常艱苦的三姊，因為三姊夫胃癌開刀之後，沒有辦法工作，所以三姊的家境非常的艱困。她一方面要照顧三姊夫，另一方面還要拉拔三個小孩子，生活費加上孩子學費的開銷，龐大的經濟壓力壓得她喘不過氣，因此，我邀請了三姊夫跟我一起賣水果，一方面是壯膽，二方面也能解決三姊家的經濟問題。

開業第一天的半夜兩點半，我們就開著小發財車一起到板橋行口批發水果，接著到永和福和橋下開始創業的第一步，現在回想起來，確實有些可笑，但也滿好玩的，兩個從來沒有做過生意的菜鳥，竟然在一個半小時之內把十大箱的龍眼全數售出，當我們興高采烈地回到家，三姊還被我們嚇了一大跳，一開口就問：「你們不是去做生意嗎？怎麼這麼早就回來了？」我跟三姊說水果已全數售罄！接著我們將錢放在桌上，算了算、數了數，這才開業第一天，我們就賺了將近 1700

元，這個時候，我才看到三姊久違的燦爛笑容！

我們從一天賺1700元，進步到一天賺2000元，接著是一天賺3000元，甚至於一天賺4000元！天啊，這在民國七十八年的時候，已經是高收入了，兩個月後，當我向家中報喜時，父母親簡直不敢相信！一個傻兒子到台北玩，竟然玩成一個老闆！這簡直就是奇蹟啊！

弟弟退伍之後，也加入我們賣水果的行列，然後是四姊與二姊，一家人都跟著投入賣水果的行業，我們的水果家族就成軍了！兄弟姊妹家庭的經濟也因此得到改善，而我這個原本什麼都不會的農村小孩，也搖身一變，成為兄弟姊妹最有力的靠山，看著父母親從愁眉苦臉變成眉開眼笑，我知道，這是我這輩子做得最正確、最有意義、最有價值的一件事。

我跟我老婆是在佛堂認識的，第一次看到她的時候，我就覺得她有一種獨特的氣質，長得也很漂亮，第一眼就吸引了我。一得知她單身，我就立即展開了追求的攻勢，我幾乎每天都挑選品質最好的水果送給她，她也樂於將水果分享給所有的同事，沒多久她的同事就為了能吃到高品質的水果，而把她給賣了！

美味的水果收買到的可不只有老婆的同事，我岳母也因為吃到獨特品質的水果，而開始對這個未來的女婿產生興趣……。就這樣，我們兩個人在眾人的祝福之下，很快就完成終身大事，隔年，我們愛情的結晶就誕生了，當時的收入還算不錯，老婆為了給孩子最好的環境、受最好的教育，再怎麼貴她都覺得值得！所以我兒子有寶貝世界的VIP卡，到最貴的道生幼稚園就學、上英文補習班……。

成功金句 沒有任何一次失敗是徹底失敗，只要你從中學到了東西。

隨著大環境的變遷，我知道不可能一輩子靠賣水果為生，所以決心創業，所謂隔行如隔山，因為自己學識不足、社會的歷練也不夠，結果以失敗告終！就在我想要東山再起的時候，偏偏老婆又被診斷出帕金森氏症，兩個小孩子還在唸書，生活開銷、醫療費、學費……龐大的經濟壓力壓得我幾乎喘不過氣，一夜之間整個頭髮竟全白了！我每天做三份工作，甚至還利用空餘時間去當台北市的義交，指揮交通，一天工作將近二十個小時，白天有忙不完的工作，回到家還有一堆家事……。本以為我只要夠努力、夠認真、夠打拼就能改善家中現況，沒想到拼到最後的結果，就是住院！

　　住院的時候，我整天都在擔憂「怎麼辦？怎麼辦？接下來到底該怎麼辦！老婆得了帕金森氏症，兩個孩子又還在唸書，現在我還倒下了，簡直是是雪上加霜。」住院期間，我想了很多，領悟到我不可能再靠勞力或體力來改善家裡的經濟，所以無論如何，就算失敗過，再辛苦、再勞累，我也一定要想辦法創業。

　　出院之後，我還是必須面對做不完的工作，不一樣的是，我會利用零碎時間尋找東山再起的機會！外面雖然有很多機會，但也處處是陷阱！就在我走投無路、完全絕望之際，終於遇到了我生命中的貴人、人生中的教練，劉秌福執行長夫妻。真的！真的！真的！如果沒有遇見他們，我真的不曉得該如何走下去，他們夫妻讓我在茫茫大海中看到一線曙光，也讓我明白，唯有透過大量學習，強迫自己成長，才有東山再起的機會。反覆思考之後，我決定放手一搏，跟我們隊長請了兩個月的長假，開始全心投入學習，兩個月的時間很快就過了，接著

我又請了兩個月的假⋯⋯！

花了半年多的時間大量學習，終於讓我等到了機會，在執行長以及業務團隊的協助與幫忙之下，我們快速地在宜蘭闖出了一片天，正當我們要繼續開拓疆土的時候，卻遇到了COVID-19！在疫情的衝擊之下，所有業務幾乎停擺！因為只要聚會超過五個人，就會被舉報、罰款⋯⋯。

疫情對公司的衝擊非常大，因為無法舉辦活動，業績也因此一落千丈，沒有獎金可以領，原本百人的團隊規模不斷縮小，只剩下三個人⋯⋯。我堅信跟著執行長絕對能夠成功，無論疫情多麼嚴重，我們還是加強訓練基本功！

在疫情漸漸緩解之後，我們決定從共享空間重新出發，從三個人開始凝聚力量，到八個人、十個人、二十人⋯⋯。

執行長的人生曾歷經四次的大起大落，所以想要出一本關於夢想與奇蹟之書，透過夥伴的介紹，我認識了生命中的第二位貴人，王晴天博士，透過團隊夥伴的安排，我們參加了王晴天博士八大名師的課程，課程中學到許多以前完全沒有聽過的知識，兩天的課程讓我收穫滿滿，體會到學習的重要性。我終於了解過去自己為什麼會失敗得這麼慘！兩天的學習內容，徹底顛覆我過去的種種想法與觀念，過去之所以會一敗塗地，是因為我從來不願意花錢學習，我以為自己的社會經驗豐富，什麼都懂，卻沒有想到隔行如隔山，所以才會失敗得這麼徹底！因為，知識的落差就是財富的落差！

課程結束之後，我告訴自己，無論如何都必須開始大量學習，因

成功金句 失敗並不可怕，可怕的是不去嘗試。

為投資自己的大腦永遠是最有價值的！我知道學習必須花很多錢，因為我有一個朋友，為了學習花了將近100萬，這對我來說簡直就是天方夜譚！就在我不知所措之際，我聽到了我生命中的兩位貴人要合作開辦智慧型立体學習！令我不勝欣喜！這簡直是老天爺送給我的一份大禮物，讓我感到高興、感動、也感恩。為了成為當中的一員，我想辦法向親朋好友籌措金錢，加入了智慧型立体學習，從此以後，只要有任何的課程，我都不缺席，把握每一次的學習機會，課程、講座、讀書會……帶給我一次次的驚喜，也非常感動！這是許多人夢寐以求的事業，因為智慧立体讓我們邊學習、邊賺錢，還能創業，簡直是太棒了！

因此，我許下一個願望，我要全力推動智慧立体學習，讓所有熱愛學習、期盼成長的人，都能得到最完善、最完整的教育培訓，為國家培養更多的優秀人才，不僅提升自我，還提升國家競爭力，讓大家得以邊學習、邊賺錢、邊創業。

上了人脈教練momo老師陌生開發的課程之後，我忽然開竅了！momo老師的課程非常好！非常棒！滿滿的乾貨！全部都是自己親身的實戰經驗！自己親身的實際案例！透過課程的錄音，我不斷反覆聽、並抓緊機會反覆練習，從不敢與人分享，開始學著向別人分享，到如今我見人就分享，我每天都樂在其中，我要讓天底下熱愛學習、喜歡成長的人，都能加入智慧型立体學習這個大家庭。

沒想到我只是大量地學習，勇於去分享，在一個月之後，我的獎金竟然將近20萬！我真的太高興、也太感動了！因為這是我的救命

錢！過去為了負擔家計，我已經負債了好幾百萬，與老婆商量之後，我老婆從反對到支持，兒子、女兒也都陸續加入了智慧立体這個大家庭，透過持續的學習和大量的分享，半年下來，我們已經領了將近100萬了！這簡直就是奇蹟啊！

王晴天博士和執行長為了協助大家快速成長，提升實力的同時，還能以最快的速度成功，所以精心策劃了「168成功啟動班」來協助所有渴望成功的家人和夥伴。這個班簡直是太棒了！課程中列舉了所有成功與失敗的案例，針對細節做了詳細的解說和剖析，也引導現場的家人夥伴看見自身的優點和缺點，手把手地將成功經驗傳承下去，化為得以複製的具體做法。

透過分組競賽、分組演練、分組研習、分組探討、學習分享，智慧立体的種子教官們已經慢慢養成，所謂來得早不如來得巧！

智慧立体學習已經做好萬全的準備，準備立足台灣、放眼全世界，歡迎各位有緣人一同加入智慧立体，讓智慧立体長長久久，延續這份熱情與使命感，讓更多人因知識而受益。

 聯繫方式 Contact Me

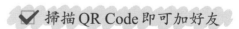 掃描 QR Code 即可加好友

LINE	微信 WeChat

成功金句 奇蹟會發生，但是你得為之拼命努力。

逆境商數與人格特質
Know More about AQ

01-5

　　逆境商數（Adversity Quotient）指一個人擁有的挫折忍受力，以及面對困難的處理能力，是由保羅・史托茲博士（Paul Stoltz）於一九九七年提出的概念。當時他以不同國家、各行各業的人士作為研究的受訪對象，調查結果顯示，有百分之九十八的受訪人士都認為未來的時代將會充滿挫折，變得更加混亂。可見早在上個世紀，大部分的人就意識到逆境將成為常態。

　　逆境商數是許多性格特質的綜合評估結果，舉凡正向思考、心理韌性、壓力調適、意志力等等，都是影響逆境商數高低的因素。古詩云：「不經一番寒徹骨，焉得梅花撲鼻香。」沒有暗礁，怎能激起美麗的浪花？正因生活有苦難，才顯得精彩豐富。若人生只是一條毫無起伏的水平線，未免太過單調。成功的高潮與困境帶來的低潮，能使人生這齣劇本變得更加有內涵。逆境讓人嚐遍酸甜苦辣，使我們得以成熟圓融，透過每一次的挫折蛻變。

逆境商數之於現代社會

　　從以往只重視智商（IQ）與情商（EQ），轉變為加入逆商（AQ）

的三Q支柱，愈來愈多人認為逆境商數才是左右人是否能成功的關鍵。專家們也呼籲必須從小培養孩子們的逆境商數，長大後才能獨立成熟，不可諱言的，到了二十一世紀的現在，逆境商數已成為不容忽視的人格特質，其重要性之所以日漸增長，有以下幾點原因：

原因1→ 不斷變化的環境

現代社會的變遷迅速，科技每一天都在進步，在這樣充滿了不確定和複雜性的社會中，逆境商數愈高的人，就愈能平心以對。因為它強調的是在困境與挑戰中保持積極態度、尋找解決方案的能力，就算一時無法適應，高逆境商數的人也會主動改變這樣的被動情況，透過學習來跟上變遷。

原因2→ 心理健康的重要性

逆境和壓力是生活中不可避免的一部分，例如受到COVID-19疫情衝擊而紛紛關門的餐廳，或者是由於沸沸揚揚的Me too事件而浮現的性別議題，種種事件都可能引發焦慮、壓力、抑鬱等心理問題。在這其中，擁有高逆境商數的人因為具備面對困境的能力，所以能維持正向的思維方式和應對策略，更能維持心理健康的平衡。

原因3→ 快速的個人成長與發展

人人都期望一帆風順，但這樣長大的人往往會成為溫室裡的花朵，

成功金句 你無法改變過去，但可以從中反省學習！你無法跳脫現在，但可以選擇活得精彩！

光鮮亮麗卻脆弱不堪。其實，逆風境遇才提供了個人成長的絕佳機會，它迫使人面對挑戰，並從中學習，由此鍛鍊出的逆境商數將成為伴隨一生的寶藏。透過逆境商數的磨練，將激發出更多的自我提升，無論在日常生活或職場，這樣的人都更具競爭力。

困境來襲的應對態度

在處理困難時，大多數人都會經歷「處理情緒 → 冷靜分析 → 確定計畫 → 著手執行」這幾個步驟，但逆境商數高的人在這個過程中，會產生不同於常人的特殊之處，這也是他們之所以能平穩面對困境的主因，以下列舉幾項高 AQ 者遇事的反應。

★ **快速接受眼前的困境：**高逆境商數的人不會浪費時間在否認現況或沮喪的情緒上，他們明白解決問題的重要性，所以能迅速調整思維。

★ **主動尋求支援：**高逆境商數的人理解團隊合作和共享資源的重要性，所以他們不會把一切都攬在自己身上，而會主動尋求他人的支援，願意與他人合作，以找出最佳解決方案。

★ **積極利用資源：**除了懂得尋求他人的幫助之外，高逆商的人還善於利用現有資源，將其整合和運用。樂於突破的性格能幫助他們在有限的條件下找到創新的辦法，達到更好的效果。

★ **創新和突破舒適區：**由於個性上具彈性，所以高逆商者樂於挑戰傳統思維與做法，願意嘗試新方案。他們能夠跳出舒適圈，勇於冒險並尋求突破，對他們而言，全新的想法會帶來成長的契機。

★ **持續學習和反思：**逆境商數愈高，就愈能在困境中反思和學習，這類型的人會分析問題的成因，並正視其帶來的影響，從中釐清可以改進之處。他們將逆境視為成長的機會，並於解決的過程中不斷提升自己各方面的能力。

提升逆境商數的方法

法國文學家福樓拜（Gustave Flaubert）曾說：「人的一生中，最光輝的一天並非功成名就的那日，而是從悲嘆與絕望中產生對人生的挑戰、以勇敢邁向意志的那一天。」

當殘酷的現實襲來時，能在逆境求生的人將能變得更堅韌不拔，而非衰頹不振。這些人具備直接面對痛苦的勇氣，他們會鼓舞自己：「我絕不放棄、不投降，或許得花很長的時間，但我一定能獲得最後的勝利！」不讓眼前的境遇成為前進的障礙。

人生的高峰總是短暫，大部分的時間，我們不是在往上爬，就是在走下坡。所以，眼下必須留心的，就是在生活中不斷提高自己的逆境商數，以下提供能將逆境商數落實在生活的具體做法。

做法一、接受挑戰性任務

不用被動地等待考驗到來，你可以主動尋找具有挑戰性的任務或計畫，並努力克服其中的困難。類似的計畫像是學習新技能、參加競賽、或開設一個創新的專案等。比如你決定去學習一門新的語言，這

成功金句 把磨難當成自己的「磨刀石」，在「磨難」的磨礪下，心志會愈發堅韌。

需要持之以恆的努力，很具挑戰性。遇到學習瓶頸時，試著積極尋找學習資源、提醒自己莫忘初衷、或者使用不同的記憶策略等等，若你以往的新嘗試經常以半途而廢告終，這次請告訴自己，你永遠有比放棄更好的選項！

做法二、經常反思與學習

無論是學業或職場，面臨困境時，請多加反思，尋找改進的空間。當逆境過去，也要記得問自己在困難中學到了什麼、如何改進自己的應對方式等等，以期日後運用這些經驗來面對挑戰。

負責的項目慘遭滑鐵盧就是職場中常發生的事情，在感到挫敗之餘，請花時間思考失敗的原因和影響，假如是自己在專案管理方面的技能不足，你就能主動提升這項能力，下次當你遇到另一個新項目時，便足以處理。

做法三、開放心胸，接受新觀點

時時保持開放的心胸，接受不同的經驗與觀點，能夠擴大我們的思維視野，讓我們有能力跳脫固有的思考框架，進而以不同視角去看待生活中的挑戰與困難。例如去參加團隊合作的工作坊，在這個場合裡，你將有機會與來自不同背景、專業領域的人共同工作。你不僅能在過程中看見各式各樣的思考方式，更能學會如何建立有效的溝通橋樑，甚至見識到全新的策略和做法，這種開放的心態與實際經驗對於

提升逆境商數有著極大的助益。

做法四、尋求支持和合作

遭逢逆境時，不要想著獨自承受所有的壓力，你需要的是向他人表達你目前的困難，並從他們的經驗與觀察中獲得幫助以及情感上的支持。比方說，專案進度因故卡住，無法順利執行，這個時候與其自己苦思，不如主動詢問團隊成員的意見，透過集思廣益，將更容易找到解決方式、共同克服。

做法五、養成積極的心態

最後一點要提醒大家的，就是培養積極的心態，京瓷創辦人稻盛和夫曾說：「人生的道路都是由心描繪出來的。所以，無論身處於多嚴酷的境遇之中，內心都不應為悲觀的思想所縈繞。」人生不如意事十之八九，唯有秉持樂觀，才能在面對逆境時找出解決之道，並以這些考驗為契機，不斷成長和發展。下一次，當你想逃避困境時，請告訴自己「這才是我成長的絕佳機會。」

以上五點做法都可以幫助你培養逆境商數，但重要的是能持之以恆地實踐。在競爭劇烈的時代，逆境商數為我們的強心錠，幫助我們在困境中蛻變成長。逆境能夠淬鍊人心，就如鑽石需要經過打磨，方能顯露最璀璨的光芒。困境是磨練，同時也是讓自己更進一步的關鍵，無論何時，請相信自己終將跨越困難，大放異彩。

成功金句 無論失去什麼，未來仍在你手裡；只要你不放棄自己，人生就還有新生的機會。

01-6 找出你的精神關鍵字

我們都聽過一句話：「人生掌握在自己手裡。」一個內心強大的人，不會因為他人的三言兩語就動搖自己的心智，現在就讓我們來看看，在你的內心中，哪一種精神是最為屹立不搖的呢？接下來的問題，請用第一直覺選擇。

Q1. 如果讓你在重要關卡前重新選擇一次，你會……？

曾經後悔，所以我要選擇另一條路。→**Q3**

我依然會選擇同一條路（學校、就職、婚姻等）。→**Q2**

Q2. 做起事情的你經常思前想後，屬於細節派？

對的，會怕出意外，所以會想很多。→**Q3**

不會，只要有想法，我就會立刻行動。→**Q4**

Q3. 你認為自己是個情緒穩定的人嗎？

是，不管遇到什麼事，我都不太會慌張。→**Q5**

不是，我的情緒比較容易起伏。→ Q4

Q4. 你認為自己是個能吃苦的人嗎？

是，我很確定自己在逆境中也能熬過去。→ Q5

不是，一直都很平順，太辛苦的情況我無法想像。→ Q6

Q5. 你對於自己的未來有明確的規劃嗎？

有，我有自己的人生規劃表。→ Q6

沒有，人生其實就是這樣啊，平淡就好。→ Q7

Q6. 你經常覺得別人都不懂你嗎？

會，有時候得花很多時間說明想法。→ Q7

不會，不怎麼會產生這種念頭。→ Q8

Q7.「夢想」這個詞能激勵你嗎？

能，我有自己的夢想規劃，想到就充滿動力。→類型A

不能，就是一個詞彙而已，沒什麼感覺。→類型C

Q8. 你認同「生活中難免會傷害別人」這句話嗎？

認同，某些情況下實在是身不由己啊！→類型B

不認同，就算自身利益受損，也不能傷害他人。→類型D

成功金句 生命中遇到的問題，都是為你量身訂做的。

解答與分析

類型A 你的精神關鍵字【企圖心】

　　企圖心就是推進你向前的驅動力。你向來把輸贏看得很重要，這股力量讓你不斷地挑戰自我。你強烈地渴望成功，不容許自己活得太平庸。同樣的逆境或挫折，對別人來說可能是巨大的打擊，對你而言卻能成為莫大的動力。每一次克服障礙，你都會變得更加堅強，對成功的渴望也會日益茁壯。

類型B 你的精神關鍵字【信念】

　　你擁有自己的信念和底線，但有時候為了達到目的，你會選擇有損他人的做法，因而招致對你不利的負面評價。實際上，你是個內心極度堅定的人，不會輕易被任何威脅或利誘動搖，具備「富貴不能淫，貧賤不能移，威武不能屈」的人格特質。面臨的困頓再大，你也能以堅定的內心去面對，這種堅韌使你比他人更具優勢和競爭力。

類型C 你的精神關鍵字【理想】

　　和那些渾渾噩噩的人相比，你擁有明確的人生規劃，並且也理解理想與現實的差距，所以會先努力工作（就算那份工作並不符合你的喜好），積攢儲蓄。在這個過程中，你一刻也不會忘記自己的目標，

只要出現良機，你便會緊緊把握住，朝實踐理想的道路邁進。這樣的你內心充滿力量，「雖千萬人吾往矣」就是你的寫照。

類型D 你的精神關鍵字【意志力】

你認為未來充滿無限可能，所以不會自我限縮，也不會給予自己太明確的規劃（甚至會覺得已安排好的人生很無趣）。但你並非得過且過，相反地，你會盡力過好每一天，探索各種可能性。也因為這種性格，你找工作時不會因為追求穩定而選擇朝九晚五的鐵飯碗，會以自己的喜好為優先考量，愈是充滿挑戰的工作，你愈期待能於其中展現自己的才華，並將意志力磨練至堅不可摧。

溝通商數

Communication Quotient

CQ,

溝通，人脈網絡之鑰

02-1

焦點人物 劉秉福

資歷簡介 About Me

🎯 專業頭銜

- 📍 歡喜心集團 執行長
- 📍 富佳康國際 執行長
- 📍 陸軍官校正63期少校退役
- 📍 碧芙莉直銷 集團長
- 📍 外商控股集團督導
- 📍 沐川直銷企業 最高聘總裁

生平故事 Introduction

　　巴頓將軍說：「衡量一個人的成功標誌，不是看他登到頂峰的高度，而是看他跌到谷底的反彈力。」不是所有人都有觸底反彈的能力，如果自己不好好努力，那麼觸底就真的是觸底了，即使重新站起來，也只是換一種姿勢倒下。經歷了人生的大起大落，那些曾經從谷底爬上來的人，往往比一帆風順、生活無虞的人更能接受挫折與磨難，具

成功金句 有一個人，他打破了你原本的思維，提高了你的認知，提升了你的境界，帶你走上更高的平臺，這就是你人生的貴人。

備解決問題的能力，並相信挫折就是生命賜予最珍貴的禮物。

人生跌落谷底的劉秉福憑什麼觸底反彈，東山再起？

出生於苗栗市，一個客家城市，我有兩個哥哥和一位弟弟，四兄弟中排行老三，爸爸是公務員，媽媽是家管，兼任裁縫師。由於收入不高，爸媽養育我們四個小孩非常辛苦，身為老三的我，從小就比較沒有得到父母的關愛，所以我沒穿過新的衣服，總是大哥和二哥新衣服穿過後，直接留給我穿，也常常成為兩位哥哥的出氣筒，因為這樣的環境，養成了我日後逆來順受的個性。

高中畢業，沒考上國立大學，辜負了母親的期待，又不想因重考花費大筆的補習費。媽媽希望我去讀陸軍軍官學校，心中百般不願，但為了聽從媽媽的話，我還是去讀了陸軍軍官學校。經過了三個月的入伍訓，深切地體認到「合理的要求是訓練，不合理的要求是磨練。」四年三個月的軍官養成教育，奠定了我吃苦耐勞的性格。

在我就讀官校一年級的時候，一個星期天的下午，學長帶著我去高雄八十五層大樓裡的一間直銷公司，參加他們當時舉辦的表揚大會，參加人數超過五百人，歡聲雷動的現場，出現了一位領袖人物，他緩緩上台的從容感，對比現場瘋狂的吶喊聲，當時二十歲的我，被初次見到的這種場景震撼到。這位領袖上台開口說：「人因夢想而偉大，我的初階目標是月入百萬，這個月，我做到了。我領了超過300萬的

獎金。」他當下把存摺秀在投影幕上，全場開始瘋狂吶喊，我當下真的被那場景嚇到了，當時的我只是官校學生，月薪為八千塊台幣，但在那一刻，我就對自己許下承諾，有一天，我也一定要在直銷的環境裡面，和他一樣月收入破300萬。

因為是第一次參加直銷的表揚會，被這個場景震撼到，當下就用2萬元台幣加入了直銷，當時的我剛滿二十歲，就踏進了直銷領域，利用每週日的休假，我很認真地去參與直銷公司所舉辦的所有教育訓練，從中開始累積直銷基本功。

畢業後，我利用軍中的環境資源，每十五天都有新兵入伍，老兵退伍，解決了我直銷進人的來源問題。很快地，我的組織快速發展，月收入也從10萬、20萬、進而到破百萬，收入節節高升，就認為賺錢太容易了，當時身上擁有超過千萬的現金。民國九十一年，我選擇退伍，到社會上打拼直銷事業。

經過了幾十年，民國一○六年的三月，我真的做到了！當時我四十五歲，加入了一家新的本土台灣直銷公司。一○五年，九月三日報備公交會，開始在台灣起跑。我在當月的九月十九日，用15萬台幣加入，第四個月時，我的月收入進戶頭，就超過了300萬。

畢業後分發到外島東引，擔任兩年排長，結束後調回台灣工兵群，執掌五年三個月的連長職務。透過軍中的歷練，讓我學到扎實的領導統御能力，對我在退伍後，在直銷領域擔任領導者時有很大的助益。

民國九十一年退伍之後，領到了150萬退伍金，每個月在組織行銷的收入超過50萬，原以為可以好好地大展身手，拼個幾年就能讓家人過上好日子，誰知我的150萬退伍金，因聽從一位退伍同學的建議，去投資一個標案，三個月後，投資的公司竟然倒閉結束了。而自己在做的直銷公司，也因為老闆改制度，造成組織崩盤，兩個月後，老闆也收掉不玩了。我的收入瞬間停頓，所有的付出瞬間歸零。

　　接下來的日子，我全心專注於直銷界，憑藉客家人不服輸的「硬頸精神」，以及我強烈想要成功的企圖心，短短一年的時間，又讓我在新一家新的直銷公司，達成月入百萬的目標。

　　俗話說的好：「少年得志大不幸。」就在十五年前，有組織夥伴接觸了資金盤，之後一直試圖說服我，說賺錢不用這麼辛苦，只要投資100萬，每個月就可以領10萬固定利息，連做都不用做。當時我的身上有幾百萬現金，就被說服投資了100萬現金，只領了兩次利息，共20萬，結果公司竟然倒了！接下來就是惡夢的開始，我的自以為是，讓我跌了一大跤，資金盤讓我以為不用再辛苦地打拼，只要用錢投資就可以有豐厚的收入。剛開始，我用自己的閒錢投資，吃到甜頭後，我越發地瘋狂，到最後血本無歸。但我不甘願，依然想最後一搏，結果越陷越深，我徹底失去了理智，輸掉了上千萬現金，甚至大膽地去跟地下錢莊借了五百萬，全額投入進去，以為可以就此翻身，結果面臨的卻是再次倒閉，許多親朋好友的錢瞬間蒸發，民國一〇五年的二月，我終於崩潰了，每個月光還利息就要40幾萬，我不敢面對父母，

不敢面對我的親人，我想一走了之，只有這樣才能讓我不再痛苦，不用在恐慌及害怕的情緒中度日，也不用被債務壓得喘不過氣，於是，我選擇了極端的手段自殘，但當我醒來時，我依然好好活著，沒有離去。我躺在醫院，看到老婆與家人們擔心害怕的眼神，我驚覺自己不能當一個不負責任的人，我不能被眼下的困難打倒，而應該勇敢面對。於是，我把債主們都約來談，在約談之後，大家也願意給我兩年到三年的打拼時間，不和我催債，我的壓力瞬間得到釋放，我得以靜下來思考：應該如何面對未來，讓自己東山再起？

過去這二十多年來，我能賺到錢的地方，都是在直銷領域。一路腳踏實地，從零開始落實基本功，輔導組織、建立組織、到協助夥伴發展，才讓我名利雙收，所以要東山再起，當然應該選擇自己熟悉的領域才對。所以在接下來的六個多月，我主動認真地去聽超過三十家直銷公司的說明會，就在民國一〇五年九月七號，有人告訴我有一個新成立的直銷公司叫沐川，九月三日報備才剛下來，我當下要求晚上去台北公司見這位直銷公司的老闆，經過六小時的長談，隔天九月八號早上八點，我就在新屋交流道的肯德基，憑藉一支筆、一張紙、和一張嘴，開始見人就談沐川，一開始的我沒有人脈，必須從陌生開發起步，被兩百多人拒絕。我的想法很簡單，既然決定要做這個事業，就必須開始大量地練習，從剛開始的支支吾吾，到被超過兩百人拒絕，透過大量練習，我變成聊天的專家，過程中也有人認同我認真的心態，願意加入我團隊的行列。

下了決心，就劍及履及地做。只要夥伴有約到人，我便開著車子，陪同夥伴前往談case，有超過四個月的期間，我都睡在車上，以大量的行動來做直銷，第一次領獎金，是從九月十九日到九月三十日，十一天的獎金，十一月十五日領，我竟然實領金額55萬，當天晚上我哭了，跟自己講「要持續努力」。接著每十五天領獎金，第二次十一月三十號領錢，竟然實領12萬，第三次十二月十五號領錢，竟然實領了超過83萬。第四個月領兩次獎金，加起來超過352萬。六個月加總超過1,000萬，第一年超過2,000萬，兩年不到的時間，我還清1,570萬的負債，我的人生從此時徹底翻轉。在本土直銷沐川公司，努力經營兩年兩個月，

　　組織不斷擴大，後續發展延伸至中國大陸、馬來西亞、越南和新加坡。組織超過萬人，我自己的收入也領了超過3,000萬台幣。可惜老闆後來因為個人因素，結束了這間直銷公司，但我卻因為這兩年全程跟著公司從零開始，一路打拼到開拓國際市場，因此奠定了我的國際觀與扎實的直銷基本功。現在的我，帶著豐富的經歷，只想從第一名的選手，晉升為最好的教練，我把我成功的經驗寫入《642財富大躍遷》這本書，希望幫助所有接觸到這本書的有緣人，讓他們不僅學到成功心法，還能在本業發光發熱。

何謂溝通商數？

02-2

CQ. Communication Quotient

　　人與人之間的互動，不外乎就是溝通。在溝通的過程中，我們彼此磨合，互相認識。有效率的溝通能帶給他人良好的印象，提高與對方持續合作的機會。簡而言之，溝通可謂人際關係的基礎。善於溝通的人，更容易與人搭起友誼的橋樑。

　　溝通商數（Communication Quotient）簡單來說，就是表達自我與理解對方的能力。它不僅能橋接想法，更是一種凝聚人群、創造共識、解決困惑的強大工具。擁有高溝通商數的人，就如同演奏樂器的大師，他們能熟練地運用語言這把樂器，創造出和諧、激動、理解與共鳴的樂章，讓人際關係在手中演奏，產生和諧而美妙的樂音。

關於溝通的五大規則

　　保羅・瓦茲拉威克（Paul Watzlawick）是一位著名的心理治療教授，專門研究溝通行為，他在一九六七年提出了五條溝通規則，這五條規則現在仍被廣泛地應用。

成功金句　兩人互動，對方先給予你尊重，並非因為你比較優秀，而是對方心智比你成熟！

🚀 規則一：人不可能不溝通

也許在一般人的認知裡，開口陳述是必要條件，但其實，許多溝通發生在無意識的狀態，只要兩個人意識到對方，就已經在進行交流，就算彼此毫無作為，也傳達著某種訊息。比方說，當你今天特別早進公司，來到座位上時，你前面的同事連頭都沒轉，一聲招呼也沒打，這就是一種訊息，而你可能會將這種毫無反應解釋為「他真沒禮貌」或「他沒注意到我來了嗎？」，因而採取不同的行動，而你的行為又會成為一種訊息傳達給同事。換句話說，即便我們不特別想，溝通仍在發生，隨時隨地都在進行。

請詢問自己以下幾個問題，並思考一下：

▶ 你清楚溝通是從何時開始的嗎？

▶ 當你進入他人的視線或聽覺範圍時，是否就開始溝通？

▶ 你的安靜無作為，是在傳達什麼訊息呢？

🚀 規則二：所有的溝通都包含內容

溝通可以拆分成「內容」與「關係」兩個層面，人們會依據彼此的關係，去決定自己要講述的內容，這種關係上的界定就是溝通的第一步，之後才會是訊息交流與理解。

舉個例子來說，你跟好朋友說話的方式一定會與和普通人談話不

同，與好友交流時，就算使用較為冒犯的言語，也會因為彼此的交情，而成為笑著鬥嘴的調劑；但同樣的話對一個交情普通的同事說，就會被視為沒禮貌，甚至成為對方的拒絕往來戶。

> **請詢問自己以下幾個問題，並思考一下：**
> ▶ 你有沒有意識到「關係」在溝通過程中扮演的角色？
> ▶ 你確定使用的詞彙適合你與對話者之間的關係嗎？

🚀 規則三：溝通會塑造關係循環

瓦茲拉威克認為，一段關係的好壞，取決於雙方如何解讀彼此的意圖、言語和行為。比方說，同事Ａ今天的發言讓你感到不舒服，但你並未表達自己的感受，下一次你再看到Ａ時，也許就會感到尷尬。而同事Ａ也會在接收到你的尷尬之後，解讀為「你好像不開心，但不知道是什麼原因。」他這樣的態度又會增加你的不快，於是乎，雙方的關係就會在這個循環當中愈變愈差。

但是，其實你只要在任何一個時間點，向同事Ａ表達：「上次我們聊天的時候，你講的話讓我很不舒服，所以我現在覺得跟你相處很尷尬。」當你表達之後，同事Ａ也會回應：「真的嗎？我沒有注意到，是哪裡讓你覺得不舒服呢？」這時候，你們就能開啟順暢的溝通，關係也會朝著好的方向發展。

成功金句 理解一件事需要行萬里路！看清一件事需要閱人無數！做成一件事需要貴人指路！做好一件事必須有所感悟！

規則四：非語言的表達很重要

　　所謂溝通，並不僅限於口語或文字上的用字遣詞，你的肢體動作、聲調、表情……都能塑造溝通的氛圍，也會成為對方接收的訊息之一。語言和非語言有時會相互矛盾，比如一句「你很厲害嘛！」文字本身使用了讚美的詞彙，但隨著說話者的表情和語氣不同，也可能變成諷刺之語。所以在溝通時，請確保你的肢體、表情、語氣等都吻合你想表達的意思，因為一般人更相信非語言表達，如果不吻合，對方就會以你的表情或動作為主，因而造成不必要的誤解。

 ## 規則五：地位對於溝通的影響

　　人與人之間的溝通隨著地位不同，會產生對等或不對等的交流。如果是對等關係，由於彼此地位平等，所以雙方都能自由地表達想法，但一旦關係惡化，可能就會陷入彼此角力、言語相爭、誰都不退讓的困境。另一方面來說，地位不對等的關係（例如老闆與員工、父母與子女、領袖與追隨者）在溝通時通常會由優勢方主導，討論時不會陷入兩不相讓的僵局，但這種不對等的關係也可能會因為優勢方獨大，導致弱勢方無法暢所欲言。

　　瓦茲拉威克的五條溝通規則揭示了溝通的本質，讓我們理解溝通不僅是語言的交換，更是感情、關係與認知的交流。溝通無所不在，

無論明示或暗示、語言或非語言，我們都在表達自己的想法，先理解了這些基本道理，才有助於提升自身的表達能力。

溝通的三大類型

俄國學者柯瓦連科將溝通定義為「人際間思維與資訊的交流，並藉此達到預期的目標或成果。」實際上，溝通不僅能應用在人與人之間的互動，亦可用於團體關係上，依據柯瓦連科的研究，溝通可分為下面幾種類型：

類型一、認識型溝通（Knowing）

旨在傳遞資訊，擴大對方對某項事物的認知度。在認識型溝通的過程中，我們會針對某個主題，向對方解釋與說明。成功的認識型溝通，可讓對方清楚地了解我們所傳達的意思，甚至能進一步將想法付諸實行，舉凡報告、會議、面談都隸屬於此類。

類型二、說服型溝通（Persuading）

這種溝通方式的目標是讓他人贊同我們的觀點，從而使彼此的想法達成一致。說服性的溝通能引導他人接受我們的立場，改變他們先前的看法或決策。例如，公司間產生糾紛之後的談判，以及銷售人員

成功金句 溝通 70% 是情緒，30% 是內容，情緒不對，內容就會被扭曲。從萬無一失到一失萬無，只在一瞬間。

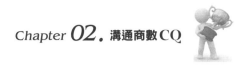

試圖說服客戶購買產品,這些都屬於說服型溝通的範疇。

類型三、表達型溝通（Expressing）

此類溝通的目標在於引起他人的情感共鳴。一般而言,會透過分享自己的感受,來驅使他人進行相應的行動。表達型溝通有助於營造團隊氣氛與向心力,進一步提升團隊士氣。帶領眾人喊口號、集會、示威遊行,以及招募活動等,都是表達型溝通的範例。

簡單來說,認識型溝通讓我們傳達知識,說服型溝通使我們的想法得到認同,而表達型溝通則能激起他人的情感回應。因應不同的環境與對象,交互使用這三種類型,便能有效達到溝通目的,豐富自身的人際關係。

產生溝通障礙的原因

要建立良好的家庭關係或朋友情誼,都必須有順暢的溝通。然而,即便努力表達自己的想法和感受,還是可能出現溝通障礙,導致我們的意圖被曲解,無形中拉遠了與他人的距離,產生各種不必要的困擾與矛盾,現在就讓我們來認識造成溝通障礙的原因,理解了成因之後,便能有效地減少誤解。

★ **邏輯障礙：**邏輯障礙肇因於用字含糊不清或訊息不夠完整，導致對方理解困難，因而產生誤解，這類型是最常見的溝通障礙，包括跳躍式思考、說話前後矛盾等。

★ **修辭障礙：**表達方式與所述內容吻合非常重要，例如，公事的溝通較為嚴肅，修辭風格會與朋友間的閒聊大相逕庭，懂得根據不同的場合，使用適當的語言文字，才能確保訊息被對方接受，免除因言語不當而引起的紛爭。

★ **語意障礙：**當我們使用的言語在對方心中產生了偏差或變質，即形成語意障礙，引發誤解。語意障礙可能源於詞彙匱乏、或對語句理解的差異，此外，文化背景、社會環境和價值觀的不同，也很容易導致語意障礙。

★ **發音障礙：**講話含糊或發音不標準都屬於此類，這種情況在跨語言、跨文化的溝通中更為顯著，因為對方可能並不熟悉我們的口音或語調，導致難以理解我們的真實意圖，這類型的障礙可以透過正音訓練來改善。

　　溝通不良像一道無形的牆，阻礙了我們與他人的連結。掌握良好的溝通技巧可以幫助自己得到好人緣，在職場上更得心應手，讓團隊工作更有效率。甚至可言，溝通是基層員工該具備的能力，亦是許多人資與主管所看重的項目。

成功金句 做到你承諾過的，說你能做到的。Do what you say, say what you do.

溝通商數高者的特質

「溝通是一門藝術，當你掌握了它，你就能打開人心。」無論是個人生活或專業領域，有效的溝通都是必要的。溝通商數高的人能準確、清晰地表達自己的觀點，進而引起其他人的共鳴。他們能敏銳地捕捉到對話中的細微變化，並隨著對方調整自己的說話方式。現在就讓我們來仔細分析一下，溝通高手究竟擁有哪些特質。

 ## 特質一、良好的聆聽者

「良好溝通的第一步，在於傾聽。」溝通是一種雙向交流，所以溝通商數高的人絕不會急躁地掌控話語權，而會懂得尊重對方，給予對方表達觀點的機會。專家級的溝通者會運用良好的聆聽技巧，讓對方覺得被重視，先藉由聆聽去理解對方、建立連結，接下來他們就會用開放性的問題引導對話，讓溝通朝著目標前進。

特質二、對事不對人

CQ高的人明白，真正有效的溝通不在於勝利或證明自己是對的，而在於理解和尊重不同的觀點，並透過合作找到解決問題的方法。因此，在面對爭議時，他們會著重於議題本身，絕不會評論或以言詞攻擊他人。也因為這種做法，他們往往能看清楚問題的核心，並能將談話引導至事情本身，讓當事人互相理解，統合分歧的意見。

特質三、善於察言觀色

在溝通時，非語言的手段（如表情、肢體語言、語調等）所佔的重要性往往遠大於我們所意識到的。溝通商數高的人有敏銳的觀察力，能捕捉到這些細微的變化，並適時調整自己的說話方式。他們懂得察言觀色，能解讀他人的情緒和需求，無論何時，都能採用適合的方式回應他人，使溝通的氣氛和諧，讓對話順利地進行下去。

特質四、能換位思考

溝通的藝術不僅在於表達想法，也關乎理解他人的觀點。溝通商數高的人深知這一點，他們善於站在別人的立場想。換位思考，能讓人從不同的視角去看待事情，理解那些與我們觀點相異的想法，在理解了他人的感受之後，便能進行更有效的溝通。他們很明白：真正的溝通不只是關於「我說你聽」，而在於「我理解你說的事情」。

特質五、以緩和取代尖銳

緩和的語氣與優雅的態度比任何尖銳、強硬的詞語都能打動人心。所以，溝通商數高的人會選擇商量，而非命令，這是他們溝通策略的核心。在交流的過程中，他們會營造出平等的氛圍，促使對話更加開放，也善於用理解和關懷的言語來引導對話的流向，因為對他們而言，溝通不只是在傳達資訊，更重要的是建立人與人之間的連結。

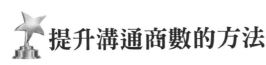

提升溝通商數的方法

適宜的溝通有助於建立良好的人際關係與提升處理事情的效率，為現代人必備的商數技能，以下提供若干溝通技巧，若能靈活運用，就能打造出順暢的人際交流，使得溝通再也不是一件麻煩事。

★ **「聽」比「說」更重要：**在溝通過程中，聆聽是最關鍵的一步。先明白別人的想法，方能依據對方的言論，給予適當的回饋。此外，溝通與演講的性質不同，單向發表不一定能讓對方認同，「雙向交流」才是溝通的本質。

★ **眼神交流與肢體語言：**瓦茲拉威克的五條溝通規則告訴我們非語言的重要性。無論是講話還是聆聽他人，兩眼請務必注視著對方，這是一種表示你專注於溝通的基本禮儀。此外，表情與肢體動作也是一種表達，例如當對方雙臂交叉置於胸前時，你就會知道此刻他的防衛心比較重，必須先卸下對方的心防，才有可能進一步交流。

★ **提供完整且詳細的訊息：**在進行溝通之前，請先針對要討論的主題思考，檢視自己要表達的內容，並確保其中並無遺漏之處。唯有透過周全的說明，才能提高談話效率，降低對方誤解的可能性。

★ **以人為本的溝通策略：**與人交談時，若過度使用「我」開頭的語句，會顯得太過武斷，建議時不時穿插提問，例如「你覺得怎麼樣呢？」將對方拉進談話的內容，塑造共同商量的氛圍，一旦感受到被重視

和尊重，對方也將更樂於與你討論。

★ **適當地調節語速：** 話題進入重點時，適時放慢語速能給對方時間去理解並消化訊息。若說話者的語速過快，可能導致對方聽不清楚，或來不及接收重點，因而降低溝通效率。

★ **注意用字遣詞：** 人們喜歡聽自己想聽的話，會下意識排斥不熟悉與充滿威脅性的言語，帶有批判的尖銳說法往往會讓對方誤認為你在針對他，因而拒絕與你交流。因此，良性溝通會避免使用情緒性的字眼，以減低爭執的可能性。

★ **重複對方的話或提問：** 對於習慣聽講的亞洲人而言，溝通最常出現的情況就是「你說我聽」，也因此經常造成雙方理解有誤、各執一詞。因此，請時不時以自己的話語，重複對方所講的內容，或者透過提問確認你的理解是否正確，以避免無效溝通。

溝通不僅是人與人相處的一大課題，更是企業營運的重要環節。人類是社會性的生物，必然要與他人互動，因此，提升溝通商數是每個人都應當掌握的能力，正所謂「溝通的最高境界是，說到別人樂意聽，聽到別人願意說。」不斷磨練溝通技巧，將有助你在各種情況下游刃有餘、無往不利。

成功金句 溝通中最大的問題是錯覺，即人們以為溝通已經發生了。

檢視放大鏡

你的溝通能力有多好？

溝通力如同人際關係的橋樑，連接我們與他人的心靈。良好的溝通能力可以使彼此的想法被理解、感受被察覺，並能快速地解決問題和衝突。那麼，你的溝通模式屬於哪一種呢？接下來就透過測驗，找出你的類型吧。

Q1. 室內全面禁菸，卻有人在車站吸菸，此時你會如何反應？

    a. 主動提醒對方，若他不理會，再請站務人員處理。 ⋯⋯⋯⋯ △

    b. 想著離他遠一點，自動移到別處，或請站務人員處理。⋯⋯⋯ ◎

    c. 直接警告吸菸者：「室內吸菸是會被罰款的。」 ⋯⋯⋯⋯ ◇

    d. 用斜眼瞪，敢怒不敢言，內心期待別人出聲糾正。 ⋯⋯⋯⋯ ★

Q2. 和親朋好友去餐廳點合菜時，你通常會怎麼做呢？

    a. 一坐下就馬上看菜單，琢磨哪些是自己喜歡吃的。 ⋯⋯⋯⋯ ◇

    b. 請每人點一道自己喜歡吃的菜，這樣大家都開心。 ⋯⋯⋯⋯ △

    c. 先讓朋友點，最後再加點自己喜歡吃的菜。 ⋯⋯⋯⋯ ◎

d. 別人點什麼就吃什麼，完全不好意思主動講。 ················ ★

Q3. 工作正忙得焦頭爛額，朋友卻突然找上門來談心，你會如何反應？

a. 表面上傾聽，實際上一直在思考工作上的事情。 ········· ◎

b. 坦白告訴朋友自己沒空，等工作忙完，再好好陪他聊。 ········· △

c. 朋友之誼最重要，當然是工作放一邊，先陪他啊！ ·········· ★

d. 聽完之後忍不住責備朋友，並直接給他明確的做法。 ·········· ◇

Q4. 明明不是你的錯，大家卻都指責你，這時候你會如何應對？

a. 憤怒地反駁，表示「你們不清楚狀況就別亂講！」 ·········· ◇

b. 使用「左耳進、右耳出」神功，不多做解釋。 ·········· ◎

c. 解釋來龍去脈、自己的立場、以及處理方式。 ·········· △

d. 放任別人指責你，低頭不語。 ·············· ★

Q5. 朋友開口跟你借錢時，你的反應會如何？

a. 雖然心中千百個不願意，但還是會借錢給他。 ·········· ★

b. 詢問借錢的原因，並思考對方的信用，如果不佳會婉拒。 ······ △

c. 立刻垮下臉，不悅地表示：「最討厭和我借錢的人了。」 ····· ◇

d. 謊稱才剛借給別人一筆錢，現在手邊沒有閒錢。 ·········· ◎

成功金句 人們不會記住你說了什麼；你讓他們感覺如何，他們才會記住。

解答與分析

類型A 選★最多的人【沉默壓抑型】

你是個不擅長表達的人，經常默默承受著壓力。緘默以對的結果，容易被誤解成「很好說話」。但不表達的你並非沒有想法，所以，當負面情緒累積到一個程度時，就會爆發出來。但更讓你委屈的是，明明發洩出真正的情緒，他人卻沒有替你著想，反而會替你貼上「情緒化」的標籤。提醒你，情緒爆發並不等於溝通，想要建立健康又舒適的人際關係，就必須從表達想法和感受開始練習。

類型B 選◎最多的人【逃避他人型】

你抱持著「事不關己則不管」的人生哲學，害怕因談話產生多餘的爭執與麻煩，這會讓你倍感壓力，所以不愛表達自己的想法。這樣的你與壓抑型人格最根本的不同，在於你並非壓抑，只是覺得「多說多錯」，如果暫時性的沉默能讓事情快點過去，你就會逃避溝通，遠離其他人的討論。因此，你通常不會主動與人建立緊密的關係，個性上顯得較為冷漠。

類型C 選◇最多的人【強悍主導型】

你習慣握有關係上的主導權，若發現對自己有利的人脈資源，就會主動靠近，與其建立關係。這樣的你在人際互動上會給人積極的印

象，但是，過度主導的性格往往會讓他人深入與你交往後，產生壓迫感，進而想要逃離。提醒你，細水長流才是維持人際關係的祕訣，除了自身的利益之外，請學著理解對方的感受，尊重其他人的內心需求，才能展開真正的對話與溝通，鞏固你的人脈圈。

類型 D ▶ 選△最多的人【尊重他人型】

屬於這類型的你非常好相處，不僅懂得表達自身想法，也會尊重不同的意見，不會把觀念強加在別人身上。因此，你是最具備溝通彈性的人氣王。由於你善於傾聽與溝通，所以團隊合作對你來說不是問題，甚至能擔任團體中的潤滑劑角色。這類型的領導人也是最受歡迎的，因為他們懂得真正的交流之道，不會成為單向發送的一言堂，同時能激勵成員，建立積極的工作氛圍。

決斷商數

Decisiveness Quotient

03-1 強悍的突破者特質

焦點人物 黃斐貞

 資歷簡介 About Me

🎯 專業頭銜

♀ 貞緣頌缽靜心能量館講師

♀ 天使靈氣能量療癒講師

♀ 晶彩幸福水晶坊負責人

♀ 智慧立体桃園龜山所講師

🎯 經歷與專長

♀ 製造業及批發公司財務主管

♀ 文化大學教育推廣部作文師資班兼任講師

♀ 中和秀山、頂溪國小科營老師

♀ 板橋海山國小故事文學營老師

♀ 板橋中山、光復國小課後班老師

♀ 奧林匹克、奧林匹亞、資優數學、全腦數學、高能量數學專任數學老師

♀ 補習班兒童美語老師、國語正音老師、作文班老師、安親課輔班老師

成功金句 堅定目標是性格中最必要的力量泉源之一，也是成功的利器。

生平故事 Introduction

在一個因緣際會下，我認識了黃老師，原本只是想上網購買水晶原礦，結果就看到黃老師的直播（貞緣水晶飾品），老師對於各種水晶產品介紹得非常詳細，有一次因為身體不舒服，時間也晚了，老師問我要不要遠距體驗一下天使靈氣，反正也沒什麼事，就體驗看看，沒想到，真的很神奇，後來老師開天使靈氣的課程，我就去報名參加了。

由於我住在新北市，到桃園也不遠，在往返兩地上課的過程中，不知不覺成為老師的忠實粉絲，只要老師在購物平台開播，沒事一定會看，也會加減買一些自己需要的水晶產品，有什麼問題也會直接請教老師，常常沒事就往桃園衝，約老師一起去吃料理。

在閒聊之中，知道了老師小時候家裡很辛苦，她共有四個兄弟姐妹，老師排行老三，由於家境並不是很好，老師國中畢業那年的暑假就開始打工，因為讀高中無法打工，所以選擇五專就讀，度過五年辛苦的半工半讀生活。以前申請助學貸款的條件較為嚴格，資訊也不發達，當時老師根本不知道有助學貸款這種東西。五專畢業之後，老師原本想繼續考二技，但迫於經濟壓力，最終只好放棄升學，直接投入了職場。

　　老師本身熱愛運動，也喜愛畫畫，所以在學校時參加了很多社團，例如桌球社、中醫社等。也擔任社團的幹部，接任美工及總務等職務。在校生活多采多姿，但受限於家中經濟情況，很多活動就只能送大家出發，自己就回家了。喜歡設計的老師還替社團設計了胸針和各式海報，有一次，社團的活動宣傳海報畫得太好看，原本同學說要收藏，結果還沒到撤下來的時間，海報就被偷走了。

　　老師說，學生時代她為了省錢，中午從來就沒有吃飽過，買一個菜包加一顆蛋，一餐10元就打發了。後來發現山下的自助餐有賣餐票，500元的面額賣400元，老師午餐就兩樣菜加一碗飯，湯不用錢，一餐15到20元之間，圖個半飽足矣，但也因為長期沒有吃飽，造成潰瘍，常常沒事就發作，現在都要小心不能挨餓，否則很容易又發作。

　　因為老師在校表現優異，所以她的師長為她推薦工作，可是礙於距離太遠，以前交通又不像現在有捷運那麼方便，搭車來回就要3～4個小時，老師思索再三，只能婉拒了師長的好意，現在的我們實在很難想像那個時候的交通狀況。

　　老師曾在統一企業、天鵝YG企業、還有現在最缺的蛋業勤億蛋品等企業上班，當過財務主管，最後一個財務工作是房地產的廣告公司，為什麼會離職呢？這是我看過最瘋狂的媽咪，因為小孩即將上國小，為了能夠照顧小孩，竟然直接去開了安親班，自己教自己的小孩，從此踏入補教界。之前老師在補習班打工過，她說那時候還沒有什麼安親班，都是才藝班，英文、數學、珠心算之類的，安親班是後來的

　成功金句　世上最重要的事，不在於我們身在何處，而在於我們朝著什麼方向走。

產物。老師也很認真，為了經營好補習班，什麼進修課程都去上，也拿了很多證照，由於老師的專長是數學，經常帶領學生去參加大大小小的比賽，包括各種珠心算與數學比賽，拿了很多獎盃回來，甚至獲得數學金牌教練的殊榮。除了老師自己，補習班學生的數學成績也不在話下，每次期中、期末考，都有過半的學生數學拿滿分，也因此打響了補習班的名聲。之後由於老師的積極進取，認識了文化大學的講師，拉她進文化大學教育推廣部的團隊，為了講課，老師台北、台中兩頭跑。後來因為老師的老公有一些狀況，無法兼顧，才退出團隊。那個時候，老師的孩子剛好也國中畢業，便順便結束補習班，讓自己的同行接手，自己只收房租，當房東就好，也可以照顧女兒跟老公。

　　休息了兩年，老公狀況比較穩定之後，老師接了學校的課後輔導班、寒暑假的營隊，後來因為兒子上大學需要在外住宿，這種工作的收入無法負擔，所以老師改去補習班做安親老師，比較輕鬆，直到兒

子大學畢業。老公的狀況時好時壞，思考過後，老師決定換個環境，並開始努力找房，決心離開令人窒息的都市。在新莊住了將近五十年的老師，從樹林開始看房，一路看到了桃園龜山，經過半年的找尋，找到了一處世外桃源，人家說的，前面有小河，後面有山坡，遠離塵囂。

搬新家時，老公的狀況非常好，但不到兩年，毛病又犯了。新房子一個月需要 5 萬多元的貸款，不是老師一個月 2～3 萬元的薪水可以負擔的，因此，老師只好辭去原本的工作。就在此時，之前在淘寶上認識的一些廠商建議老師去擺攤，於是老師找到了桃園八德的興仁花園夜市，開始過起了擺攤生活。性格認真的老師為了理解翡翠這些東西，花了 10 萬元以上的學費去學習相關知識，甚至還隻身跑到大陸去，跟著翡翠老師去瑞麗、騰沖看翡翠。

老師本來一心一意想要開餐飲店，所以考了丙級廚師證照和調酒丙級證照，也去過茶樓上班，從外場、吧台、廚房都做過，非常辛苦，一天最長上班 17 個小時。

人家說環境造就了女漢子，老師的堅強韌性大概就是這麼磨出來的吧！老師就這麼開始了擺攤的生活，大約擺了三個月後，因為老師的翡翠恩師想了解拍賣網站上的直播功能，就請老師去了解一下，老師研究後跟恩師回報了整個流程。某一天，老師心血來潮，想說直播功能都開通了，不如就來試試看，用直播賣商品好了，於是就在家裡的和室裡，打開小小的和室桌，隨便拿了個紙盒，上面寫了一些隨意的字，開始了電商直播，沒想到生意意外的好，於是原本半年合約的夜市攤位，大約五個月就提早撤回家裡，開始在網路平台當起電商了。夜市撤回來的桌子就在自家門口擺攤賣，鄰居們也會來光顧，在一位鄰居的介紹之下，開始接觸了天使靈氣，第一次去試聽後，班沒有開成功，接著老師在那年年底出了車禍，不幸中的大幸，都是皮外傷，

成功金句 前方的路那麼長，還等着你去探索，讓我們拚搏的汗水盡情揮灑，奮進的腳步永不停留。

外加右手骨折，休息了三個月，右手才完全恢復，然後開始復健，原本醫生都不看好在沒有開刀下能夠完全復原，老師硬是復健到完全看不出受過傷，醫生當時還嘲諷說，如果你的手是王健民一年四百萬美金合約的手，你就會努力復健到180度，否則能恢復到160度就不錯了。老師透過以前班上班長的介紹，找了一位好醫生，安排了一次復健療程後，老師就自己在家裡努力復健，完全靠自己恢復了健康。

老師康復後，另一位天使靈氣老師的課開班了，於是有了第一次的接觸，後來老師的女兒也加入了行列，兩個人一起完成了所有的課程，並且取得英國本部的證照。在天使靈氣同學的口中，老師常聽到她們聊起頌缽，因為內心無人可傾訴的痛苦，老師對頌缽產生了興趣。鄰居本來推薦老師一年3,600元的交流課程，但是打電話去問才知道，必須搭配頌缽療癒的課程，要一萬多元，老師想了想，讓人家療癒，不如自己學。於是向同學打聽頌缽課程，加上網路搜尋，找到台中一位不錯的老師，開始了桃園、台中兩地奔波的上課。沒想到一個疫情，讓原本就狀況不佳的老公變得更嚴重，但老師卻一路感恩，說人生只能用「計畫趕不上變化」來形容，她從沒有想過自己會來賣水晶礦石與木頭藝品；幸好沒有在補教業，否則

每天消毒、擦桌子，工作量可不小；也還好沒有進入餐飲業，因為受創更嚴重，自己從事網路買賣，相比之下，衝擊算小的了。

從學頌缽的老師那裡，得知了能量的神奇之處，也學會了如何提升自己，在好的頻率共振影響下，頌缽老師買了地，價格也相對優惠。在好奇心的驅使下，老師在591看起了房子，沒想到還真的看到一間地點不錯的透天厝，雖然老舊了一點，但將來潛力無窮，於是就隨便出了價，沒想到對方竟然願意賣，一件件事情都巧合到可怕，這就是能量神奇之處，無法用科學解釋，老師不喜歡往靈異的地方去談，所以總是只是點一下，不願意多說其中緣由。

店面花了將近四個月裝修，剛好是疫情最嚴峻的時期，室內不能超過五個人群聚，所以裝修的進度並不快。就在此時，老師去申請了鳳凰創業貸款來支付裝修費用，就這樣渡過了疫情所帶來的衝擊，時間點的巧合也是讓人嘖嘖稱奇。

店面成立後，老師把所有的商品搬到店裡，成立了一個小工作室，直播也改到店裡，二樓則裝修成教室，提供頌缽和天使靈氣體驗及授課使用，老師也很用心地每個月開設免費的水晶講座，我也是在那時候參加了天使靈氣第一次

成功金句 逆風的方向更適合飛翔，我不怕千萬人阻擋，只怕自己投降。

的課程。天使靈氣課程是由老師的女兒葉老師上課的，只要有任何問題，我都會請教葉老師，其他水晶能量的問題就還是找黃老師學習。到現在，因為在這裡學習，我改變了很多，身體情況也大有改善。

後來老師除了水晶療癒五行等一些課程免費之外，也會定期做公益，捐錢、捐水晶給各團體義賣，老師真的很不像生意人，她是修行人，雖然她身上背負了很重的經濟壓力，卻從來沒有聽她抱怨過，從老師身上，我獲益良多。這幾年跟著老師的直播和課程學習，老師成長了，我也成長了。最近因為老師做直播太久，眼睛發生異樣，所以改由葉老師接替直播。老師先是透過好朋友的介紹，到長庚看了眼科，做了很詳細的檢查，卻無力回天。因此，老師只好自己尋找好的保健食品，最後被她找到了美好奇蹟以及美四季的產品，沒想到超級好用，我也有試用其中幾款，真的非常有效，而且價格又很實惠，但卻礙於台灣的法規，無法推廣，好東西無法傳達到需要的人手中，真的是非常可惜的一件事。我最替老師高興的一件事就是，老師終於找到了可以讓她眼睛重見光明的好產品，也是大家的一大福音，我跟著試用，對產品的神奇之處感到訝異，它有很多國內外專利，是所有人的一大福音，現代人3C產品用得太多，真的太需要這款產品來保護眼睛了。後來我將產品介紹給家人，大家用了之後也都感到意外，沒想到竟然這麼有感，在這裡，忍不住想感謝黃老師介紹這麼多好產品給我。

今年開始，我看到老師又變得非常忙碌，還看到書展的單子，才知道老師最近加入了一個叫做智慧型立体的公司，因為老師很喜歡看

書跟學習，所以老師非常熱忱地介紹我們認識這家公司，憑藉著對老師的信任，我也加入一起學習，老師的教室就是智慧立体位於桃園龜山所的教室，老師也是團隊的講師，我有空也會邀朋友一起來學習，總公司在中和，開設很多課程，加入會員後去上課，每天只要200元，這對熱愛學習的我們來說真的是一大福音。老師常說自己非常感恩劉執行長與唐子林教育長，讓她有機會加入這個大團體，跟這麼多有才能的人學習，我也很開心有機會跟著老師一起，跟著不斷精進自己的能力，這是一個能邊學習邊賺錢的事業，希望未來也能跟著老師一直成長下去，在我的心目中，老師真的是活到老學到老，她的樂觀進取與人生觀，都是我學習的好榜樣。

成功金句 如何對逆境做出回應，決定了我們能走多遠的路，攀向多高的山峰。

何謂決斷商數？
DQ. Decisiveness Quotient

03-2

　　決斷力是高**DQ**者最外顯的特質，當普通人因陷入困境而不知所措時，具備決斷商數的人能夠快速且果斷地做出決策。他們不僅能辨識出最佳行動方針，還能毫不猶豫地向前邁進。這類型的人以行動為導向，以目標為核心，為了達成目標，就算冒險也在所不惜。

　　因為大膽、無畏的性格特質，**DQ**高的人通常能夠在短時間內取得很大的成就，他們通常充滿自信，容易成為優秀的領導者。面臨困境之際，更能看出**DQ**高者的不凡之處，比起其他人，他們更能夠做出艱難的決策。

　　由於決斷力這一項特質，**DQ**高的人做起事情來通常帶有堅毅不拔的氣質。幾個代表人物像是結束美國南北戰爭的林肯總統、二戰時期帶領英國堅持下來的首相邱吉爾、或者以演說〈我有一個夢想〉聞名世界的馬丁・路德・金恩博士，這些人在大局於己方不利時，依然能堅持理想、激勵大眾，使其熠熠生輝的，便是「決斷商數」。

決斷商數者的五大行為傾向

決斷商數往往是許多性格（例如自信、果敢等）集結後的結晶，不能以單一人格特質去衡量，不過，就外在行為上，決斷商數高的人在以下五處會有特別優秀的表現：

一、企圖心高＆目標導向

他們的目標非常明確，且能夠專注地完成。亞馬遜的創辦人貝佐斯就是非常典型的例子，在看中雲端市場的潛力之後所發展的亞馬遜雲端服務 AWS（Amazon Web Service）提供雲端主機、資料庫、以及檔案儲存空間等服務，知名企業如 Netflix、Airbnb、Adobe、3M 等都使用了亞馬遜的雲端服務。現在 AWS 與 Microsoft Azure 和 Google Cloud 並稱全球三大雲端平台，去年第一季的市占率已達 33%。（Microsoft Azure 為 21%；Google Cloud 則為 8%）

二、善於行動與承擔責任

工作出問題的時候，你會優先擔心責任歸屬，還是勇於扛起責任呢？小問題或許還容易選，但若是造成公司產品停產的大問題呢？當谷歌智能眼鏡（Google Glass）背負著巨大的期待，卻因為價格過高、隱私爭議、和功能不全等問題飽受批評時，其創始執行長拉里・佩奇

（Larry Page）毫不避諱地承認了自家產品的失敗與不足之處。在一次公開的採訪中，佩奇表示：「我們犯了許多錯誤，在整個過程當中也缺乏清楚的規劃，我們希望從這些經驗中學到教訓。」不因為想保全形象而推卸責任，後續更重新調整了 Google X 實驗室的組織架構，這種失敗時坦然面對的勇氣，正是高 DQ 者的優勢，也是他們能成為優秀領導人的關鍵。

三、勇於冒險並追求挑戰

高 DQ 者之所以經常受人矚目，其中一個原因就是他們勇於冒險的特質。這是一種非常寶貴的性格，在大多數人都追求安穩時，高 DQ 的人更想實現他的雄心壯志，且明白在實踐的過程中，冒險有其必要性。最難能可貴的是，這群人並非有勇無謀的類型，有勇也有謀才是對高 DQ 者的最佳形容。他們能夠對風險進行評估，並於關鍵時刻採取行動。這種勇於冒險的態度使得他們能夠開拓出新的可能性，並於競爭激烈的環境中脫穎而出。

四、優秀的組織能力和自律性

高 DQ 的人永遠看向目標與終點，並逐步完成，表現於外的，就是不同於常人的高度自律性。例如網球場上的「傳奇球王」費德勒（Roger Federer）就是以每日不輟的練習出名，規律看似簡單，但卻

需要堅定的心智才能貫徹。從本篇的代表人物黃斐貞老師身上，也可以看出高DQ者不同於常人的韌性，比如加入文化推廣部時期，台北、台中兩頭跑，卻依然堅持下去的毅力；以及遭遇車禍之後，靠著驚人的意志力完全恢復，其強大的自律與堅持正是能帶來奇蹟的主因。

五、在高度壓力下保持冷靜與沉著

果斷的性格讓這類人在面對困難和挑戰時，傾向以冷靜面對。他們能夠客觀地分析問題，找出解決方案並迅速行動，也不會輕易被困境打倒，而能以積極的態度面對挑戰，並且相信自己能夠克服困難。這種即便身處不確定的環境，還能對自己深信不疑的性格被稱為「信任心態」（Trusting Mindset）。無論是否已做足了準備，都確信自己能跨越眼前的困境，這種自信是他們在壓力下得以保持頭腦清晰，並做出明智決策的關鍵。

綜觀以上五點行為取向，就能看出為何許多優秀的領導者都屬於決斷商數特別高的類型，既具備冷靜的頭腦，又有超凡的行動力，這樣的人怎麼可能不成功呢？例如本篇代表人物黃斐貞老師，從學業表現的出類拔萃，到教授天使靈氣能量等課程，一路起伏不定，但最終還是靠自己掌握了成功，每一道關卡都不足以成為她停下腳步的障礙，反而能在困境中找出自己的路，堅毅或許需要時間的淬鍊才能成就，

但高DQ者下決策的思維方式,卻是從現在就能多加學習的。

DQ的整合思維 vs. 一般傳統思維

在日常生活中,思考與決策是我們不可或缺的兩項元素。無論是要規劃行程,還是解決難題,都需要透過思考來制定最佳策略。一般而言,決策過程可以分為四個階段。接下我們將說明這四個階段,並比較一般傳統思維和整合思維在實際運用上的差異,進一步提供大家更有效的思維方式。

在確立策略之前,一般會經歷四個階段:

階段❶ **思考問題重點:**現在最需要關注的重點是什麼?

階段❷ **分析因果關係:**由手邊的資訊歸納出造成問題的主因。

階段❸ **擬出決策架構:**找出能解決眼前問題的方法。

階段❹ **選定解決方案:**做出最終提案或決策。

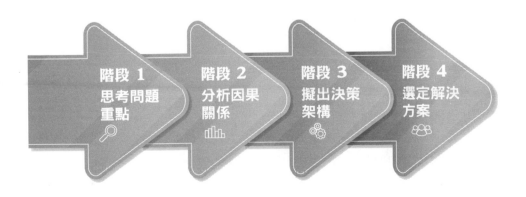

　　無論是何種思維方式，都會經歷這四個階段，而DQ高者和一般人最關鍵的差異在於他們更偏向「整合性思維」。

　　傳統思維是一般大眾的決策模式，其核心在於「簡化」，明明問題與因果關係並非單選題，但人們通常會從眾多成因當中，簡化出最重要的一項，這樣才方便選定解決方法。因此，分析時常會從現況中做取捨，以下舉一個更清楚的例子：

> 　　陳先生與王小姐擔任某間公關公司的高級主管，某日老客戶和他們說：「我們一直很欣賞你們創新的行銷手法，在處理公關危機上也很有經驗；但最近愈來愈大的成本壓力，實在讓我們吃不消，這樣下去我們恐怕無法再與貴公司繼續合作。」
>
> 　　在思考過後，陳先生與王小姐各自向公司提出了解決方案。陳先生：「我們應該降低報價，這樣才能留住客戶。」王小姐：「我們得提出更新穎的計畫，這樣才能留住客戶。」
>
> 　　明明面對的是同一個客戶，怎麼提出的對應方案會如此不同呢？這就是傳統思維「簡化」特性下的產物，下面就來簡單分析這兩位員工的大腦思維。

🚀 陳先生的思維

一、思考問題重點： 客戶認為成本不堪負荷，恐怕會解約。

二、分析因果關係： 成本是左右客戶決定的關鍵。

成功金句 不要憧憬將來，不要迷戀過去，只要正視一個永恆的現在。

三、擬出決策架構：降低我方報價有助於減緩客戶的成本壓力。

四、選定解決方案：我方應該降低報價。

王小姐的思維

一、思考問題重點：我們提供的行銷手法與純熟的危機處理。

二、分析因果關係：客戶肯定我們的行銷與經驗。

三、擬出決策架構：不斷提出新穎的計畫與配套措施，客戶就會續約。

四、選定解決方案：我方必須提出新穎的行銷手法與公關計畫。

　　按傳統思維的模式，陳先生與王小姐會依照自己的主觀判斷，選取最重要的資訊去分析，因此會導出不同的結論。與此相比，整合性思維的運作則更加複雜，會考慮多項因素，並交叉分析每項要素之間的關聯性，這種方式更耗費時間與精神，所以一般大眾不會採用，但高DQ類型的人會樂於做此考量，不僅考慮問題點，同時也顧慮全面性的影響，而不會線性式的二選一。因此，和普通人相比，他們是更容易找出「第三條路」的困境突破專家。

　　例如本篇的黃斐貞老師，在一次次的關卡磨練中，你最後看見的，是證照愈來愈多元的結果，得到的是不斷向上提升的黃老師，她做出來的成績不是二元式的「放棄」或「堅持」，而會按當下的情況，把

自己的能力增進至極限。意外事件可能會帶來干擾與挑戰，但決斷商數高的人通常能在逆境中保持冷靜和專注力，從而找到解決意外障礙的辦法。這種能力使他們能永遠保持積極主動而非被動應對，無論發生什麼事，他們都會持續前進。

總體來說，這類型的人不僅具備冒險精神，還能自信、冷靜地面對挑戰，能夠在有限的時間內取得成效、達成目標。本身所具備的堅毅特質使得決斷商數高的人不管在個人或職場生活都能取得成功，成為優秀的領導家和決策者。

 ## 適合獨立作業還是團隊合作呢？

獨立作業和決斷商數高的人絕對是天作之合，例如現在常見的網紅、或是在家工作（Work From Home）的新型模式都很適合這類型的人。因為他們擅長掌控工作時程，能妥善地管理事務，並有效率地安排自己的時間。

相對而言，需要團體搭配的工作對DQ特質高的人會比較有挑戰性。自信果決的性格讓他們在團體中喜歡、也經常占主導地位，但因強烈的自我意識和高要求使然，有時會顯得強勢，因而引發團隊內部的緊張與衝突，這時候就會讓其他成員感到難以發言，導致溝通不順暢，影響工作進度。

所以對於決斷商數高的人來說，在團隊中找到一個有耐心和靈活

成功金句 命運不是運氣，而是選擇；命運不是等待，而是把握；命運不是名詞，而是動詞；要改變命運，先改變觀念。

性的人非常重要，這樣的人能成為其最佳搭檔，他能提高團隊的協調性，一邊讓DQ者專注於目標，同時能確保團隊溝通與合作精神，讓所有人致力於完成共同的理想。

　　以上的說法似乎會讓人誤以為DQ高者更適合單打獨鬥，其實不然，在團體合作的情境下，決斷商數高者往往是找出困境突破口的關鍵。由於他們重視的是目標與行動，所以會確保事情在明確且有效的方向上前進；當其他人因遭遇困境而惶惶不安時，DQ型的人是公認最有肩膀的存在，能承擔起領導角色。他們會帶領其他人克服眼前的挑戰，其堅毅無懼的精神，能感染其他人，帶給團隊最大的益處。

成功金句 別急著說自己別無選擇，別以為世上只有對和錯，許多事的答案都不只一個，所以我們永遠有路可走。

03-3 透析你的命運主導力

檢視放大鏡

　　人生，就是一段不斷選擇的旅程。在面對各種考驗時，你是習慣駕馭自己的命運、還是尋求他人建議呢？接下來就讓我們透過以下問題，來看看你的命運主導力有多高吧！

$Q1.$ 你的方向感非常好，不能理解路痴的困擾。

沒錯，就算第一次到訪，看個地圖我就知道方向。→ 前往Q2

其實我就是路痴一族，開了導航也還是會走錯路。→ 前往Q3

$Q2.$ 要是有不明白的事情，一定會去研究清楚。

當然，這次搞懂了，下次我就知道啦。→ 前往Q3

不是，我沒那麼多時間搞懂所有事情啊。→ 前往Q5

$Q3.$ 曾經因為看了恐怖電影而遲遲無法入眠。

是，那個畫面會一直在腦海中打轉。→ 前往Q4

不是，反正都是假的，完全沒影響。→ 前往Q5

成功金句 幸福就是，堅持應該堅持的，放棄應該放棄的，珍惜現在擁有的，不後悔已經決定的。

Q4. 特別有抽籤運，對發票之類的也很容易中獎。

是，就算只是一般抽籤，運氣也很好。→ 類型 B

不是，只要是靠運氣的基本上都跟我無緣。→ 類型 A

Q5. 選擇題就是你的強項，甚至能用考試技巧選對答案。

是，真希望考試全部都是選擇題。→ 類型 D

不是，每次都會在選項中猶豫半天。→ 類型 C

解答與分析

類型A 容易慌張的類型

相對於一般人，你的決斷力比較弱。尤其遭遇重大抉擇時，往往會顯得更無所適從，甚至會腦袋一片空白。若意識到眼下這個決定將產生關鍵作用，你更無法冷靜地分析情況，會傾向於將事情交由別人決定。提醒你，只有你才是人生的主宰，如果習慣性地依賴他人，一旦身邊缺乏做主的人時，你就會陷入兩難，建議你從現在開始訓練判斷力，從小事情的二選一開始即可，練習聆聽內心真正的聲音，就能鍛鍊出屬於你自己的一套判斷標準。

類型B 勇氣過人的博奕者

你的性格果斷、自信滿滿，即使面臨左右未來命運的關鍵時刻，你也不會慌張，會相信自己的直覺賭上一把，擁有出色的膽識和判斷力。遲疑從來不是你的選項，但這樣的你，有時候會因為過於相信自己而栽了跟頭，建議你，遇到重要事情時，還是可以多詢問他人意見，做最終判斷的是你，但多方蒐集資訊對你絕對有幫助。

類型C 關鍵時刻的猶豫者

你的決策能力並不差，約在中上水準，平常給人果斷的印象，但遇到重大關卡時，你的猶豫不決就會浮上檯面。這是由於你的完美主義作祟，總希望事情能順利進行，所以遇到重大事件，腦海中第一個浮現的就是對失敗的恐懼，因而失去自己的冷靜。下次當你被未知絆住手腳時，請想想邱吉爾的名言：「成功不是終點，失敗不是末路，重要的是繼續前進的勇氣。」

類型D 領袖型決斷者

你的性格開朗，心胸開闊，無論在任何情況下，都不會失去冷靜分析的能力，就算面臨能左右自己人生的重大抉擇，你也不會被恐懼纏身，你會忠於自我，做出決定。這樣堅定不移的性格讓你深受朋友的信賴，當他們身陷困擾時，第一個想起的就是你喔！此外，你很適合主管職，因為你兼具理性與冒險精神，能理智分析問題，也有承擔責任的肩膀，深獲部屬信賴。

成功金句 真正堅強的，不是忍住眼淚的人，而是含著眼淚也能繼續奔跑的人。

情緒商數

EQ,

Emotional Quotient

穩定情緒的沉靜力量

04-1

焦點人物 黃光啟 *James*

資歷簡介 *About Me*

🎯 專業頭銜

📍 智慧立体行政副總

📍 斜槓創業教練

🎯 資格與證照

📍 人身保險業務員

📍 聯合工專電子計算機組

📍 2023 年魔法講盟亞洲八大名師

🎯 經歷與專長

📍 十五年業務行銷（震旦行、中興保全、南山人壽）

📍 十五年經營管理（愛加倍婚顧、迎美生技、藤峯生醫、丰云世紀）

📍 協助企業打造品牌、文化、使命、願景

📍 課程：如何打造夢幻團隊（老虎、孔雀、無尾熊、貓頭鷹、變色龍）

成功金句 什麼叫 EQ ？說話讓人喜歡，做事讓人感動，做人讓人想念。

📍 出書：《納爾遜精神》、《642財富大躍遷》

✿ 生平故事 ✿ Introduction

James花了很多年從內心充滿挫敗、無法管理自己人生、面臨負債、錯過好姻緣等處境，採取漸進式改變，調整心境及學習與人相處，最終突破低潮。為何James在與人溝通、理財、姻緣方面會陷入以上困境呢？這就要從James的原生家庭開始說起。

◎ 性格養成期

James出生於台北，父親除了工作之外，也熱心公益、服務鄰里，母親個性溫良恭儉，操持家務，因而成為父親的賢內助。父母平日忙於服務眾人，從小規範兒女分工打掃、幫忙家務，所以孩子們從小就養成勤勞服務的習慣。James從小個性害羞，不善於溝通，加上父母優秀、哥哥妹妹們在各方面的表現都比James突出，導致James常在自己的世界裡獨處，嗜好諸如集郵、下象棋等皆為靜態活動。

James的父親為浙江溫州人，個性嚴以律己，寬以待人，並且喜歡結交朋友，母親笑容可掬、待人親切，因而成為父親建立人脈的最佳幫手。耳濡目染之下，James很注重形象及自我要求，和父親一樣嚴以律己，加上性格內向，往往無法直接表達內心的真實感受。James國中二年級時，父親因為積勞成疾，染上肝癌而去世，家中頓失精神支柱及經濟靠山，看到母親含辛茹苦地將孩子拉拔長大，James在心

中發誓，未來一定要好好孝順母親，不讓她擔憂，內心渴望著賺錢分擔家計。

　　青少年時期的James經歷過三件印象深刻的事情。第一是以接近滿分的數學成績考上高工，這是他人生中，首次建立自信心的關鍵；第二是與另外四位年齡相當的男生組成「路合唱團男生四重唱」（James擔任Bass男低音演唱），搭配兩位美少女的鋼琴及大提琴演奏，以A Cappella男生四重唱及樂器合奏深獲好評；第三是考上聯合工專之後，擔任了電子科系學會會長，常召開會議及發表公眾演講，更於劇院式展廳舉辦迎新會，在近千人的人潮前演奏鋼琴。這些都是James人生中的初體驗，每次都感到緊張，擔心無法勝任，但最後都突破障礙完成了。

🎯 業務行銷期

　　退伍之後的James在眾多工作機會中，鎖定了業務一職。在他看來，業務不僅具挑戰性，薪水和獎金也很高，因此主動打電話給震旦行主管毛遂自薦，獲得這份工作，James很珍惜這項可以學習成長的工作機會。報到後主管要求James每日至少拜訪20位客戶、一週內至少獲得100張名片，並由主管陪同前往溝通，3位客戶當中就成交了1位客戶。後來James將每天的拜訪量增加至三倍，每週工作量及業績產值是一般業務的2倍以上，首年度就成為震旦行全國300位業務中的佼佼者，取得業務冠軍頭銜。

成功金句 寬容別人，是肚量；謙卑自己，是份量；合起來，就是一個人的質量。

殊不知第一年的優異表現只是人生的起點，如果沒有用謙虛的心態學習、求進步，就會面臨一個更大的災難，陷入一個自以為是的業務大頭症。

　　在一次偶然的餐會上，James機緣巧合地認識了南山人壽的主管，對方向他分享壽險的價值與意義，使得James覺得壽險是一份有意義的工作，能幫助一個家庭避免經濟中斷的危機，不久後就考取了人身壽險證照，開始勤快地拜訪客戶，為每位客戶量身規劃保單，三年來服務了無數位客戶。後來有高端客戶找上James，對方已購買台灣各家保險公司的最高額度，想詢問是否有更好的保險商品能提供，James便幫助這位老闆客戶，不僅協助對方針對擁有的35份保單做保單全面健診，更提出全家保單重疊之處，調整了可減額繳清等事項細節，幫助客戶做最有效益的整體規劃，並提供再保公司的保單，客戶對此表示很滿意。

　　綜觀保險業這份工作，需要具備的技能五花八門，包括對產品的認識、扎實的業務開拓能力，以及能用同理心替客戶規劃，對James而言，他不僅在工作中挑戰自我，也學會如何與不同階層的客戶相處，成長幅度相當大。

🎯 經營管理期

　　十五年前剛好有個好機會，James受朋友邀約至西安科技園區負責一家公司籌組的新創事業部，負責策劃及擔任培訓講師。中國廣大

的疆域和各式各樣的民情風俗，導致只能制定大方向的策略，再因地制宜，保持策略上的靈活性，每一步都得小心翼翼，不能有絲毫的疏忽。五年的時間讓James體會到中國市場的瞬息萬變。想要拓展業務，就得先成功建立一個據點，接著如雪球般滾動，在全國鋪展，找各省級總代理或總監落實該省業務。一個成功的試點，就能帶動整個市場，這成為James在中國市場的最大體悟，他明白，這裡不是單純的點線面拓展，而是一觸即發的市場爆炸。

James十年前回到台灣，意識到人人都想追求幸福，但是坊間只有約會安排的公司，缺乏專業婚顧公司的引進，所以先以男女各20位的遊覽車一日遊活動搭起友誼橋樑。連續舉辦了15梯次，獲得參加聯誼者的一致好評。因為一整天的聯誼活動不僅提供三餐，還有參與男女的才藝表演，大大增添了活動的趣味性和精彩度。

James心想：只要婚顧經營得好，不僅能達到財務自由、人脈關係提升、更可以找到幸福美滿的婚姻，三種需求能同步完成，殊不知這正是人際關係、個人財務、感情經營全面失守崩壞的開始。

一日遊的聯誼活動上軌道後，James就在台北衡陽路開設「愛加倍婚姻顧問公司」，特別聘請六位各領域專家，提供顧問團服務給所有VIP會員。服務流程首先會透過「婚姻感情家庭評量表」，讓每一位繳費會員了解原生家庭的重要性，分析對其產生了「負相關或正相關」的影響。這是因為很多人忽視了原生家庭，不理解原因，也不先做預防處理，才因此造成婚姻道路上的傷痕累累，甚至影響至下一代。

完成「婚姻感情家庭評量表」之後，要掛號三堂「婚姻美滿成長課程」（牙齒美白科～讓異性喜歡的表達方式；潮男潮女科～成為有魅力的人；傳宗接代科～家庭理財），接著才安排與「幸福指數正相關的人約會」，期間促成無數對幸福佳偶。愛加倍婚顧公司的宗旨，是讓所有學員在婚姻道路上不寂寞，因愛情受挫感到沮喪時，打開窗戶的剎那間，知道還有人可以幫助你。

James的公司營運了兩年，過程不易，可惜當時公司的經營理念尚未被市場廣泛接受，加上運作資金不充足等因素，結果以失敗收場。James也因為創業失敗而背負經濟上的負債壓力、人際關係受損、女朋友也因此離開，三項衝擊接踵而來，讓James一度灰心喪志，自我檢討人生為何走到這般田地，到底是做錯了些什麼呢？

自我反思失敗主因

第一項錯誤：尚未具備老闆能力

尚未具備老闆能力就想創業，失敗是必然的。因為在James的成長過程中，無論是父母親，或兄弟姐妹都很優秀，在這種環境下，James想透過創業來證明自己。但是創業之路艱辛不易，當老闆所需要具備的管理事、領導人、資金調度及資源等能力等都尚未學成，就想獨當一面，反而造成更大的災難。

第二項錯誤：缺乏成功導師

成功導師會告知創業之路上所會遇到的坑洞，以及面對各種經營管理的最佳解決方案，教練的等級將決定事業成就的水平，James就是缺乏足夠有經驗的教練，單單憑藉自己摸索，因而踏入許多誤區，不僅賠了金錢，更重要的是人際關係受損，女朋友也離開了。

第三項錯誤：經理人的經驗不足

James當時聘任女朋友擔任總經理，她有公關能力，卻缺乏業務開發與經營管理的能力，經常必須由James自己承擔所有事務，導致無法有效快速地拓展業務，公司管銷入不敷出，最終導致愛情、事業雙雙失敗的結局。

🎯 七年成長之路

有了以上的體悟後，James給自己設定七年成長之路，不再只想著自己成功，而是先要成為真心幫助他人、能助人實現夢想的圓夢師，才不辜負天賦使命，也才能成為一位才德兼備的專業經理人。

James給自己設定成長方向，以過去十五年的業務行銷經驗加上創業的三年經驗，協助老闆籌備新公司，並同步提升自己各項經營管理能力：撰寫營運企劃書、制定企業品牌的文化與使命願景、制定公司組織架構及各部門工作執掌、規劃創新商業模式、訂定目標與實施計畫、籌備總管理處、佈局各區域營業處、各部門培養接班人計畫、營業處利潤中心制、月季年度活動規劃、組建「夢幻團隊」（例如DISC中的老虎、孔雀、無尾熊、貓頭鷹、變色龍等不同人格特質，

都可以成為團隊領袖）、行銷策略與促銷活動、業務拓展系統課程（落實驗收，並複製執行）、各級經營者必備培訓課程（商機分享會、新人密訓班、百萬領袖營、通路教練營等）、PSN立體營銷（People業務、Shop店家、Net網紅）。

從谷底攀升成長蛻變的路程是辛苦的，只有走過這一遭的人才能深刻體會，體會過人情淡薄，也體會過雪中送炭的溫暖後，更能感受良言一句三冬暖、惡語傷人六月寒的心酸。常常在夜深人靜時，思考「不經一番寒徹骨、焉得梅花撲鼻香」的道理，一路選擇以善良、正能量看待人事物，也相信天無絕人之路。因為過去的遭遇，就算遇上人際衝突，也明白有情緒時莫口出惡言，以免日後相處尷尬，破裂的關係難以重圓了，James經常深度思考、學習穩定情緒之法和溝通表達，以致於認識二十幾年的朋友都沒見過James生氣。

🎯 行銷通路平台

後來一位獅子會會長打算成立行銷通路公司，該公司股東引薦James與所有股東聊創業合作理念。當確認要籌組新公司的經營方向後，聘任James成為新公司執行長，於二〇一八年八月正式籌組成立，這家公司推出以草本成份為基底的保健品，受到許多關心健康的人士認同及使用。

在這家行銷通路公司，James 全心全意投入工作，幾乎每天十五小時超時工作，期待用最少的資源創造出最大的效益，也體現了自己的價值。由於用心投入其中，遇到的問題也比較多，使得James 在經營管理上的能力、工作抗壓性以及專業能力都得到大幅度的提升。

另一方面，公司初期James 又兼任客服部門，當客戶有任何不滿時，James 都參與協助溝通，找出對方信任的關鍵點，並用心與客戶互動，讓事情圓滿落幕，這些事情提升了James 危機處理的能力。當每次開會與人意見相佐時，James 都能發揮穩定的情緒管控能力，他深知情緒不穩的當下，容易為了贏過對方而講出傷害對方的惡毒話語，所以他會在第一時間控制住情緒，以免事後後悔不已。

經過半年的籌備，北台灣的業務市場正式拉開序幕，第一年年底的週年慶，多達80桌嘉賓參與盛會，可惜公司的營運邁入第二年時，受到全球新冠疫情的衝擊，業績成長緩慢。四年的投入與汗水，公司總算達到3億的營業額。為了讓公司更加成長，James 也將所賺的錢投入組織團隊與營業處的營運，甚至為了給事業夥伴有更多業務發展機會，周轉資金投放「準客戶自動進人系統」，無奈的是，公司的幹部並不熟悉這一新系統，加上缺乏有效的運作策略，導致業績陷入停滯，經過最後一年的努力，James 感到力不從心，因而選擇請辭。

🎯 豐沛資源及大格局老闆

二〇二二年九月底參加台北世貿展覽時，遇到以公益贈書連接人

脈的小靜教育長及劉秉福執行長，經過引薦參與王晴天博士家宴，對於智慧立体事業有了初步了解，後來認同智慧立体事業的原因有六：第一是王晴天博士出版集團事業龐大，是成功的企業家，事業成長期需要有充足資金運作的條件，從一開始我們就贏在起跑點上。第二是王博士企業員工都跟隨王博士20～30年，王博士「天道酬勤、輕財聚人、厚德載物、德行天下」，是一位值得跟隨的老闆。第三是王博士將公司授權給專業經理人經營，透過有經驗的專業經理人規劃，公司肯定穩健成長。第四是王博士願意招納賢士能人、有業績貢獻者成為公司原始股東，這對公司整體的業績成長至關重要。第五是獎金撥比為業界最高，這代表公司老闆大器，願意做出更多讓利，只為了智慧立体能夠基業長青。第六是智慧立体公司幾乎每個月都會舉辦大型活動，像是公益贈書等，有利於吸引各行各業的優秀人才來參加活動，將機會開放給所有人，讓大家都有機會成為智慧立体的經營者。

感謝生命中的貴人小靜老師耐心的支援與輔導James；感謝超級教練劉秉福執行長親自示範、個別指導，以及大格局企業家王晴天博士的提攜，讓James成為國際級講師，有機會在「智慧立体商機說明會」上做簡報分享。智慧立体公司二〇二三年正值草創啟動期，在不久的將來，智慧立体公司必定能夠成為市場上最具冠軍相的AI智慧未來股。

創造優勢：企業集團建立品牌，智慧立体讓您成為品牌。

出書/加盟智慧型立体的益處

1. 出書是因為～人生歷練精彩豐富（出名）

2. 出書是為了～捐書（熱心公益）

3. 業務團隊主管為了～公司產品品牌及個人團隊行銷

4. 召集七人相同領域（或不同領域）～聯合出書行銷

5. 讓後代子孫知道～長輩曾經做過的豐功偉業值得效法

6. 讓原有團隊～擴增新客戶（24小時免付費網軍/店家/業務）

7. 廣結善緣～提高行銷市場知名度，有機會掌握跨領域好職缺。

8. 加盟連鎖～加盟金不高、免房租免員工開銷，可鏈接各行業。

聯繫方式 Contact Me　　✅ 掃描 QR Code 即可加社群

E-mail:da678668@gmail.com	
LINE James 創業客服	**臉書** James Huang

成功金句 遇到了挫折，不要急著去怨天尤人，而是要先從自身找原因。

何謂情緒商數？

EQ. Emotional Quotient

情緒商數（Emotional Quotient）是由美國心理學家丹尼爾・戈爾曼（Daniel Goleman）於一九九五年所提出的概念。戈爾曼出版了一本名為《情商》的書，此書甫一上市便取得廣大的迴響。他於書中主張：情商才是左右成功與否的關鍵。他透過科學論證得出結論：「EQ是人類最重要的生存能力，此生的成就20%可歸諸於IQ，另外的80%則受其它因素（尤其是EQ）的影響」。

講到情緒商數，一般人的印象或許只停留在「情緒穩定」這幾個字上，其實平和的情緒反應只是EQ高者最後呈現出來的態度，如果深入去探討情緒商數，它會包括以下四個面向：

自我意識 Self-Awareness

能充分理解自身情緒的能力，除了察覺情緒波動之外，它讓人明白自己為什麼會產生特定的感受，並意識到情緒影響了我們的思維與行動。例如，面臨壓力或失敗時，自我意識能釐清自己的挫敗感是因何而來，並明白自責與負面想法只是暫時性的情緒影響。

成功金句 話是別人說的，情緒卻是自己給的，無法決定別人的一言一行，但能決定自己的心情。

同理心 Empathy

同理心為能理解他人情緒的共感能力，同理心愈高者，就愈能從他人的角度思考，給予理解和支持。比如當朋友遇到困難而傾吐心事時，透過同理心，我們就能換位思考，明白對方的心情，而不會淪於批判或指責。

自我管理 Self-Management

指消化情緒的能力，可能會透過口語表達或其他行動來抒發心情，藉此釋放壓力，以取得情緒上的穩定。在高壓環境中最能看出一個人自我管理的能力，EQ 高的人無論遇到什麼情況，都有一套放鬆心情的方法，不會因外界情況而失去理智。

社交技巧 Social Skills

指與他人建立良好關係的能力，包括有效的溝通、團隊合作、解決衝突等。比如當你與同事意見南轅北轍時，具備社交技巧的人，就懂得理直氣和地與對方商談，找尋雙贏的解決方案。

從上述四個面向可看出，情緒商數並非只關乎內在，同時也會影響一個人的外在表現。一個情緒商數高的員工，對內懂得排除自己的工作壓力；對外則能有效溝通、解決衝突，所以，在需要團隊合作的

成功金句 是你的想法決定了情緒，而不是事件本身。

工作中，情緒商數的高低就顯得特別重要，這是因為工作是否能順利完成，很大一部分取決於團隊內部的溝通協調，如果其中有一位成員的情緒控制能力過低，只要事情一不合意就火氣十足，講起話來尖酸刻薄，就很容易影響到他人，破壞團隊氣氛。相反地，若成員都擁有相對高的情緒商數，合作起來就更加順暢，能快速達成目標。

　　曾有位知名的大學教授，在學術界頗享聲譽，為人德高望重，大家都敬他三分。有人問他：「為什麼幾乎不曾看您與誰起紛爭呢？難道沒有與人意見不合的時候嗎？」這位教授回答：「我與人相處的祕訣就是，生氣時絕不說超過三句話。」一時的情緒容易讓我們沖昏頭，出口傷人而不自知，導致人際關係破局。能做好情緒管理，才是真正有智慧的人，能贏得他人的尊重。

高情商的人格特質

　　在這個瞬息萬變的世界中，情商就如同風箏線，懂得善用的人知道何時放鬆，何時又該收緊，才能在變化的風中高飛。他們不僅能看清自己的情緒波動，也具備轉換視角的能力，無論遇到何事，都能穩健地前行。接下來我們就透過以下的問題，進一步探討高情商的人格特質，學習其優勢。

你是否能察覺自我意識的變化？

　　思考一下，你是屬於心情一開始起伏就能意識到的人，還是發洩

出來之後才會開始釐清情緒的人呢？想判斷一個人的情商高低，最基本的就是看他是否能在情緒萌芽的初期就察覺到。大家應該多少有過這樣的經驗，出現突如其來的變故或打擊時，你可能會連續好幾天都鬱鬱寡歡，卻毫無自覺，直到周遭的人關心詢問時，才發現自己原來看起來很不愉快。而情緒商數愈高的人，對於內在波動就愈敏銳，能及早將自己從負能量中釋放出來。

你的情緒蹺蹺板能維持平衡嗎？

日常生活中，碰到開心的事會笑，遇到難過的事情會傷心或生氣，這些都是再正常不過的情緒表現，但有些人卻經常處於負能量當中，或一遇到不順心就會過度發洩，這就是低情商的表現。生活中的不如意不可能完全剔除，但我們可以試著保持情緒的平衡。那麼，該如何處理不良情緒呢？與其盡情發洩，我們其實有更好的辦法，就是「換位思考」與「轉移注意力」。

「換位思考」就是換一個角度去看待那些令你不快的事，並試著找出其中的正面影響。比方說，你好不容易替你的商業計畫找到投資者，對方卻突然撤資，讓你倍感挫折，但若換個角度看呢？你可以趁這個時候調整商業模式，找到更具彈性的做法，機會說不定會應運而生。「轉移注意力」就是不要一直關注那些使你傷腦筋的問題，盡量找其他的事做，例如去運動、聽音樂、看電影等等，讓自己專注於喜歡的事物上，避免自己鑽情緒的牛角尖。

🎯 你的挫折承受能力如何？

一個人的情商高低，在遭遇困難時會顯露無遺。高情商者都有一個認知：「失敗是生活中的一部分，它能帶來學習與進步的機會。」他們不會拿失敗來貶低自我價值。假如工作的計畫受挫，高情商的主管絕對不會陷入「一定是我管理不當、決策失誤，才導致計畫失利。」的自責輪迴中；相反地，他們會去分析計畫受阻的原因，並思考未來該如何避免同樣的錯誤。

另一方面來說，情商低的人會過度把失敗與自己的價值綁定在一起，覺得這個結果源自於自己的無能，這樣的思緒容易讓他們一蹶不振，再也不願意嘗試。簡單來說，高情商能夠幫助我們更理性、積極地面對失敗，而情商較低的人則需要花更多的時間和精力來處理失敗帶來的影響。

如果透過以上的提問，你發現自己的情緒商數有待加強，也不需要感到失落，因為情商是可以靠後天努力來提升的。接下來，就讓我們來看看有哪些提升 EQ 的實際做法，一同往高情商邁進吧！

⭐ 提升情緒商數的方式

情緒，就如同天空中變幻無常的雲層，它們可以瞬間帶來洶湧澎湃的情緒風暴，也能如絢麗的晚霞一般，帶來溫暖和喜悅。提高情商，

你就不再只是被動地讓情緒左右你的決定，而能更敏銳地觀察、理解，甚至預測，進而更理性地面對生活中的種種挑戰。以下提供幾項增進情商的做法，透過長期的練習，就能看到成效。

★ **練習自我探索**：當感到興奮、沮喪、甚至憤怒時，請試著釐清引發這些情緒的原因，可以透過寫情緒日記來記錄心情，不僅透過日記抒發，還能藉此更了解自我。

★ **找出緩解情緒的方法**：多嘗試各種放鬆技巧，例如深呼吸、瑜伽、冥想等，當感受到情緒波動時，就能運用這些技巧來緩解。

★ **培養同理心**：同理心是能理解他人感受、設身處地為人著想的關鍵。閱讀小說、看電影可以幫助你理解不同的人生經歷以及情感變化，藉此提升同理心。

★ **增進社交技巧**：踏出家門，走入人群互動吧！不要把這想得太難，最佳的溝通從傾聽開始，先學會聆聽，再試著清楚表達自己的想法，無形當中就在提升情緒商數，因為高情商的人都懂得交流的藝術。

★ **尋求專業幫助**：若你發現自己很難消化某些負面情緒，例如憤怒，或者遇事不順就特別容易崩潰大哭，可以適時尋求心理諮商師的協助，讓專業引導你走出情緒風暴。

透過這些具體做法，我們可以逐步提高自己的情商，在面對挫折或困難時，更能保持冷靜，並有效處理各種情緒。長期提醒、訓練自己，性格必能有所改善。替性格增添情緒商數，將使人生少一些怒氣，多一點快樂。

成功金句 讓別人快樂是幸福，讓自己快樂是智慧。

04-3 你內心的情緒障礙物

　　你是否曾經想過，那些看起來樂觀開朗的人，私下真的和外表一樣積極向上嗎？又或者，你是否經常感到鬱悶，卻又不知道為什麼呢？如果你有過這些疑問，以下的測驗或許能幫助你找到答案。透過以下題目，來找出最容易造成你情緒低落的元兇吧！

Q1. 朋友們總把你當諮商師，詢問你的建議嗎？

　　YES →前往 Q4

　　NO →前往 Q2

Q2. 總覺得身邊朋友們的運氣比自己好？

　　YES →前往 Q5

　　NO →前往 Q3

Q3. 你是標準的外貌協會，長相抱歉就會拒絕？

　　YES →前往 Q4

NO →前往Q6

Q4. 只要進入工作模式，就很容易忘記工作以外的事情？

YES →前往Q6

NO →前往Q7

Q5. 你知道該如何在職場上四兩撥千金、全身而退？

YES →前往Q7

NO →前往Q8

Q6. 在處理工作時，你是就事論事的人嗎？

YES →前往Q10

NO →前往Q9

Q7. 你只要住外面就容易睡不著嗎？

YES →前往Q8

NO →前往Q10

Q8. 對於際遇比你好的朋友，會感到有點嫉妒？

YES →前往Q10

NO →前往Q11

Q9. 你覺得和人辯論也是生活的樂趣之一？

YES →前往 Q15

NO →前往 Q12

Q10. 只要是生活上的實用資訊，你都很有興趣？

YES →前往 Q13

NO →前往 Q11

Q11. 你的朋友不多，但都是願意拔刀相助的好友？

YES →前往 Q13

NO →前往 Q16

Q12. 只要肚子一餓，你就很容易會頭昏眼花？

YES →前往 Q17

NO →前往 Q14

Q13. 你經常因為說話太過直接而得罪人嗎？

YES→前往 Q15

NO→前往 Q16

Q14. 如果是為了玩樂，熬夜一整晚都可以？

YES→前往Q18

NO→前往Q17

Q15. 你喜歡看直播賣貨，卻從來沒下單過？

YES→前往Q19

NO→前往Q16

Q16. 你覺得八卦雜誌其實滿好看的？

YES→前往Q20

NO→前往Q18

Q17. 一到假日，你就只想宅在家裡睡覺？

YES→前往Q18

NO→類型A

Q18. 你很能討長輩或小朋友的歡心？

YES→類型C

NO→類型B

Q19. 如果有機會，你還會想去唸書進修？

YES→類型D

NO→類型C

Q20. 如果沒有壓力，你會想搭哪一種交通工具去旅行？

火車→類型E

飛機→前往Q19

解答與分析

類型A 你的煩惱來源是【金錢】

金錢是你煩惱的源頭。若帳戶的存款不足，就會讓你感到焦慮，你經常擔心錢不夠用。就算存款無虞，你仍會擔心這是否足以負擔你的老年生活，思考著未來的開銷。儘管你具有相當高的情商，但只要遇到金錢問題，你就容易感到困擾。

其實，財富的多寡並非衡量快樂的唯一指標。一項有趣的統計報告指出，人們的快樂程度與金錢的關係可以用年收入八千美元（約台幣二十五萬）為分水嶺。當收入接近八千美元時，快樂程度會按比例升高，但一旦超過這個界限，快樂程度就會逐漸下降，甚至可能出現過度焦慮的現象，影響內心的快樂指數。

建議多培養個人興趣，以改善不安感，例如跑步或健身，運動時大

腦分泌的多巴胺能帶來愉悅的感受,有效緩和情緒。也可以考慮參加理財課程,強化自己的金錢管理能力,或請專業人員協助,藉此降低對財務方面的焦慮感。

類型B 你的煩惱來源是【工作】

工作幾乎占據了你所有的時間,待業中的你擔憂找不到工作;在職場上打滾也總想著自己的工作表現,過分期望能受到他人的肯定與讚賞,一旦遭遇什麼不順心(例如被解僱或減薪),就會頓失信心,一蹶不振。

儘管工作與財富的關係密不可分,但大多數對職場不滿的主因都不在收入,而是能否從工作中獲得成就感和滿足感,這些才是能激勵一個人向前邁進的驅動力。此外,職業不能決定一個人的價值,有些人追求「三高」職業,卻無法接受真正的自己,物質生活充裕,內心卻始終貧乏。建議你嘗試培養工作以外的休閒娛樂,開發出獨特的自我,唯有喜歡上自己,才能把生活過得精采。

類型C 你的煩惱來源是【家庭】

家庭是你生活的重心,如果要在家庭和事業中做出抉擇,家庭絕對是你的首選。與家庭成員之間的和睦關係,往往是你力量的源泉,因此,一旦家庭生活出狀況,你就會陷入愁雲慘霧中,受影響的程度超越一般人所能理解的範圍。有句話是這麼說的:「家是永恆的情感港灣,無論何時,它都是你的歸屬。」家庭能成為支撐你的力量,但過度重視的結果,會讓

成功金句 兩人起了爭執,對方率先向你道歉,並非因為你真的正確,而是對方心態比你正確!

心情隨之起伏，無法維持穩定的心理狀態，所以，建議你強化內心，增強對外界的抗壓能力。

每天在睡前列出值得感激或開心的事情，不論是針對家人、朋友還是自己。時時重溫這些筆記內容，藉此培養樂觀的態度。隨著時間的推移，你會發現，當你從不同的角度看待事情時，感受將會大不相同。

類型D 你的煩惱來源是【愛情】

在職場上，你被視為幹練的員工，但感情卻是你的死穴。雖然你也渴望卸下堅強的外衣，但卻鮮少出現能引起你興趣的對象，或者你看上的人總不懂得好好欣賞你。「愛情是一種相遇，不能等待，也無法準備。」自古以來，無論是誰，在愛情面前都會變得弱勢。要如何從情感糾葛中解脫，將其轉化成你的快樂泉源呢？道理其實很簡單，就是要懂得愛護自己。只有清楚知道自己的需求，成為一個充滿自信且具安全感的人，才能以恬然處之的態度與感情共處。

當與另一半發生不愉快時，與其焦慮，不如試著沉澱內心，重新審視問題的關鍵，甚至可以利用角色扮演，用第三者的視角去觀察，這將有助於釐清問題。另外，學習愛情的保鮮之道也很重要。每天三次，每次三分鐘，透過對話或肢體語言來表達你的關心，是維持長久愛情的良策。

類型E 你的煩惱來源是【人際關係】

「以和為貴」是你的處世之道，你期望與所有人和睦共處。然而，

若你總是將朋友的情緒看得比自己重要，可能會被有心人士利用，因而被占便宜，卻又只能默默忍受，長久下來可能導致你內傷。正所謂「分享的喜悅是雙倍的喜悅；分擔的痛苦是一半的痛苦。」與朋友、同事、家人互動，的確能帶來快樂，甚至可能超越擁有百萬財富的喜悅。人類是群體動物，沒有人能孤獨地生活。但即便如此，你也要明白，每個人都擁有自由意志，你可以抱有期待，但不能控制他人的舉止行為。

提醒您，人際關係中的分界是必要的，過於口無遮攔的關係往往會導致關係破裂。也可以多加鍛鍊自嘲的技巧，適時地以幽默感化解諷刺的言語，不要讓別人的酸言酸語成為傷害你的武器。隨著時間推進，你將會發現自己的變化，在人群中也能更加快樂和自信。

　成功金句　如果不能控制自己的情緒，你就不能控制自己的未來。

感 恩 商 數

Gratitude Quotient

GQ,

感恩，豐富生活的元素

焦點人物 **簡見家**

資歷簡介 About Me

我見過天家沒見過上帝，我的名字叫簡見家。

專業頭銜

- 金山航運輪機三管
- 大興食品百貨批發公司負責人
- 恆易教育培訓教練
- 易系統團隊創建者
- 現任職中壢生活共享空間營運長
- 挪亞方舟企業社業務副總
- 烈火教會中壢分區-上帝的僕人、職場福音宣傳者

生平故事 Introduction

家庭背景

他在一個大家庭成長，因為家族人口眾多，他們三餐地瓜加白米

成功金句 天地為胸襟開闊的人提供了無窮無盡的賞心樂事，讓他們受用，而對於心胸狹窄的人們則會加以拒絕。——《悲慘世界》作者 雨果

一起下鍋煮飯，不能只吃純白米飯。小時候他說最渴望的夢想是能吃到一口蘋果，甚至渴望到半夜偷偷爬起來打開阿嬤的衣櫃，就是為了聞一下美國五爪蘋果的香味。偷偷摸摸地把它拿出來聞，然後又偷偷地放回去。

他常在想，為什麼隔壁的同學每天要有五元買零食才肯去上學，而自己卻為了沒有兩毛錢買圖畫紙，就要被打、甚至不敢去上學呢？他的大伯告訴他，如果想要成為有錢人，就要改變自己，學會做生意，窮人不要一輩子只做工，因為「工」這個字永遠不可能出頭，出頭就變「土」。在讀國民小學的時候，他就經常利用假日的時間，揹著比自己身體還要重的冰桶沿街叫賣冰棒，想要多賺取一些利潤，這是他第一次接觸生意。他說，自己受夠了過窮苦拮据的日子，看到自己的母親為了讓孩子們過好年，赤腳在寒冷的冬天給人挑秧，只為了多賺一些錢。母親為了改善家人的生活，不顧自己的身體，在天寒地凍的氣溫下努力工作，讓他深受感動，明白了母親的偉大，也塑造了他的性格，對家庭總是義無反顧地擔起責任。

追尋夢想

因為沒錢繳高中聯考的報名費，他原想要放棄參加考試，所幸國中導師鼓勵他參加，甚至幫他繳了報名費，最後他果然不負導師的期待，考上人人羨慕的新竹省中，但他放棄了新竹省中的就學資格，毅然決然地選擇離開故鄉，去讀基隆海事學校，他唯一的夢想就是要快

速地賺錢。

他心裡很清楚，三年的海事學校畢業後，就可以到船上實習，藉著實習，除了可以周遊各國之外，又可以賺取美金，以他家中的經濟條件，他原本連想都不敢想。何況當時正值戒嚴時期，出國不僅奢侈，條件還非常嚴苛，不是一般家庭可以做到的。首次到智慧立体學習公司和王博士見面，聽完王博士的說明後就加入而且成為股東，他被王博士說的一句話深受感動：「學習使人不惑，賺錢使人不屈。」跟他當時放棄新竹省中而選擇海事學校的想法如出一轍，也和自己決定上船實習，一面工作、一面環遊世界兼賺錢有異曲同工之妙，這也讓他培養出敏銳度，日後遇到機會都能及時把握住。

現在能夠出國是件很稀鬆平常的事，所以各位大概難以想像當他實習結束，回到家鄉時有多風光，他的祖父殺一條豬宴請全村莊的人，羨煞許多地方仕紳，連他學校的導師也出席了，對簡見家這位學生能出國，感到與有榮焉。當天盛況空前，連鄉長和村長都出席，彷彿他出國比賽得冠軍似的。

由於身處於貧困艱難的環境，所以他對家庭有著更強烈的責任感，內心充滿對未來的期許和願景，為了改善家裡的經濟狀況，讓孩子們贏在起跑點，獲得更好的生活條件，他毅然決然地放棄舒適的朝九晚五生活，只為學習和追求更好的事業，他常說，聖經裡的一句話影響了他面對事情的態度：「信就是所望之事的實底、未見之事的確據。」

奮鬥的代價

在他汲汲營營的努力下，傳產生意的事業版圖擴展到桃竹一帶，成為總經銷商，也當過統一集團旗下的經銷商，統一集團開始要跨足超商事業版圖時，有邀請過簡見家，給他優惠條件，並詢問合作意願，但當時的他婉拒這個機會，因為他想自己當老闆，這是他最初的夢想，加上當時台灣幾乎都是傳產業，全是單打獨鬥的生意。

本身具備的堅定信念和努力讓他不斷地突破自身的極限，賺到了金錢，但負荷也日漸增重，長期過度疲勞讓身體也付出相當大的代價。然而，他並沒有、也不能停下腳步休息，因為他沒有團隊支持，只能靠自己單打獨鬥。正所謂「屋漏偏逢連夜雨」，身體情況可謂每況愈下，甚至嚴重到無法行走，也影響到睡眠品質。然而，他知道自己不能夠放棄，所以一方面尋求改善身體健康的方法，另一方面也要加速發展事業版圖。最後他透過朋友的介紹，接觸自然水療法來改善身體健康，並接觸到倍增多層次傳銷的生意，透過不斷學習成長的經驗，更清楚傳產和傳銷生意有很大的差異，也逐漸明白組建團隊的重要性，單打獨鬥有一定的限制，想要達到頂峰，就需要有共識的團隊合作。

成功的關鍵

一直以來，簡見家都很喜歡一句話：「認識上帝，相信神是信實的，必不叫你們受試探過於所能受的。」

　　2018年5月28日，對他個人是一生難以忘懷的日子。讓他從此體悟到生命的價值，更確信他所相信的上帝是真實的。因為在事發前的幾天，只要睡覺一躺平就會引起乾咳，但起來坐著睡就不會咳嗽，一連幾天都是如此，就不以為意，認為這只是一般的咳嗽，這種忽視不在意的態度，卻差一點要了他的生命。5月28日這天下午2點左右，他感覺到呼吸變得非常急促、困難，在無法清楚向別人表達的瞬間，他當機立斷趕緊離開公司，開車回家。感謝主！讓他一路平安到家。過程中有一個小插曲：當他駕車經過茄冬消防隊時，由於意識到自己很不舒服，原本想要將車開去消防隊求救，卻因考慮面子問題，他轉頭，還是將車駛離分隊回家，事後回想這件事，他相信是上帝要他遠離多餘的念想，這才救了他一命，免除被氣切插管的命運。

　　經過多方的波折後，他被送到了醫學中心。診斷檢查之後發現有急性心肌梗塞、心臟衰竭，剩餘心功能不到20％，肺部也浸潤。他說如果不是上帝保護他、愛他，就不可能有機會寫下這篇文章來榮耀上帝。感謝主！他的妻子平常上班時間幾乎不在家，若當天他的妻子沒有剛好在家門口等他，他根本無法開口打手機求救，也沒有機會寫這篇文章。

　　事後他的妻子回憶，形容他當時的身體狀況，兩眼翻白向上、嘴脣發紫，非常危急，見此情景，她的心裡慌亂、六神無主，教會的弟兄只能用手勢叫他妻子趕快進駕駛座，載他去看醫生。他彷彿能感受到妻子此刻心情，當他伸出手握住妻子的手時，妻子才發現他的手是

成功金句 最快樂的人，不一定擁有最好的東西，他們只是珍惜人生道路上，遇到的一切。

冰冷的，講話一口氣一直喘不上來，她意識到嚴重性，一面開車、一面打電話求救，向一位任職中壢後站耳鼻喉科診所做藥劑師的朋友求助，感謝馬醫生即時注射了一針救命針，才延長了他的急救時間。在這危急時刻，醫生還說他的妻子太守法，這種時刻也不敢暫時並排停車，硬是將車開到附近的停車場停放，讓他差一點走完他生命中的最後一哩路。

抵達中壢壢新醫院急診室之後的事，是他這一生中的空白時間。一意識到自己被送到了醫院，他一放鬆緊張的心，就立刻昏迷了過去。再次恢復意識的時候，他發現自己被戴上了氧氣罩，因急促的呼吸而醒過來。他不清楚自己昏睡了多長時間，完全不清楚急救的過程，記憶一片空白，後來透過妻子轉述，當醫生跟家屬建議要馬上做氣切插管的緊急治療時，他太太才真正意識到，自己先生面臨的情況有多麼危急。

首先，妻子連絡了當護理師的女兒，告知目前狀況，以及醫生建議的緊急處置方式，女兒提議將父親轉送到她服務的醫院，再繼續進行緊急治療。

感謝主！雖然過程慌亂，但一切檢查都非常順利，也住進加護病房觀察，做後續治療的療程，他常說，心中感恩所有幫忙的朋友，以及特別辛苦照顧他的醫療人員。

主治教授通知開刀手術的日期定於6月3日，他遵照醫囑，從前一晚開始就進行禁食準備，等待進手術室的時間讓他倍感煎熬。下午3

點30分，護理師告訴他可以進入手術室了，他說因為相信上帝，可以坦然地面對手術，不會恐懼害怕。在打麻醉藥劑進入昏睡之前，他用心靈誠實向上帝禱告，感謝上帝賜給他生命，一切交託上帝的手中，希望能平安度過這危急的手術。他向上帝祈求禱告，希望能夠有一個屬靈的醫療團隊來醫治他，做他的主治團隊。

當他清醒之後，護理師告訴他已經是凌晨2點30分了，其實他根本分不清楚，也不知道究竟經過多長的時間，後續的治療中，他也經歷了最痛苦的抽痰，他說感謝神只讓他經歷一次，管子就自動脫落，不用再抽痰。

對他而言，2018年6月15日是重獲新生命的日子，教授來巡房時，告訴他出院之後需要注意的事項，教授說：「簡先生，我跟你說，以我過去的教學及實務經歷，你可以靠手術成功活下來，根本是奇蹟。如果不是你的上帝這樣地愛你，你活不下來的。出院後的六個月內是特別危險期，如果我們之後很快又在手術台上見面，那你見上帝的機率有98%，以後你要如此介紹自己：你見過天家，沒見過上帝，你的名字叫簡見家。」從那時候開始，他就用榮耀上帝的方式介紹自己。

感謝主！住院期間很多朋友對他的關心，他都一直記在心中，其中要特別感謝過去在恆易系統培訓擔任教練期間，參加培訓的學員俊緯，在他生病住院、回家休養期間，手機都是家人在看，全部已讀不回，跟外界幾乎失聯，感謝上帝安排俊緯特意從南台灣屏東北上見他，用意是要談是否有合作鱸鰻保健食品的機會，要借重簡見家過去在傳

成功金句 與其詛咒四周的黑暗，不如點燃一支蠟燭。

銷領域以及開拓北部市場的經驗與人脈，殊不知見到面後，才發現他身體虛弱到需要隨時躺著，肌肉也嚴重萎縮，腳不能站，無法行走，更禁不起跌倒，雪上加霜的是，眼睛嚴重受損、看不清楚，只能近距離勉強視物，看到此情景的俊緯，只能將這次拜訪當作單純的朋友探訪，表達關心，並送他兩組要展示的鱸鰻系列產品當禮物，讓他可以體驗產品，當下誰都不了解這產品對病人有何幫助。簡見家說感謝主！因獨特的鱸鰻產品快速恢復他的體力精神，才可以在不到一個星期的時間內，從無法站立，到可以到屏東參觀養殖場。

以過去在傳銷市場的經驗值，加上產品的獨特性，配合策略行銷，分享給幾位朋友，並運用團隊組織的運作，快速擴展業績，幫助了許多人，讓他們的身體狀況得到改善，當然，他自己就是產品的最大獲益者，也是最棒的見證，一路幫助許多信任他的朋友賺錢也賺到身體健康，就算是疫情肆虐得最嚴重的時期，業績也穩定、持續地發展。

🎯 簡見家這麼說

我常常懷抱著感恩的心，既使家境貧困、生活環境艱苦，因著對家人的愛與執著，我都甘心樂意，無怨、無悔、無私的付出，願意因著愛而承擔責任，我也樂意將對家人的那份摯愛往外延伸，把組織團隊的夥伴視為我的家人。更要感謝上帝愛我，我也愛教會的弟兄姊妹。最後要用我最喜歡的一句聖經經文送給愛我，以及關心我的廣大讀者以及好朋友們。

「我只有一件事,就是忘記背後,努力面前的,向著標竿竭力追求,要得神在基督耶穌裡,召我向上去得的獎賞。」

我見過天家沒見過上帝,我的名字叫簡見家。

聯繫方式 Contact Me  ☑ 掃描 QR Code 即可加好友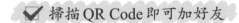

成功金句 人生最重要的不在於得到,而是得到之後如何珍惜。

何謂感恩商數？

GQ. Gratitude Quotient

05-2

　　人們常會因為太關注自己所欠缺的事物，而感到不快樂。長此以往，目光就會被自己的不足之處所束縛，陷入抱怨和負面情緒中。其實，有一種簡單且有效的方法可以讓生活充滿笑容，那就是學會感恩。新約聖經中也提到：「在一切事情上感恩」。感恩與知足可以從根本上改變一個人的態度，化消極為積極，讓悲觀轉為樂觀。

　　感恩商數（Gratitude Quotient）能看出一個人能否保持感謝的心，並在所有事情中，找到值得感謝的部分。這樣能讓人保持樂觀且正面的心態，朝著生活的光明面前行。實際上，感恩商數也會直接影響到我們的生活品質，例如快樂程度與心理健康狀態等等。

感恩商數的兩大內涵

　　從語言的角度分析，能馬上發現「感恩」與「付出」兩者的深度關聯，以英文的「感恩節 Thanksgiving」為例，這個單字可以拆解成 thanks（謝謝）與 giving（給予）兩部分，由此可見，感恩與付出這兩個概念是緊密相關的。

 內涵一、內心的感激之情

感恩是一種情感體驗和心理狀態，讓我們對於各種美好事物和善行懷有謝意。它不僅是對他人善意所產生的回應，同時也包括對所有美好事物的欣賞之情，這種心態通常能帶給我們深深的滿足感和安定感。表達感恩的方式很多元，從寫卡片、送禮物，到直接口頭表達我們的感激之情，這些都是展現感恩之心的方式。與此同時，感恩的心態也可以幫助我們建立與他人的良好關係，它可以讓人感受到被尊重和被愛，消除雙方的隔閡，增強彼此之間的感情連結。最重要的是，感恩所帶來的快樂和滿足是任何人都奪不走的，它代表著最真誠、最真實的心意。

 內涵二、付出的行為表現

感恩也是一種付出的行為。常言道：「施比受更有福。」這正好說明了感恩的本質。當我們心懷感恩，處於一種內心滿足的狀態，自然會願意將所擁有的與他人分享，這種付出表達了我們對生活環境的感謝，也是一種實質的行動回饋。感恩的力量如同暖爐，為人際關係增添溫度，讓社會更具人情味和溫馨感。不只如此，感恩更是一種互助的展現。當你回憶起自己曾經得到他人的幫助和善意，也就更樂於回饋社會，將愛和關懷傳遞下去。

若你身邊的人總是抱怨、向你吐苦水，長期下來，你也會被那些負面情緒影響，難以維持一個快樂的心態。在負能量的循環當中，往

往會忘記值得感恩的事，甚至將所有的事情（包含他人對你的援助）視為理所當然，因而變得自私，這樣不僅會讓內心的幸福感直線下降，還可能使自身陷入孤立無援的境地。

請記住，感恩既是對他人的尊重，也是對自己的保護，透過感恩，我們能欣賞生活中的美好，並從中找到屬於自己的幸福。生活就像一面鏡子，它會反射出我們的心態：快樂或是痛苦，都是我們自己的選擇。只有那些知足且快樂的人，才能將這種正能量傳遞給他人，創造出更美好的生活環境。

感恩讓人活得豐盛

他曾經帶著不到兩歲的兒子睡在地鐵站的洗手間內，過著游民般的生活，後來卻成為第一位打入華爾街證券界的黑人富翁，這個人就是電影《當幸福來敲門》（The Pursuit of Happyness）的主角——克里斯・葛德納（Chris Gardner）。

葛德納曾說過，在追求幸福的路上，經驗法則並不適用，永遠記得「你必須從手中擁有的開始」。比如在職場生活中，遇到業績不如意、計畫受挫時，一般人都會埋怨資源有限，所以才無法突破，但葛德納並不這麼想，他認為，你要做的就是從此時、此地跨出去。所以，當他四處推銷卻處處碰壁、每天下班趕著排隊等待救濟、甚至帶著兒子睡在公共廁所時，他也沒有忘記自己的夢想，沒有停止描繪屬於他們的未來，有句話是這麼說的：「愈習慣感恩，你就擁有愈多值得感

恩的事。」

　　如果一個人從小嬌生慣養，習慣被人寵著，什麼都是「以我為尊」，不知道父母的辛苦；出社會之後，就會以為同事本該禮讓他；當了主管，也不會體恤部屬的辛勞，這樣的人，或許在校成績一流，也有得意風光的一時，但終究不能成大器，因為他們總認為別人的好意是理所當然的，於是，原本的好運會開始走下坡，本該擁有的貴人運也會逐漸消失殆盡，請記得一句話：「感恩是豐盛的祕密，當你感謝生活，生活會以更多的恩賜回報你。」

　　好的人生從好的態度開始，常懷感恩的人知足、惜福，日子過得當然也較為快樂，因為總是感謝，所以必定能招得好人緣。正所謂「人脈就是錢脈」。人緣好，當別人有什麼好資源，就會想到我們，成功的機會當然就比別人多。不過，我們只能自省是否常懷感恩之心，千萬不要用同樣的標準去審視他人，否則心裡將泛起計較的念頭，感恩之心將點滴不留。

增進感恩商數的方法

　　將感恩的態度融入日常生活，就像是種下一顆種子，它在我們的心田生根、發芽，最終結出滿滿的幸福果實。接下來，就讓我們透過一些做法，幫助你種下這顆感恩種子，讓你的生活轉向積極，同時成為一道照亮他人的溫暖陽光。

方法一、感謝那些傷害你的人

　　感謝傷害你的人，因為他磨練了你的心志；感謝欺騙你的人，因為他增進了你的智慧；感謝中傷你的人，因為他砥礪了你的人格；感謝鞭打你的人，因為他激發了你的鬥志；感謝遺棄你的人，因為他教導了你該獨立；感謝絆倒你的人，因為他強化了你的雙腿；感謝斥責你的人，因為他提醒了你的缺點；感謝所有使你堅強的人。從現在開始，無論遇到任何事情，都試著換個角度，用感謝之語取代即將脫口而出的抱怨，視角不同，人生也將有所改變。

方法二、將「謝謝」當成咒語來念

　　每一天都將「謝謝你」當成咒語來念。感謝公車司機、超商店員、保全人員。感謝你的同事、主管、合作廠商，甚至對下嚥的食物、穿的衣服、溫暖的床鋪抱持感恩。感謝家人無時無刻的陪伴、感謝你健康的身體讓你無後顧之憂地工作、感謝老天爺賜予的人生關卡，讓今日的你比昨天的你更加茁壯。比抱怨更快說出口的如果是謝謝，你將成為一個充滿正能量的人。

方法三、持續不斷地寫感恩日記

　　在生活的忙碌與煩擾中，我們往往容易忽視那些微小卻溫暖的時刻。透過每天的紀錄，就能將這些散落的幸福片段串連起來，清楚看見生命的美好。這些事物不需要多偉大或多有意義，只要你願意去觀

察、感受，就能發現它們的存在。比如當你感謝那位讓你先行的車主，你就學會感恩他人的善意；感謝幫你留一份晚餐的母親，你就看見親人給予的關懷；感謝那張讓你安穩入眠的床，就明白生活的安定得來不易。持續記錄就會發現，你的世界處處充滿了愛與幸福。

 方法四、對事情抱持正向的看法

遭遇挫折時，也許會感到難過、失望甚至憤怒。然而，如果能夠調整自己的視角，就可能發現轉機。例如，你正在享受一場美好的約會，與你心儀的對象愉快地聊天。然而，服務生卻不小心將咖啡灑在你的新衣服上。在這種情況下，你或許會感到震驚和不悅。然而，從另一個角度來說，這實際上是一個了解對方的好機會。如果他能冷靜地處理，不讓你尷尬，你就看見他的善良與體貼。反之，如果他立刻大罵服務生，就能得知對方缺乏寬容和理解他人的能力，你可以藉此想想你們是否適合繼續發展下去。

 方法五、在力所能及的範圍內幫助他人

我認識這麼一位阿姨，她總是神采奕奕、笑臉迎人，受病痛折磨時，她感恩上天讓她重回家人的懷抱；持續被親戚當作借錢對象時，她笑著這麼說：「我很感恩，能做一個手心向下的給予者。」常人遇到這樣的事情，一定會認為親戚不長進，甚至避不見面，但我從來沒有從她口中聽到任何指責她親戚的言語，我想，這就是為什麼她一直

能享受生命中的美好，並時常有好運降臨的原因吧！

　　人生的每一個瞬間都有意義，每一次微笑、每一個擁抱、每一道陽光、每一場雨，都充滿需要感恩的元素。它讓我們的生活更加豐富多彩，也讓我們的心靈更加充實。透過提升感恩商數，我們能學會接納與包容，可以在困境中找到希望，更能在失敗中找到力量。「心胸愈大，舞台也就愈大。」讓我們以開放的心去接受生活的每一個禮物，並用感恩的心去打造美好的人生舞台。

檢視**放大鏡**

05-3 鎖定生命中的貴人圈

　　貴人，就像一道照亮方向的明燈，給予我們溫暖和鼓勵。這些人不一定身處高位，但在人生的旅途中，他們的陪伴與幫助，能帶給我們許多啟發，甚至遞出那個足以改變我們一生的機會，現在就讓我們透過簡單的測驗，找出我們的專屬貴人有哪些特質吧！

Q. 長達一年的專案順利落幕，公司發了一筆小獎金給你，這時候你會買些什麼來犒賞自己呢？

選項 **A**：飾品（手鍊、眼鏡、手錶等）	選項 **B**：小巧的皮夾

選項 **C** ：保養品、化妝品、髮品	選項 **D** ：日常可用的背包
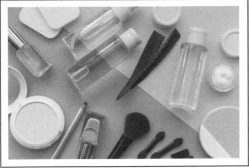	

解答與分析

選項A 飾品（手鍊、眼鏡、手錶等）

　　你善於待人接物，堪稱人際高手。但因為誰來找你，你都笑臉相待，所以麻煩事也容易找上你。你的貴人是那種看似沉默寡言，但其實擁有獨特觀點的人。心思細膩的他能察覺你笑容之下的困擾，加上他說話總是直指核心，所以能在關鍵時刻給你最需要的建議。由於這樣的人通常不顯鋒芒，所以需要你深入交談後才能發掘。他在言談中或許顯得過於直白，但絕不會東家長、西家短，能帶給你最有價值的談話內容與建議。

選項B 小巧的皮夾

　　你是一位個性嚴謹、行事踏實的人，平常不會刻意追求刺激或新鮮感，更喜歡安穩的生活。這樣的你思考事情的角度較為單一，所以

會顯得固執、難以變通。因此，與你最互補的貴人是那種思維靈活、能從不同角度看事情的人，遇到這樣的人，可千萬不要因為觀點不同而遠離，他多元的視野能帶來更多思維激盪的機會，讓你的思考不至於僵化，幫助你成為目標堅定、行事有彈性的人。

選項C　保養品、化妝品、髮品

雖然你平常表現得開朗樂觀，但內心具有高敏感人格特質，對於外界的變化十分敏感。加上本身很在意他人的目光，自信心較弱，所以最能拉你一把的貴人，是個性大剌剌、不拘小節的人。他們心胸開闊、充滿活力，能在你陷入苦惱的時候解開你心中的結，讓你不至於鑽牛角尖，久而久之，你也會受到他們性格的影響，變得正向，不再畏畏縮縮，運勢也會隨之水漲船高喔！

選項D　日常可用的背包

一旦立定目標，你就會用盡全力去達成，若檢視你的人生軌跡，應該很少有事情是你無法完成的，所以在許多人眼中，你是劍及履及的成功者。但也因為你凡事以「達標」為目的，所以追夢的過程中容易樹立敵人，不小心就成為他人的眼中釘、遭受非議。這樣的你，最適合與內心善良的人相處。他們善解人意的個性，能在你因拚搏而感到疲倦時，給予你發自內心的關懷，幫助你重新打起精神，恢復為那個意志堅定、無可動搖的你。

創 新 商 數

IQ,

Innovation Quotient

06-1 成為局勢的開創者

焦點人物 王晴天博士

✦資歷簡介✦ About Me

🎯 專業頭銜

- 2006年 北大管理學院聘為首席實務管理講座教授。

- 2008年 吉隆坡論壇獲頒亞洲八大首席名師。

- 2009年 受邀至「亞洲世界級企業領袖協會」（AWBC）進行專題演講。

- 2010年 上海世博會擔任主題論壇主講者。同時，也在台北市成立比特幣工作室開始挖礦，為台灣比特幣挖礦第一人。

- 2011年 受中信、南山、住商等各大企業邀約全國巡迴演講。

- 2012年 巡迴亞洲演講「未來學」，深獲好評。

- 2014年 北京華盟獲頒世界八大明師首席尊銜。

- 2015年 於Beijing百年講堂對數百位華語培訓講師講授TTT專業課程，獲得華語培訓界之最高評價，奠定「大師中的大師」之地位。

- 2016年 持續成為「世界八大明師大會」首席講師。

- 2017年 主持主講「新絲路視頻」網路影音頻道，獲得廣泛的迴響，成為

台灣區知名的 youtuber、主講〈改變人生的十個方法〉。

- 2018年 引進 B&U、WWDB642、區塊鏈證照班等國際級課程,震撼全球華文培訓界!

- 2019年 新絲路視頻內容也更為多元,講授時空史地、孫子兵法、鳩摩羅什與金剛經、元宇宙 NFT 等相關課程,為讀者開闊新視野、拓展新思路、汲取新知識。

- 2020年 投入撰寫《大師講堂》Mook 系列與《HOW TO 打造自動賺錢機器》書籍並開發相關課程。

- 2021年 主講〈真永是真〉等真讀書會人生大課, 為迷航人生提供真確的指引明燈,成為華語華文知識服務 KOD&WOD 之領航家!

- 2022年 創辦智慧型立體學習體系,倡導【邊學邊賺】不屈不惑的人生境界,短短數月已培養數十人月入百萬!開創了嶄新的夢想與奇蹟之路!

- 2023年 陸續出版《真永是真》人生大道叢書,全系列共 333 鉅冊,比美清朝的《四庫全書》與明朝的《永樂大典》,再創出版史高峰 !

✦生平故事✦ Introduction

🎯 家庭背景與學生時代

　　王晴天父親王運生先生係跟著蔣介石「轉進」(向後轉再前進,其實就是撤退,說敗退有點難聽)來台灣的低階軍官(低階到無眷村可住),民國四十七年 823 炮戰,王運生大難不死!負傷痊癒後從金門退伍來台發展,五〇年初與王晴天母郎淑秀女士結婚,當年底於台

北空軍總醫院生下了王晴天。兩年後王晴天的弟弟誕生，不久後王運生牽扯到一件白色恐怖匪諜案判刑十年！實際服刑了九年！所以王晴天就有了這麼一段「艱苦奮鬥」為生存而戰的童年往事！

小學時代王晴天便負擔起家計，在新莊街上擺攤賣襪子，並經營一個非常小的柑仔「店」！所以王晴天常常說：這個我小學就懂了！這是真的！因為他小學時代就當「老闆」開始賺錢了。當然，學還是要上的，但小學生就知道翹課去挖番薯、抓泥鰍，為一家的澱粉與蛋白質而努力！晚上的黃金時間則要照顧他的攤子與那家小小的「店」，假日會用走的：從新莊走到台北市三張犁找外公外婆，為了飽食一頓蔥油餅可是要來回一整天呢！第一次走這條路線是小一，憑地圖居然就可以穿越當時的台北縣市，最終能走到目的地而不迷路，這也實在太神奇了！

小六下學期，王晴天的父親終於回來了！一家四口喜極而泣，抱頭痛哭了一整晚！第二天父親對王晴天說：「從今兒起，你就好好讀書吧！賺錢的事今後我來負責。我們王家還沒有人讀過大學，你一定要讀到大學畢業啊！」沒想到後來王晴天一路從永和國中第一名畢業、建中、台大、碩博士……學業上從此就沒有讓父母再操心過！

讀建中時，王晴天對寫作、編輯、出版產生了濃厚的興趣！他想爭取校刊《建中青年》總編輯兼社長的位置，但學長告訴他：「這個位置按慣例是要由社會組（文組）的同學來擔任的！」當時數學、物理、化學等自然科均極強的王晴天同學，為了這個主編校刊的熱情與理想，毅然轉組社會組！除了順利擔任了校刊總編外，也「順便」帶

領社會組的同學編出了當時頗為轟動的班刊《涓流》，奠定了王晴天念台大時能夠創立出版社並順利經營的基石。

🎯 創業成就

三十幾年來，王晴天已同時奠定了經營知識服務業與其為史學權威大師之地位，被稱為台版邏輯思維，也是亞洲八大名師首席，在兩岸創辦采舍國際集團等十二家企業。為台灣知名出版家、成功學大師與補教界巨擘。獨創的「創意統計創新學」與「ARIMA成功學」享譽國際，被尊為當代的拿破崙・希爾（Napoleon Hill）。深入研究「LT智能教育法」，並榮獲英國City & Guilds國際認證。首創的「全方位思考學習法」已令數萬人擺脫傳統的填鴨式教育，成為社會菁英。數理課堂上，學生卻最愛聽他講歷史小故事，其獨到的歷史見解（例如中國為什麼被西方稱為China，王晴天的解釋獨獲歐美頂級史學大師們的認可！）總是令學生意猶未盡。

作為現代知識的狩獵者，他極愛閱讀也熱愛創作，是個飽讀詩書的全方位國寶級大師。在各大範疇都有鉅著問世，主要史學著作有：《赤壁青史，誰與爭鋒？》、《風起雲湧一九四九》、《賽德克巴萊：史實全紀錄》、《無敵の末日：不敗的都鐸王朝＆日不落帝國的崛起》等十數冊。

王晴天大師曾多次受邀至北大、清大、交大及香港、新加坡、東京及國內各大城市演講，獲得極大迴響。現為北京文化藝術基金會首席顧問，是中國出版界第一位被授與「編審」頭銜的台灣學者，同時擔任世界歷史學會台灣分會會長，並榮選為國際級盛會——馬來西亞吉隆坡論壇「亞洲八大名師」之首，被喻為台灣最有學識的人，以其高IQ的智慧型輸出模式，成為了門薩俱樂部台灣地區掌門人。

王晴天目前是大中華區培訓界的超級名師，國際級課程B&U與WWDB642全球主講師。兩岸三地創辦十二家成功且持續營運之企業體。對企業管理、微型零風險創業、行銷學理論及實務，多有獨到之見解及成功的實務與文案經驗。台灣全部營運房舍及大陸主要營運房舍均為自有。除了圖書出版外，還引進發行ef、ff、sure等雜誌國際中文版，更在中國大陸投資發行多本時尚雜誌。於兩岸文化出版及知識服務產業有極大影響力。

絕無僅有的出版創新思維

不僅出版之書籍橫跨各類範疇，王晴天還致力於開闢不同的知識傳播方式，持續求新求變，在知識與智慧型服務產業中另闢蹊徑，打造全國最強的NEPCCTIAWSOD體系，分別說明如下：

★ **NFT&NFR**：NFT即Non Fungible Token之縮寫，由王晴天領軍之元宇宙企業集團以虛實並行的模式經營，全球首創！將書鑄造成NFT&NFR，目前是台灣最大NFT發行&經銷總代理商，為目前台灣上架NFT平台最多的公司。

★ **E-Book電子書**：早在上個世紀九〇年代，王晴天董事長就在兩岸領導第一波的電子書製作與發行相關研發。疫後時代，E-Book更進一步帶起閱讀新契機，打破時間與地點的隔閡，幫助讀者習得最新知識、精進自我，競爭力全面提升！

★ **Paper紙本書**：王晴天建構全球華文最大的出版體系與專業發行網，擁有最完善的行銷網及最高的書籍曝光度，打造個人IP&文創品牌，出書已逾萬種！

★ **China簡體版**：積極推廣簡體版權，與中國主要城市之出版集團合作，獨資或合資

設立文化公司，建構華文單一出版市場。

★ **Channel影音說書：**致力推廣優質好書，讓聽眾用閱聽看就能飽讀群書，跟上潮流學知識，眼看耳聽的雙重饗宴，讓新知烙印於腦海。旗下開設之〈新絲路視頻〉影音說書頻道點閱破千萬人次！

對聽書有興趣的朋友，歡迎上 **Youtube** 頻道搜尋【新絲路視頻】，或掃描左方 **QR Code**，即可進入頻道，聽取最多元、最跟得上世界潮流的知識寶庫集。

★ **Training 培訓：**開設保證有結果的專業培訓課程，協助個人創造價值、財富倍增，達成財務自由與心靈富足的雙贏局面！已開課千餘種，全數納入【藏經閣】，是目前華文培訓界最大的影音資料庫。

★ **International 國際版權：**AI跨語種翻譯技術越發成熟，能快速且正確地大量翻譯各國語言，將國際版權銷往全球市場。王晴天旗下出版集團擁有萬餘種圖書之國際版權，大多已鑄造成NFT向全球發行。

★ **Audio book 有聲書：** Podcast 及 audio book 系列有聲書之經營，以《用聽的學行銷》及《成功3.0》最知名，暢銷海內外。《真永是真》系

列則一直高據博客來有聲書暢銷排行榜！

★ **Writer 暢銷書作家**：提供華人出版界最全方位的資源！傳授素人出書一定要知道的潛規則PWPM，全國最強4階培訓，P企劃、W寫作、P出版、M行銷的一條龍式教學，加上最堅實強悍的出版行銷團隊，用心打造屬於你的超級暢銷書，已培養作家千餘位！

★ **Speaker國際級講師**：史上最強的國際級講師育成計畫！透過完整的講師訓練系統培養，把您當成世界級講師來培訓，從公眾演說技巧，到專業講師能力，手把手培訓，讓您完全脫胎換骨，成為一名超級演說家！兩岸百強PK大賽則知名於全球華人世界。

★ **Other People's Something借力眾籌**：集眾人之智‧籌眾人之力‧圓眾人之夢，助您借大咖的力，借平台的力，匯聚人脈、商機與金脈！且平台開放，可將您的產品銷往全世界！

★ **Direct Selling學習型直銷體系**：2022年創辦智慧型立體學習體系，倡導【邊學邊賺】不屈不惑的人生境界，短短數月即有數十位加入者月入百萬！

從小小的柑仔店起家，到能在知識服務產業獨霸一方，打造絕無僅有的NEPCCTIAWSOD體系，王晴天倚靠的不僅是創業者的頭腦，也有賴於他那幾乎無人可比擬的創新思維，現在就讓我們來一窺他那亮眼的成功要素——創新商數。

何謂創新商數？
IQ. Innovation Quotient

06-2

創新商數（Innovation Quotient）是思維開放能力、創新能力和創造力的量化指標。這項指標能幫助決策者評估方案或想法的價值與效益。許多大型企業如亞馬遜（Amazon）、谷歌（Google）、特斯拉（Tesla）和蘋果（Apple）等之所以成功，就是因為它們極度重視創新，以變革為核心。

一個創新商數高的人，擁有的絕不僅是天馬行空的想像力，這樣的人所具備的，是符合潮流與市場的預測能力，同時還有面對風險的應對能力。表現於外的，就是這個人源源不斷的新思維以及與時俱進的新想法。以王晴天博士來說，從傳統出版業起家的他，逐漸拓展其公司業務，讓旗下出版社在紙本書、電子書、有聲書三大領域發光發熱，甚至將出版擴及知識服務，結合最新智慧型直銷體系，納入令人意想不到的商業模式，創造出新一波的出版行銷姿態。

創新帶來的效益和成功是長期的。然而，在新計畫或方案的實踐上，最讓人卻步的，就是「風險」。風險愈低，代表方案的可行性愈高，帶來的效益也愈篤定。因此，創新商數並不僅用來評估個人特質，

 預測未來最好的方式就是去創造它。

同時還能代表團隊或公司在變革上具備的能力，因為沒有一種商業模式能夠保證終身成功，某些曾叱吒商業界的公司就是敗在創新失利，例如相機底片公司柯達（Kodak）以及手機巨頭諾基亞（Nokia），無論當時的市占率有多獨占鰲頭、盈利有多傲人，缺乏變革與創新的結果，就是黯然退出市場。

 ## 與時俱進的商品＆服務

近年來，無論在任何領域，都可以看見新式商品與服務不斷推陳出新。例如 COVID-19 疫情期間推出的社交距離 APP，讓民眾檢視自己是否接觸了確診者；而環保意識的抬頭，也促進了電動車、氫能車、太陽能光電板的研究發展，科技進步、社會意識轉變、生活型態的變化……這種種的一切正是創新之所以不可能消失的原因。

某樣新商品或服務的問世，往往必須歷經好幾個階段，接下來我們就來一一解釋這些運作過程。

★ **萌生創意**：這是創新的起點，發起者必須擁有對趨勢的嗅覺，再透過市場調查、競爭分析、員工反饋等過程，評估其可行性。

★ **概念評估＆開發**：通過各種考量之後，接下來會將想法轉化為具體的商品概念，此時會做更細緻的考量，例如思考產品特點、定位、目標市場等。

★ **開發原型＆測試**：製作產品的原型或樣品，並進行測試，此時會徹

底檢驗產品的功能性與可行性。

★ **開發與改進：**根據前一階段的測試結果，公司會著手進行實際生產的規劃，包括設計、生產細節、以及供應鏈管理等。

★ **上市與推廣：**一旦產品開發成功，公司就會進行產品的上市與行銷活動，除了商品本身與公司形象的宣傳之外，也必須確保銷售渠道的暢通。

以本篇代表人物王晴天博士為例，從出版發跡的王博士觀察到人們閱讀習慣的改變，因而同步推動電子書以及「新絲路視頻」，大幅擴展知識傳播的媒介。除此之外，在書籍與課程的規劃上也無一不新，從新科技區塊鏈，到NFT、元宇宙，以及現今最火熱的話題——人工智慧AI，王博士以其優秀的市場敏銳度率領旗下集團逐步蛻變，活化了出版的本質。

評估創意的三大面向

當人想要創造新東西或想法時，需要考慮三大面向：創新的內容、

成功金句 用最少的悔恨面對過去，用最少的浪費面對現在，用最多的夢想面對未來。

執行方法與實踐成效。創新內容指的是我們要創造什麼（What），執行方法即為詢問該如何實行（How），實踐的成效則是考慮這項創新會帶來的影響與效益（Performance）。從這三個方向去思考，就能推知有幾成的把握會成功，而不會因畏懼風險而停滯不前。

　　示意圖分為上半（想法）與下半（成效評估）兩個區塊，首先可以看到透過思考WHAT（創新內容）與HOW（執行方法），能衡量出這個創新是否值得投入，包括評估想法的獨創性、可行性、市場需求等面向。圓形下半部的成效評估則更加實際，會考慮創新項目的成本效益、市場接受度、競爭優勢與進度等等。

　　善用上述三項指標（What創新內容/How執行方法/Performance成效評估）就能提供有價值的訊息，幫助做出決策以及調整後續進程，在「創新」與「風險」的天秤上做出最佳取捨。

創新的五大類型

　　提到創新，一般人想到的就是橫空出世的新商品，但這只是其中一種類型而已，舉凡服務、行銷、組織……都可以成為創新標的，以下我們就來認識常見的五種類型：

類型一、商品創新 Goods

此為最常見的種類，包含創造全新產品與改進現有商品這兩類，舉凡外觀、功能、性能等的改變都屬於商品創新的一種。例如2007年蘋果推出的第一代iPhone，引入了多點觸控螢幕、革命性操作系統、以及智慧型手機的新功能，大大地改變了人們的使用習慣，也讓智慧型手機一躍成為市場的主流。

類型二、服務創新 Service

通常指營運模式的變化，目標為提供更具價值和差異化的服務，包括規劃新的服務方案、改變提供服務的方式等。最經典的當屬Uber（優步）的叫車與外送服務。透過手機APP，民眾即可立刻預約叫車，甚至能選擇車子品牌和司機。預約完成之後，會將相關資訊（如：車子抵達時間、行車路線、費用等）傳給叫車者；付費方式也可以直接綁定信用卡。大眾生活模式的轉變刺激新商業模式的誕生，同時，類似的新服務也愈發讓大眾的消費往「行動式生活型態」靠攏。

類型三、生產創新 Production

這類型關注的是公司內部流程的改進，旨在提高效率、降低成本、減少浪費、增加生產力等。以豐田汽車為例，其豐田生產模式（Toyota Production System，簡稱TPS）旨在「用最少的工作，創造最大的

價值。」豐田力求降低成本並維持產品的良率，在這個目標下，他們致力於消弭所有生產過程中人力、物力、與時間成本的浪費，這不僅成為豐田文化的象徵，也是精實生產的精髓。

類型四、行銷創新 Marketing

　　行銷手法的改變著重於市場推廣策略與方法上的創新，包括新的市場定位、銷售渠道、促銷活動等，以吸引更多顧客，藉此提高市占率和競爭力。可口可樂就是這類創新的經典案例。從可口可樂上市以來，他們就將飲料與快樂時刻做連結，打造出活潑歡愉的品牌形象。在可口可樂普及率很低的澳洲，則推行了 Share A Coke 的活動，在可樂瓶上印出澳洲最常見的名字，鼓勵消費者購買，將之當作禮物贈送給親朋好友，因此在社群網站上帶起一波 #Shareacoke 風潮。另外還推出 AI 自動販賣機 Freestyle，讓消費者自行混搭口味，並量產最受歡迎的可樂味道。2021 年更打出「連結心意」的口號，在台灣推出 Coca-Cola 對話瓶，包含閩南語、客家語、原住民語言。推陳出新的行銷手法，在在顯示出這家創立超過百年的企業求新求變的創新策略。

類型五、組織創新 Organization

　　此類關注的是組織結構、企業文化與管理方式的革新，致力於建立具創造力的組織環境，會鼓勵員工提出新想法、多加實驗和學習，

現今愈來愈多公司重視R&D部門也是這個原因。著名的網路零售公司亞馬遜就以其創新實驗室（Amazon Lab126）聞名，他們致力於研發，如最為人所知的Kindle電子書閱讀器和智能音箱Amazon Echo都是出自此處。

王晴天博士的創新之路

近幾年來，全球在科技方面的技術突飛猛進，產品日新月異，許多新產業、新商業模式應運而生，傳統產業的轉型需求愈發迫切。在競爭日趨激烈的情況下，「創新」成為企業生存下去的關鍵指標。跟得上時代，或是走在時代前頭的人方能避免被淘汰的命運。現在就讓我們再次透過王晴天博士的故事，來分析他將出版業的轉型做得如此有聲有色的原因。

傳統出版的驚奇變身

王晴天博士一開始創立出版社時，以出版參考書為主。隨著科技發展，人們取得知識的途徑不再僅限於紙本書。各種知識平台的崛起，讓獲取知識的管道愈趨多元，這也讓大眾將出版業視為即將沒落的傳統產業。然而，不利的外在條件從來不會成為王博士放棄的原因，他在時有耳語勸退他的情況下締造了奇蹟，為出版開創了一條全新的道路（請參照前面所述之NEPCCTIAWSOD）。

除了紙本書以外，王博士也順應世界潮流，發行電子書與有聲書。不只如此，他更因為意識到大眾對知識的渴求，將公司業務拓展至知識型產業，開設各類課程（包含實體與線上課程），造福所有想在有限時間內獲取大量知識精華的人。同時，王博士也在書中介紹相關課程，若讀者對某本書的主題深感興趣，想要知道更多，就能報名參加活動。對王晴天博士而言，他所生產的已經不僅僅是書，還包含了無限的知識與人生經驗。

將製作書籍的傳統出版業務，拓展至知識型商品，以書、影像、課程三管齊下的媒介推廣，即是思維上的創新。王博士透過開課，讓出版業發揮知識服務的作用，並使出版社有了全新的存在價值。

 想提升競爭力，讓知識高人一等嗎？歡迎上【新絲路網路書店】，提供萬種好書與多元課程，或加入【魔法線上學習網】，開啟遠端學習之路！

創新商數高者所具備的特質

很明顯的，王晴天博士在出版業的全新策略十分成功，也是創新商數的典型案例。接著我們就要來看看，像王博士這樣具備創新商數的人會擁有哪些外顯特質。

★ **持續不斷地學習：**他們對於知識的追求永無止盡，不管是透過讀書、參加課程、或與各行各業的專家進行交流，他們求知若渴，永遠都

在擴充自己的知識庫。

★ **積極主動地詢問：**創新商數高者從不把問題與無知畫上等號，他們樂於提出問題、挑戰現有的觀念與假設，並試圖尋找新的解決方案。就算工作上因遭遇困境而停擺，他們也會在處理的過程中，因探索到新領域而感到雀躍。

★ **保持開放的思維：**他們的思維從不僵化，能接受不同的觀點並加以整合。就算是自己的思維框架，他們也樂於挑戰，打破自身的想法，並尋找新的切入點。

★ **樂於與人合作：**和一言堂相比，他們更重視團隊合作和夥伴關係，並相信多元化的意見才能促進創新和提高成果。

★ **實踐創新：**他們的想法不會只停留在思維上，相反地，他們是行動力十足的實踐家，會努力將創新想法轉化為實際的解決方案，並進行檢測與評估。

★ **接受風險並堅持：**他們相信創新需要時間和努力，所以就算冒險後的結果不盡人意，他們也願意接受失敗，並將之視為成長的機會。

　　創新商數高的人不斷追求新知識，所以能在各方面取得令人驚豔的成果。他們透過學習擴大知識與能力範圍，因此能提供獨特的觀點和全新的解決方案，使其在職場上的競爭力大為高漲。

　　「創新」已成為成功人士的必備能力。唯有多元思考、勇於突破，

成功金句 有眼界才有境界，有實力才有魅力，有思路才有出路，有作為才有地位。

方能造就革新,讓危機變為轉機。「想成為改變世界的人,你必須先改變自己。」現在開始,試著開放你的心胸,跳脫安逸又一成不變的現況,成為一個勇於創新的人吧!帶著這樣的心態與眼光,你一定能替生活帶來許多美好的改變。

檢視放大鏡

06-3　**你的創新商數有多高？**

　　「創造力是將想像力帶到現實的力量。」創新是我們應對這個瞬息萬變、充滿挑戰世界的關鍵武器！它能帶著我們突破自我、打造獨一無二的商品，現在就讓我們透過下面十道題目，認識你的創新潛力。請以第一直覺選擇符合你的敘述，最後再計算得分。

Q1. 請勾選最符合你自身的描述。【複選題】

a. 我知道我所有朋友的瞳孔顏色。

b. 就算狀況模糊不清，我也能自在行事。

c. 音響系統上的所有功能我都很清楚。

d. 我經常調整音響，體驗不同設定所帶來的差異。

Q2. 你在學校時，最可能被診斷為哪一種學生？

a. 注意力不足過動症

b. 慢性疲勞綜合症

c. 憤怒管理問題

d. 分離焦慮症

成功金句 要為成功找方法，不要為失敗找理由。

Q3. 你每天晚上都會帶著手機出門散步，過了一個月之後，你手機上的筆記最可能充斥著何種內容呢？

a. 各種想法與對事情的意見

b. 許多代辦事項

c. 圖畫與隨手塗鴉

d. 你散步時認識人的電話與 E-mail

Q4. 在進行專案時，你至少會詢問幾位外部人士的觀點？

a 0

b. 1

c. 2

d. 3

Q5. 以下哪一項商品在研發初期「沒有」因為遭受反對意見而被駁回？

a. 影印機

b. VCR（卡式錄放影機）

c. 電影《星際大戰》系列

d. 針對幼兒的內建汽車座椅

e. 魔鬼氈

Q6. 請完成以下句子：「我們現在對領導力有了更明確的定義，要進行持續、有深度的創新，意味著領導人必須將_____傳達給他人。」

a. 熱誠

b. 解決方案

c. 水果糖

d. 創造力

Q7. 如果你被困在沙漠中，你最可能問自己的問題是：

a. 我該如何找到水源呢？

b. 該如何才能讓水源流到我這裡？

c. 生命的意義是什麼呢？

d. 我該如何使我的生活更有意義呢？

Q8. 被問及你最喜歡的香味時，你的反應會是：

a. 需要花一點時間思考

b. 立刻就答出來

c. 考慮問問題的人是誰

d. 臉紅

Q9. 彼得・杜拉克說：「最重要的是，具創新力的公司會重組自身，以_____舊的、過時的、不再具生產力的事物。」

a. 忽略

b. 補助

c. 拋棄

d. 競爭

Q10. 如果想要學習青蛙的解剖學，你首先會：

a. 前往圖書館

b. 聯繫一位生物學教授

c. 查詢網際網路

d. 捕捉並解剖一隻青蛙

 **解答與分析** 請按以下的答案，加總分數，再看解析。

Q1.	每個勾選的答案給2分	Q2.	選項a. -- 2分
Q3.	選項c. -- 2分	Q4.	每選一個外部人士給1分
Q5.	選項b. -- 2分	Q6.	選項a. -- 2分
Q7.	選項b. -- 2分	Q8.	選項b. -- 2分
Q9.	選項c. -- 2分	Q10.	選項d. -- 2分

類型A 總分23分以上【你就是創新大師】

毫無疑問，創新就是你的口號。在你入睡時，各種想法會湧入你的腦海，所以你習慣在床頭放手機或筆記本，以便記錄這些靈光一現。

你討厭制式教科書,在學習新事物時,你更喜歡透過實驗來親身經歷一番。任何事情在你眼裡,都有改進的空間。我們向你致敬:創新大師,因為有你,這世界將變得更加美好!

類型B 總分10～22分【大有可為的創新人才】

雖然缺乏創新大師那般的激情,但你並非只專注眼前道路、或活在框架中的類型。偶爾,你會停下手邊的工作,想投身到另一個完全不同的行業,讓自己從零開始闖蕩,或者想著要參加自高中畢業以來一直渴望的手作教室。你的右腦充滿白日夢分子,但左腦會快速地將你拉回現實。其實偶爾一次的天馬行空不會讓你飄上外太空,勇敢大膽地多加嘗試,就能提高你的創新商數喔!

類型C 總分0～9分【重燃內心的創新力吧】

別再用「創新這種事要看人」來麻痺自己了,創新思維有其適用的時機與場合,但也不要求什麼天時、地利、人和。如果老是替自己找藉口,歸咎於工作沒時間、家務事要處理、投資傷腦筋,你內心的創新火焰永遠都無法點燃。從現在開始,揮別那個找藉口的自己,每一件事物都有創新的空間,拿出你的好奇心去詢問、發揮你的想像力,在歷經持續的打磨之後,你的創造力將閃閃發光。

成功金句 繁華三千,看淡即是浮雲;煩惱無數,想開就是晴天。

CHAPTER 07

學習商數

Learning Quotient

學習，終能超越他人

焦點人物 葉繁芸 Ivy

07-1

🏆 資歷簡介 About Me

英文名字是 Ivy，也可以叫我「艾薇老師」。

🎯 專業頭銜

📍 艾薇行銷創辦人

📍 斜槓達人（手握10個以上的斜槓管道）

📍 台灣手機教學協會 副理事長

📍 台灣手機教學協會 特約講師

📍 2022年世界華人八大明師

📍 中和魔法講盟 特約講師

📍 獅子大學 / 富足家學苑 特約講師

📍 富Yes線上學習平台 特約講師

📍 智慧型立体學習 優質經銷商

成功金句 壓力不是因為有人比你努力，而是那些比你厲害幾倍的人依然比你努力。

🎯 專長與服務

📍 我是一位「自媒體行銷＋網路行銷」的老師

📍 主要是教大家「如何運用自媒體變現」

📍 透過影片、直播、社群行銷，讓更多人認識你，讓陌生人成為你的粉絲，進而成為你的客戶。

生平故事 Introduction

🎯 學生時期到踏入社會

各位讀者好，我是葉繁芸 Ivy，也可以稱我為艾薇老師。

首先，感謝有緣的你買了這本書，接下來，我將告訴你，我是如何從害羞內向的邊緣人，變成厲害的業務高手，甚至踏入教育培訓界，並出來開課，成為老師，成為厲害的斜槓高手！

父親在我兩歲時，就因為車禍去世，因為當時的我年紀太小，所以對父親一點印象都沒有。為了獨自撫養我跟哥哥，母親幾乎是早出晚歸地工作，所以我是由外婆與外曾祖母帶大的。

小時候的我極少出門玩耍，大部分的時間，不是去上學，就是在家唸書，往外跑的機率少之又少，也許就是因為這樣，我小學和國中時期都不太愛說話，非常內向，甚至可以算是邊緣人。記得那時候的聯絡簿上，老師對我的評語總是「內向、乖巧」。整個小學至國中的生活，簡單的說，就是「平淡」，沒什麼特別。

這樣的狀態持續到高中聯考完，我不知道自己的興趣在哪裡，對選校系感到迷茫，這時，母親跟我說，電子科系好像蠻「夯」的，要不要考慮唸電子科？ 就因為這句話，我選擇了電子學系，開展了我人生中第一個小小的變化。

當時電子科系的女生非常少，我那時的長相也算清秀，除了很多人主動來跟我交朋友之外，我還被選為負責升旗典禮的音控人員，每天早上都要上台，架設麥克風、測試音箱，並播放音樂。由於上台曝光，讓很多人關注我，所以我漸漸從「邊緣人」變成學校的「風雲人物」，也讓原本害羞內向的我，慢慢打開心中的那道牆。

升上專科時，我再次選擇電子工程科系，也是在唸專科期間，意外發現自己的天賦，原來只要涉及電腦硬體方面，我的學習力都特別強，老師們都因此很喜歡我。與生俱來的天賦與學習時的熱誠奠定了我的實力，也成為我日後踏進這個行業的動力。

由於專科唸的是夜間部，我便利用白天的時間，加入上班族的行列。一開始是從工程師開始做起，沒錯！你沒看錯，就是電腦工程師！我自認有這方面的天賦，也認為唸了電子科系，就應該從事相關工作，所以選擇了工程師的職位，一做就做了五年。除了擔任電腦維修工程師，後來還做客服工程師，甚至擁有被外派至荷蘭一年，擔任客服與維修工程師的特殊經驗。

但我發現女性工程師要得到職位晉升，有一定的難度，大概就是所謂的「透明天花板」，所以後來我便離開這間公司，轉換跑道，開

成功金句 別永遠自己摸索，懂得問路，才不會迷路。

始做業務，從門市業務、標案業務、團購業務，到電商業務，常常得到銷售冠軍，投入3C產業，一做就是十二年。

朝九晚五的我，以為就注定這樣平淡一生地過下去，就在此時，以前同在電腦門市上班的同事，找我去了解保險業，原本只是抱著好奇的心態去學習，沒想到，我被課程中「愛與關懷」的理念所感動，經過兩個星期的評估與考慮，我決定轉戰保險業，也因為跨足保險業的決定，讓我的人生起了第二次的變化，這時候我才發現，原來，人生是掌握在自己手上的。做保險，不僅可以自行決定上班時間，還能決定想賺多少錢，也算是開始了創業人生的第一步。

因為前面十幾年的工作經驗，讓我奠定扎實的人脈基礎，再加上自己不服輸與認真的個性，我在第二年就做到MDRT（美國百萬圓桌會員），甚至一路晉升，從一般的業務員、做到主任、區經理、甚至做到處經理，不小心，在保險業也做了七年。

但職位越高，責任越大，事情也越多，本以為做保險，上班時間會更有彈性，沒想到，和以前朝九晚五的工作相比，我得花更多時間在工作上，幾乎每天一大早出門，很晚才回到家，甚至連假日都要工作，家庭工作兩頭燒，當時我的小孩剛出生不久，正需要家人的照顧與陪伴，與家人討論後，決定離開保險業，開始真正的創業，也就是我的網路拍賣與電商之路。

做網拍時，發現了網路行銷的魅力，也做出了興趣，居然有來自宜蘭、台中、台南、高雄、屏東的朋友跟我買東西，也因為這樣，我

在網路上認識了很多新朋友，也不小心接觸到網路投資，當時有：看廣告賺錢、寫文章賺錢、外匯賺錢、甚至還有不用做任何事情，只要花錢投資就能賺錢的網路賺錢商機。

這樣有趣的世界讓我一頭栽進去，不知不覺開始沉迷於網賺世界，一開始真的有嚐到甜頭，賺到一些錢，但後來卻陸續遇到一些詐騙，讓我之前工作的積蓄開始虧損，辛苦賺來的錢，就這樣被啃蝕掉，真的很難過。

加上當時網拍很辛苦，每天從早到晚地做，一個人要上架產品、回答網路上的問題、與廠商聯繫、包裝出貨、寄貨……非常忙碌，而且這樣沒日沒夜地工作，大約只能賺到一般上班族的收入，讓我整個人非常地灰心，更不知道自己未來的方向該往哪裡走……

就在此時，我之前保險的同事William找我去聽一場他辦的課程，這場課程是我人生中很大的轉振點，也讓我知道，原來之前書上說的是真的：「老天爺幫你關上一扇門，必定會為你開另一扇窗！」

🎯 找到人生的天命：教育培訓業

我之前保險的同事William就是現在教育培訓業非常知名的若水學院創辦人——威廉導師，他是我人生中很重要的貴人，引領我進入教育培訓業。

他當時剛創辦若水學院，找我去聽的講座，是陳又寧老師的課程

「10倍速成交的祕訣」，當天課程結束後，威廉導師留我下來，談未來的合作事宜，他說：「我剛開始創業，需要人手幫忙，你願不願意來當我的課程規劃師？」說真的，當時的我完全不知道「課程規劃師」要做些什麼，但因為那時剛好遇上低潮期，不知道人生的方向，加上自己不服輸的個性使然，我當晚就答應接下這份工作，而陳又寧老師，就成為我第一個開始的課程規劃案。

課程規劃師的工作讓我明白，我擁有熱衷學習、熱愛分享、樂於助人的特質，也因為這份特質，讓進入「教育培訓業」的我一路如魚得水。這份工作，我一做就是七年，這七年當中我學到很多，包括：如何規劃課程、去哪裡找講師、洽談場地、找到適合的活動場地、如何辦一場課程、如何宣傳課程、課程中的突發狀況如何處理、售後服務如何做得盡善盡美、工作人員該做哪些事（規劃課程、簽到、音控、攝影、照相、收單、主持人⋯⋯），這一切都要感謝我的貴人威廉導師，帶我進入教育培訓業，並手把手地指導我。

在這七年當中，除了學到大量的知識以外，最大的收穫就是人脈，我曾經協助以下老師規劃課程：威廉導師、陳又寧老師、黃正昌老師、路守治老師、洪幼龍老師、梁大鵬老師⋯⋯這些各領域的專家，後來有滿多都變成我的好朋友。

也在開辦課程的過程中，認識了非常多優質人脈，包含小M老師、大M老師、林裕峰老師、王晴天老師、吳宥忠老師、杜云安老師、娃娃姐、陳韋霖老師、還有兩百多位付費優質學生⋯⋯（因為認識太多

優質人脈，無法一一寫出，沒被我列出來的人，還請見諒。）

因為想服務更多人，所以我在2020年1月自己出來當老師，想把我的所知所學，分享給更多人知道。我教授的主要內容是自媒體行銷：包含直播、拍影片、Tiktok、社群營銷、Facebook行銷等等。

這段時間，也累積了兩百多名付費菁英學生，協助他們運用自媒體變現，我常常跟學生說：「學完自媒體行銷之後，最重要的事情就是『變現』。」自媒體行銷是一個能大量且快速認識人並成交的管道，我希望透過我的教學，幫助學生們輕易達成『變現』的目標。

我一直有「出書」的夢想，但因為一些因素，一直沒有去實現這個夢想，在2022年的8月，無意間，讓王晴天博士知道了我的夢想，當時王晴天博士跟我提出了與他合作寫書的計畫，博士跟我說：「就出NLP的相關書籍吧！」說真的，我雖然曾經上過NLP的課程，但對NLP還是有點陌生，不是非常熟悉，所以我當時有點抗拒，擔心的是：我能在那麼短的時間內，寫出跟NLP有關的書嗎？

但當我花了一週左右的時間，上網找了大量NLP的相關知識之後，我決定接下這個任務，讓自己在短時間之內，從NLP的小白變成專家，甚至出書，成為這領域的講師！我的第一本書已完稿，並進入華文網出版社編修的流程中，預計今年會正式出書，完成人生中一直存在的夢想，真的是一件非常值得開心、紀念的事情！

我除了是業務高手、老師、作者之外，還有一個很特別的技能，

那就是「斜槓高手」，我可以說是非常熱愛賺錢，只要有優質的賺錢機會，我都會好好把握。我曾有個驚人的紀錄，在某家直銷公司三個月的時間，就做到該直銷的最高聘！

感謝王晴天博士，在2022年8月提供智慧型立體學習這個優質平台給我，讓我得到一個「邊學習邊賺錢的機會」，還能跟這麼多優質的作者合出這本書，感恩、感恩、再感恩！

我能從內向害羞的邊緣人，變成業務高手、作者、教育培訓業的老師、斜槓高手，這一切都是因為我願意學習，願意做出改變，願意做利他的事情，願意付出時間經營人脈，我懂得感恩！

我能做到，你一定也可以，人生的掌握權在自己手上，僅用我這篇人生故事，送給正在看這本書的讀者們！

 聯繫方式 Contact Me    掃描 QR Code 即可加好友

LINE 官方帳號	FB / Meta	LINE 網銷分享群

何謂學習商數？
LQ. Learning Quotient

學習商數是指一個人是否能快速學習技能以及適應新環境的能力。學習商數愈高的人，在職場中所顯示的能力也就愈高。在以往，智商（intelligence）往往是衡量一個人能力最主要的條件，但IQ測試的結果，是「你知道的」，而非「你能夠做到的」。在知識與科技日新月異的情況下，沒有人能成為精通所有領域的專家，但如果人們相信自己能透過學習，不斷成長，就算失敗也不畏懼，那不管是個人成長、還是對企業公司而言，都將更有助益，這些學習商數優異的員工，往往是公司能否持續創新與演進的關鍵。

未來學巨擘艾文・托夫勒（Alvin Toffler）在一九八〇年代時就已預測，二十一世紀將面臨「資訊量過載」（information overload）的問題，同時也是這個詞彙的創造者；托夫勒在那個時候就已預測了LQ將成為舉足輕重的角色。他曾這麼定義二十一世紀的文盲：「二十一世紀的文盲不再是那些不會閱讀或寫作的人，而是那些無法將自己歸零，以開放心態重新學習的人。」（those who cannot learn, unlearn, and relearn）

在這個定義之下，判斷一個人是否優秀的標準，已不再是傳統的智商（IQ），而在於「心態轉變」的能力，也就是本篇所要介紹的學習商數（LQ）。

LQ 是成功最重要的關鍵

來講一則美國職棒的故事吧！美國聯盟的保羅‧戈德施密特（Paul Goldschmidt）念高中時才開始打棒球，二〇〇九年第二次參加大聯盟選秀時，也是後段班才被選上。從沒被人注意的他，卻在新人聯盟中，擊出十八支全壘打，甚至到了三十五歲（當一般人都覺得這個年紀的球員已失去競爭力時）拿到了國聯年度 MVP。

你可能會想，也許保羅身體素質特別好？抑或是天運使然？非也，他所有的教練只要講到他，口徑都出乎意料地一致，只提到他的「學習心態」。在練習打擊時，他問打擊教練：「我該如何成為能穩定打擊的大聯盟球員？」詢問守備教練：「身為一壘手，我要如何才能拿到金手套獎？」健身時也會尋求專業意見，問：「我該如何調整，才能保持最佳狀態？」

這些教練在職涯中看過無數充滿傲氣的年輕人，每一個都神采飛揚、自視甚高，但能達到大聯盟頂點的人，卻寥寥無幾。多數來到大聯盟的年輕人都太過驕傲，因為想要展示自己懂得多，所以無法聽取建議、吸收資訊，但保羅沒有自傲的問題，不管面對的是什麼，他都樂於學習。

曾為隊友的二壘手亞倫・希爾這麼形容保羅：「他會詢問大家各式各樣的問題，滾地球、腳步步伐、投球數、揮棒、姿勢、打擊區域、在打席中的位置等等，只要你想得到的，他通通都會問。」

從這個例子就能看出，起步早晚並非左右成功的絕對因素，真正的關鍵其實是學習商數。學習商數愈高的人，就愈可敬，也愈可畏。因為，在別人前進時，他們前進；當他人停下腳步時，他們也不會停止，依然堅定地朝向自己的目標前行。有所成就的人並非天生擁有一切，而是懂得靠自己創造成功，絕不會因為天生條件不如人就卻步。

除了保羅的例子之外，從本章的代表人物葉繁芸老師身上，也能看出 LQ 高者所具備的特性，他們充滿活力，不畏懼挑戰，面臨未知領域時，想的不是退縮或恐懼，而是為之拚搏的決心，這股正向且積極的力量，來自於他們不設限的心胸，對任何事物都充滿好奇心。那麼，現在的問題就是，這樣的正面能量，能靠後天培養嗎？請不要在此處懷疑你的潛力，當然可以！人的可塑性遠比你想像中要來得大，接下來就讓我們一起了解如何增進好奇心，點燃你的 LQ 精神吧！

⭐ 提升好奇心的六種方式

方法一、勇於提出問題

試想孩童的行為模式，在三歲至六歲這段期間，被稱為兒童的「精力旺盛期」，在這個時期，孩童會不斷提出「為什麼」，同時也會摸

成功金句 靠山山會倒，靠人人會跑，只有自己最可靠。

索各種看得見、摸得著的物品該如何使用，這段期間，正是他們好奇心最旺盛的時刻。隨著年齡增長，大多數人會開始流失天性具備的好奇心，而對周遭的事物感到麻木，缺乏新刺激的結果，就是不斷削弱自己的創造力。

其實，每天睜開眼睛，都充斥著各式各樣的新事物。大事情如「為什麼俄烏戰爭會開打？為什麼日本的櫻花能在同一時期、整齊劃一地綻放？」小至「為什麼同事的做事程序和我不同？他的邏輯是什麼？會比較有效率嗎？」當我們詢問現象背後的問題，就已經在培養自己的好奇心。又或者，你不是缺乏好奇心，而是羞於提問，許多亞洲國家的人都會有類似的心魔。千萬不要害怕自己的提問「愚蠢」，因為聰明人都知道這世界沒有這種問題，只有被心魔絆住腳步的人，才有此區分。下次發問之前，若感受到內心的擔憂，請提醒自己：「提問的人只有在這五分鐘的時間內是傻瓜，不提問的人永遠都是傻瓜。」

🚀 方法二、珍惜每一個空閒時刻

汲汲營營的生活中，可曾聽過身旁的人傾吐「好無聊」這幾個字呢？你可知道，當一個人感嘆無聊的次數愈多，思維成長的機會就愈少呢？下次當你無事可做時，別急著拿起手機或打開影音串流平台，請停下腳步、深呼吸，讓你的思緒漫遊，觀察周遭的人，甚至可以試著透過一個簡單的互動，開啟與陌生人的對話；打開你的感官，觀察與你擦身而過的人，讓過客成為你的啟發，最重要的是，無論身在何

處，都要享受當下，所有的觀察、聊天、互動，都能帶出更多疑問與新知，當你愈投入生活，生活也會回饋你無比精彩的點滴。

方法三、遠離你的電腦、書桌與房間

放下你房間那些便利的電子產品與網路，走出門去探索世界吧！COVID-19疫情加速了民眾對網路的依賴度，食衣住行育樂，愈來愈多事情，是在家裡就能「一鍵完成」的，也因此改變了許多人的消費習慣，降低了外出的必要性。

的確，搜尋引擎與AI人工智慧系統能提供你準確的資訊，你想知道什麼，它整理給你；想購買什麼，也可以透過購物平台完成，但從另一方面來說，太過精確的結果，反倒讓人失去淘寶的驚喜。你可能因為太享受科技帶來的便利，而錯失在某間書店的一本人生書籍，也無法在街角的咖啡廳偶遇老友，從而開啟一段富啟發性的對話。科技與網路的便利無庸置疑，但千萬別被千篇一律的演算法綁架而不自知，學習商數愈高的人，就愈有此警覺性，他們會適度跳脫，刻意製造一段充滿意外的時光。

方法四、嘗試「舒適圈外」的新事物

每個人在面對事物時，都有各自的習慣，但若讓習慣養成「舒適圈」，因而降低你「嘗試新事物」的動力，那可就得不償失了。舉例

成功金句 沒有知識的生活，如同沒有香味的花朵。

來說，許多人去餐廳時都習慣點固定的菜，但也許另外一道從沒點過的菜，才是你的最愛呢！下次在外用餐時，不妨鼓起勇氣嚐鮮吧，驚喜說不定就會端到你眼前。不過，新體驗總是伴隨著未知的結果，記得我有一次到餐廳用餐，點了從沒吃過的馬鈴薯菜餚，可真是讓我印象深刻，好一陣子都不想碰與馬鈴薯相關的食物了。不過，即便結果不如預期，我依然不後悔當時的決定，起碼我明白了自己並不喜歡那種口味，更認識了自己。好的驚喜能帶來新刺激，意料之外的體驗也能豐富生活，無論如何，每一道風景我都扎實地經歷過。

 方法五、成為一個不帶偏見的傾聽者

參加社交活動時，不知道各位有沒有發現，人們通常都是「說得太多、聆聽得太少」。每個人的發表慾望總是如此強烈，但單向發言的結果，卻不一定能帶來收穫。下次與人對談時，何不改變做法，學著做一名聆聽者？你會發現，每一個人所吐出的字句，都是新資訊。仔細聆聽，隨著對話去衍生更多疑問，點燃你的好奇心，就能帶進源源不斷的新知。當別人都在輸出自身的所知所學時，只有你在其中不斷累積見聞，得知天下事。

方法六、別把精力花在緬懷過去

請記住一句話：「當你花太多時間在回憶過去，就不會有時間好

奇未來。」許多人都會犯一個錯誤：花太多時間在回憶。讚嘆自己過去的成就、懊悔已經發生的錯誤，但是，這樣的態度反而會讓你錯失擺在眼前的機會。從現在開始，試著專注於每一個當下，你看見的景色、聽見的話語，無論過去發生什麼，都讓其成為你的養分。也許今天早上，你拜訪的客戶拒絕了你的合作案，但下一秒鐘，和你同樣在等電梯的那位男士，或許就會成為你的新客戶或貴人喔！

成功金句 學習能力是一種天賦，願意學習是一種選擇。

檢視**放大鏡**

07-3 你的學習商數有多高？

　　想像你正站在一家新開幕的超大型購物中心門口，裡面有數百家店鋪，商品琳瑯滿目。這時候，你的學習商數就如同你探索這座購物中心的能力。你是否能迅速了解各樓層的格局，找出你需要的商品？是否願意嘗試新餐廳的招牌菜？是否能在最短時間內，規劃出最佳的逛街路線？學習商數愈高的人，就能愈快規劃出路徑，達到最有效率的生活體驗。

　　以下的十個問題將幫助大家認識自己的學習商數，請以0到5分來自我評價；5分表示這條敘述非常吻合你的情況，0分則表示完全不符合。

	敘述／問題	分數
Q1	你每天會花一個小時（或更長時間）來精進你的技能。	
Q2	你關注的是過程，而非立即的成果。	
Q3	你與導師或教練建立了良好關係，並視其為模範，接受指導。	
Q4	你能夠精準且明確地描述自己想要培養的技能是什麼。	

Q5	你對每天的工作充滿熱情。	
Q6	你總是在思考該如何提升自己的能力。	
Q7	你重視反覆練習，但也會尋求創新做法，在兩者間取得平衡。	
Q8	對於跨出自己舒適圈這件事，你很能接受。	
Q9	你會針對學習效果，不斷調整、改善你的做法。	
Q10	你能敏銳地察覺自己不懂什麼，並理解現有能力與長期目標之間的差距。	

解答與分析

　　在衡量LQ的量表上，最完美的結果是50分（這種機率實在太低了）；一般人通常落在25至30分之間；若測驗分數低於15分，有兩種可能，你是完全不需要練習的天才型球員，或是你測驗當下的精神狀態和昏迷者沒什麼兩樣。

　　測驗結果可以當作參考，但千萬不要落入分數的迷思。如同學習商數的英文Learning所表達的，這個能力將隨著心態與環境做調整，它可以透過刻意練習而提高、成長。無論你出身為何、起步是否比別人晚，只要抱持學習商數的核心，用謙遜的態度去吸收新知，就能順著LQ往上爬，成為任何一個領域的專家。

心 理 商 數

Mental Quotient

成為正能量的發光體

08-1

焦點人物 曾衣宸 *momo*

資歷簡介 About Me

🎯 個人定位

- 個人職涯教練
- 人脈教練
- 生活風格教練
- 美麗心靈老師

🎯 專業頭銜

- 人脈達人曾衣宸 MOMO
- 人脈無限學堂創辦人
- 愛無限共享空間 公關長首席顧問
- 國際人脈創業社交電商 專業經理人
- 全球自媒體聯盟總會 人脈推廣顧問
- 曾任華歌爾公司區域 專業經理人
- 公益親善大使

🎯 過往經歷

- 紡織廠品管6個月研學品管圈
- 悅翔珠寶店3年

- 台灣華歌爾股份有限公司26年：台北營業處區域經理
- 浩貫顧問管理公司業務經理6個月
- 天福天美仕・天漢國際1個月上聘高級企業合夥人
- 2022年被刊登上直銷世紀雜誌
- 全球自媒體服務聯盟總會顧問
- 國際人脈創業電商專業經理人
- 全球人脈銀行聯合創辦人
- 現任智慧立体商學院院長

專長項目

- 成功創富：商業資源整合・人脈資源整合・就業輔導
- 市場開發：經營社群營銷・全球社交商務・人脈開發輔導
- 業績成長：電商經營寶典・專業行銷話術：組織行銷倍增學
- 幸福經濟：會員經濟・社交裂變・團隊合作・產業平台生態鏈

成功案例

- 辦內衣拍賣會12天銷售業績達2千萬營業額連續8年
- 協助專櫃小姐關聯販賣Call客跟進話術
- 協助智慧建築總部平台一條龍服務
- 協助30歲年輕人成功轉型第一個月收入破10萬
- 協助健康產業團隊合作1個月成交150單
- 悅翔珠寶店3年上流經濟親善大使
- 培訓輔導上千位內衣專櫃門市小姐
- 浩貫顧問管理公司業務經理6個月東南亞總代理
- 陌開人脈成交金額每人超過5萬以上成交人數達300位以上

✿生平故事✿ Introduction

momo是一位多才多藝的個人教練，專注於幫助人們在事業、社交和心理健康方面實現成功和幸福，還是朋友圈中的美麗心靈導師。

年過半百的我，人生經歷是一個充滿挑戰和成長的故事。

我，曾麗孟生（曾衣宸）於南投縣竹山鎮的鄉村，家庭背景平凡，父母是農夫，小康家庭，有四個兄弟姊妹。從小就是個聰明機敏的孩子，是班上的模範生和班長。然而，因為家庭經濟狀況不佳，爸媽勤奮努力工作賺錢撫養四個小孩，從小momo就學會下課先回家煮晚餐，晚上再去學校參加課後輔導，還要帶小她5歲的妹妹，無法像其他孩子一樣參加各種課外活動。小學時想要學跳舞與鋼琴的夢想無法達成，心中是有遺憾與失落感。

雖然如此，在農村長大的我習慣了勤勞和節儉的生活。在學校裡，因為當班長和模範生需要服務，也開始發現自己對於人際關係的敏銳度和自我管理能力。從小還有一個夢想，就是要成為一個能幫助別人實現夢想的貴人。我相信每個人都有無限的潛力和價值，只要找到適合自己的方法和平台，就能發揮出來。

父母沒有多餘的錢和時間陪伴我，但他們卻給了我最寶貴的禮物：愛和信心。他們常常鼓勵我要努力學習、追求自己喜歡的事物、不要害怕失敗、不要放棄希望。他們也教導我要尊重別人、感恩生命、奉獻社會。

在他們的影響下，我從小就表現出領導才能和溝通能力。在學校裡擔任過班長、社團長，受到老師和同學的信賴和喜愛。我也喜歡參加各種活動和比賽，得到許多獎狀。透過這些活動，我不但增廣了見聞和知識，也培養了自信心和公關技巧。

　　當然，在追求夢想的路上，也不乏挫折和困難。例如，在高中時期，因為家中遇到財務危機，父母無法支付我的學費和生活費。面對這種情況，我選擇讓哥哥弟妹讀大學，決定靠自己解決問題。

　　於是，在白天上課之外，晚上和假日就去打工賺錢賺學費。寒暑假還去紡織工廠打工，輪三班，雖然很辛苦、很累、很忙碌，但是沒有抱怨或後悔過。因為這段經歷讓我變得更加堅強、成熟、負責任。而且，在打工的過程中，也結識了許多來自不同背景和領域的朋友與老闆，在他們身上學到了許多寶貴的知識與經驗。

　　我常時就讀的高中有一個制度，班上前三名保送甄試大學，我差了三分，沒有得到甄試資格，於是我決定不再參加聯考，一心一意想賺錢，高中畢業後在紡織廠負責品管，工作了六個月，這段經驗讓我深入了解品管的精髓，之後嚮往都市生活北上，在忠孝東路四段悅翔珠寶店工作三年半，服務尊寵尊貴的有錢人，雖然賣昂貴珠寶，看似光鮮亮麗的專櫃小姐，薪水卻很少，老闆賺錢，專櫃服務人員還需極度配合滿足客人所有要求，其實跟小妹沒兩樣，激發了我想轉行做行銷業務，以賺取更高的收入。我一定要月收入超過十萬以上，很幸運地應徵到製造業前300大台灣華歌爾股份有限公司，當了2年店長後

即升任區域主管經理，在這個職位上，我負責管理銷售團隊，展店開發市場，提高銷售業績，負責輔導培訓專櫃門市小姐，管理店家銷售業績，與百貨公司接洽拍賣檔期與行銷活動。培訓過上千位專櫃門市小姐，服務過上百家百貨門市老闆，在這26年間擔任區域經理一職，對公司的業務發展做出了重要貢獻。成績卓越，表現也獲得了公司的認可和讚揚，成為公司內部的傑出業務員之一。

原本平淡幸福的人生，在37歲時，因家人投資停車塔失敗，負債千萬，不得以只能信用貸款500萬協助還債及扶持家計，賠了夫人又折兵，家庭頓時陷入困境，家人感情也幾近破裂，壓力龐大到一度想要輕生。但一想到孩子還小，腦海中瞬間有股聲音告訴我自己：「你要振作，不能放棄！」我立刻決定尋找所有能賺錢的機會，只要能增加收入，就算是兼差也無妨。在機緣巧合之下遇到貴人，進入組織行銷行業，本著我的熱情與親和力，讓我兼差也賺到錢，解決了家中的經濟困境，之後還能每年出國兩次，從此愛上組織行銷業。

豐富的人脈服務管理經驗，通過與客戶的溝通和交流，錘鍊了自己的銷售和服務技巧，並逐漸成為了一位受人尊敬和信任的銷售專家。

隨著時代趨勢與環境改變，銷售型態、購物習慣也跟著改變，網路取代馬路，傳統店面生意一落千丈，我在2019年從內衣公司退休，不願再過打卡上班的日子，不想再過手停腳停收入就停的上班族。

在職業生涯的後期，開始了創業之旅，將退休金投資兩家公司，本著終身學習的初心，加入了浩貫顧問管理公司，另外為了跟上趨勢，

向大陸23年經驗的徐老師學習，參加各式商會協會，積極探索不同的商業機會，並不斷拓展自己的人脈和資源。

經過多年耕耘，我負責任的態度和實力得到了認可，2022年被刊登在直銷世紀雜誌上，並成為全球自媒體服務聯盟總會顧問、國際人脈創業電商專業經理人等專業角色，憑藉過往的實戰經驗，創立人脈無限學堂，協助客戶整合商業資源和人脈資源，提供就業輔導，並開拓市場和社交商務，協助夥伴客戶實現業績增長的目標，並透過會員經濟和社交裂變等方式獲得幸福經濟。

2020年退休後，自由地生活了三年多。但恰逢疫情風暴持續爆發，我投資的公司受到大環境的衝擊倒閉，我的投資失敗，退休金血本無歸，人生下半場又遇到危機。

俗話說的好：「天無絕人之路。」彷彿我內在的正能量在牽引似的，在最無助的時刻，我遇到人生中至關重要的貴人，溫世君大哥。他引領我進入智慧型立体學習股份有限公司，其「邊學習邊賺錢」的創新商業模式深深吸引我。我為何會全力投入在智慧立体學習？首先，金牌教練劉秝福執行長有過成功事例，帶領過萬人團隊，我在劉執行長身上，學到領導力、談判力、開發國際市場的寶貴經驗。又遇到學識淵博、財力雄厚的富爸爸王晴天博士，他是兩岸出版家、成功學大師、財富圓夢師，更是我的學習榜樣。兩位金牌教練有豐富的實務經驗，所以我要終身跟隨，同心協力把智慧立体學習創新創業平台發揚光大。

在智慧立体學習這間公司身上，我看到的優勢亮點如下：

1. 趨勢創新商機
2. 知識服務技能變現
3. 跨界整合商業平台
4. 人脈商機串聯無限
5. 線上實體千種課程教育平台
6. 全球商機國際平台
7. 共享經濟創富平台
8. 培育人才成功舞台
9. 國家棟梁升學補習班
10. 協槓創業學習交友樂活平台

　　如今，我成為了智慧立体商學院院長，有兩位金牌教練的指導，像家人般彼此照顧的和諧團隊，加上自己會陌生開發，精通人際關係學，懂得運用情感交流找出需求，解決客戶痛點，短短半年的時間，團隊組織收入已超越以前的年收入，我找到舞台發揮，翻轉人生。

　　沒想到人生下半場還能有奇蹟般的美麗人生，真的萬分感激我的貴人溫老師、金牌教練劉執行長、恩師王博士、情同家人的所有夥伴們，感恩所有貴人。我堅定相信，我在智慧型立体學習跟隨兩位教練，運用團隊合作，並貢獻個人價值，我將達到千萬收入的目標，也要帶領相信我們的夥伴完成人生夢想，立足台灣，放眼全世界。

　　我的服務宗旨是：伸出你的手，獻出我的愛，讓世界更美好，正能量善循環，我們互為貴人。

人生旅程只要堅持不懈，改變學習環境，跟對教練，選對團隊，勇敢追求自己的夢想，就能不斷突破自我，創造屬於自己的輝煌人生。

簡而言之，曾麗孟是一位綜合實力非常強的教練和老師，可以為客戶提供全方位的支持和指導，幫助他們在各個領域取得成功和幸福。

此外，所開設的教學課程，也將多年來累積的經驗和知識分享給了更多人。這些課程不僅包括實戰應用和經驗，還有如何打造個人IP、陌生開發技巧、有效人脈實戰心法、人脈轉錢脈實操技巧等，可以說是職場必備的實戰祕訣。

最令人敬佩的是，還能夠教授那些學校不會教的人際關係學和老闆不會傳授的關鍵技巧，以及那些同行相忌、怕你模仿的祕辛。這種分享精神和積極向上的態度，不僅能夠幫助他人，還能夠激勵更多人去追求自己的夢想和事業成功。

 聯繫方式 Contact Me　　 ☑ 掃描 QR Code 即可加好友

👤 手機號碼：0930943939　　👤 微信 ID：m0930943939 👤 E-mail：momo0930943939@gmail.com	
LINE 可搜尋電話號碼或掃碼	**TikTok 追蹤** 人脈無限學堂～人脈教練

何謂心理商數？

MQ. Mental Quotient

08-2

　　心理商數指的是能夠維持心理健康，調整心理狀態、壓力應對等，在各種情況下，都能保持活力的能力。聯合國世界衛生組織（**WHO**）將心理健康定義為：「心理層面與社會適應能力皆達到健全的狀態。」包含的面向包括自我實現、正確的自我評價、調節心理壓力等等，身處於二十一世紀這個瞬息萬變，且競爭激烈的社會環境裡，心理商數的重要性日益突顯。

　　人的幸福感高低往往取決於心理商數。這不僅適用於個人，對企業來說，關注員工的心理商數和狀況也同樣重要。若員工的心理狀態欠佳，將可能導致工作表現疲乏、效率降低，以及注意力不集中等問題，進而影響工作態度。實際上，心理問題也可能拉低產值。例如從二〇一九年新型冠狀病毒疫情爆發後，許多人的心理狀態皆受到影響，根據管理諮詢公司麥肯錫在二〇二一年的研究報告顯示，全球有**62%**的上班族認為疫情對他們的心理狀態產生了影響。為了改善這一情況，有**90%**的企業開始增強對員工心理健康的關照。

　　心理商數的影響範疇，已不再侷限於個人，而是與企業、組織的運作息息相關。個人的心理狀態能牽動整個團隊的氣氛，進而影響社

成功金句 做你喜歡的事情是一種自由，喜歡你做的事情是一種幸福。

會的穩定。因此，心理商數的高低不僅描繪了個人狀況，更展現其對社會整體的貢獻。

心理商數高者具備的特質

　　心理商數高的人具有良好的情緒調節能力，能適應生活中的壓力與挑戰。他們具備強悍的心理韌性，即便遭遇重大變故或巨大的壓力，也能維持平常心，穩定發揮能力，受挫後的恢復力也比常人優異。一般來說，心理商數高的人會有以下幾點特質：

特質一、高度的耐心

　　指的是追求目標的耐力，儘管在過程中會遭遇種種障礙，但他們堅持不懈，不因一時的挫敗就放棄。身為偉大的發明家，愛迪生（Thomas Edison）的創新精神與無盡的耐心是他創造出無數影響深遠發明的關鍵。最具代表性的例子是他在發明電燈泡時進行了數千次的實驗，針對這點，他曾說：「我沒有失敗，我只是找到了一萬種無法運作的方式。」他不放棄的態度最終讓他取得了巨大的成功。

特質二、處變不驚

　　在面臨出乎意料的變動時，心理商數高的人能保持冷靜，並採取適當的行動來因應。一個絕佳的例子發生在英國廣播公司（BBC），

女主播哈利姆（Yalda Hakim）在一次新聞播報期間，接到塔利班發言人的來電，頓時臉色凝重，她按下擴音鍵，讓所有觀眾聽見她手機的對話，一開始哈利姆雖然因緊張而結巴，但隨即重拾冷靜，以極度專業的角度進行了三十分鐘的訪問，提問清晰且犀利，包含武裝份子是否會嚴格施行伊斯蘭教法等等，影片流出後，觀眾皆對哈利姆大為讚賞，這就是心理商數高者會有的表現，他們也會因為突發狀況而感到驚慌，但絕不會讓外境成為他們行事的絆腳石。

特質三、合宜的自我評價

過度的自信成傲慢，過低的自我評價則讓人變得唯唯諾諾，具備心理商數的人懂得中庸之道，他們肯定自己的優點，也正視己身的缺點，知道自己哪方面表現優異，也明白還有哪些地方需要改進，這也是他們在面對事情時能保持冷靜的關鍵。比如你今天去參加馬拉松，結束之後，一般人只會留下「我表現得很好」、「今天狀態真差」等綜合性的評價，但心理商數高的人會採取更實事求是的態度，像是「前半段的節奏和心跳速率都很不錯，看來我的訓練有成。不過後半的節奏就被打亂，尤其是那幾段上坡，讓我感到很吃力，回去之後再強化爬坡和耐力訓練吧，這樣下次才能有更好的表現。」不吝於肯定自己，也不驕矜自滿，這就是心理商數高者情緒穩定的祕訣。

特質四、建設性的反思

成功金句 一顆種子也有著破土而出的力量，你有著比種子更大的潛力，別小看自己。

遭逢失敗後，你會灰心喪志還是東山再起，全取決於你如何看待自己的失敗。美國職棒大聯盟選手戴爾・墨菲（Dale Murphy）曾兩度獲得國聯 MVP 的獎項，但他一開始的表現卻乏善可陳。原本被定位為捕手的他，無論多努力，始終趕不上其他人的水準，但戴爾並未自怨自艾，他開始檢視各項成績，分析自己的長處和短處，發現比起捕手，他更適合外野手的位置，在換了位置之後，他果然一掃過去的平淡無奇，最終進入運動名人堂。

以上四項特質構成一個健康、穩定且有能力在各種場合發光發熱的心理素質。從案例中，我們看到了這些特質如何讓人在突如其來的挑戰前保持冷靜，並從中成長。我們可以將這些特質視為目標，透過不斷實踐來提升心理商數，從而走向更加豐富、正向的生活。

提升心理商數的六大策略

隨著時代的進步，我們已經明白，優秀並不僅僅關乎知識是否淵博，也包含了心理素質的優良。有著高心理商數的人，對情緒掌控、人群互動，甚至於生活態度都讓人覺得佩服。那麼，是否有具體的方法可以讓我們在這條道路上更上一層樓呢？接下來，我們就來分享一些提升心理商數的方法和技巧。

策略一、學習新的技能

體驗新事物不僅有助於開發自己的潛能，也能透過培養新的興趣來緩解壓力。在學習的過程中，還可以認識到不同的人，增進自我與群體的連結。此外，不斷帶入新刺激，也能防止我們的生活因為焦點過度單一，而變得患得患失。

策略二、有效的時間管理

在這個快速、多變的社會中，時間就是金錢，能否善用，直接影響到我們的生產力和壓力。面對堆積如山的工作，我們都有過「時間不夠用」的焦慮與無助感，但其實，只要能有效管理，就能翻轉這種狀態，讓每一刻變得充實有價值。可以從簡單的事情規劃起，確定任務的優先順序、製作工作清單、合理地分配時間等等，工作占據我們1/3的時間，處事愈有效率，壓力就愈不會找上門來。

策略三、親近大自然

科學證實，融入自然的懷抱能使人心情平靜下來。每週至少花兩小時在大自然中散步，能夠幫助我們擺脫消極的思緒，恢復樂觀。在樹林環繞的場所放鬆，享受芬多精，將煩擾拋諸腦後，將有助於回歸穩定的心理狀態。

成功金句 把 stressed 倒著寫就是 desserts，逆向思考，壓力就成甜點。

策略四、花時間照顧身心

儘管生活節奏快速，工作壓力重重，我們仍需知道，充足的休息、營養和運動對心理健康有著深遠的影響。它們像是為生活提供動力的火車頭，為我們提供源源不斷的能量。足夠的休息有助於恢復體力，攝取均衡的營養是身體運作的基礎，定期運動不僅健康，也能抒發壓力，讓我們在面對困難時，保有積極和樂觀的態度。

策略五、不過度使用社群軟體

社群軟體的氾濫，使得愈來愈多人活在一個將生活美化、帶著濾鏡的世界裡。為了保持心靈的平衡與獨立性，要懂得與虛擬世界保持一定的距離，將焦點集中在自我本身。不陷入無謂的比較心理，真實地體驗生活中的每一個瞬間，從而培養出對情緒的深度理解與敏感度，進一步提升心理商數。

策略六、建立實質的社交關係

詩人鄧約翰（John Donne）曾說：「沒有人是一座孤島，能自成一體；我們每個人都是大陸的一部分。」與他人互動，可以讓我們感到被接納、被關懷。因此，我們會重視親人、朋友、同事，他們不僅是社交對象，同時還能提供情緒支援與實質幫助。當我們感到迷茫、無助時，這些人會伸出援手，給予我們勇氣和力量，讓我們知道，自己並非獨自一人，這樣的陪伴能溫暖人心，帶來心理穩定。

面對情緒起伏的三個步驟

平常透過上面的六種方式建立穩健的心理商數，但當情緒襲來，難免有不知所措的時刻，面對突然湧來的情緒，你一時間不知該如何處理的話，不妨按照以下三個步驟，逐步消化，平復心情。

 ## 步驟一、接納自己的情緒

所有的情緒，無論是負面的悲傷、憤怒，或是正面的快樂、興奮，都是生活經驗的一部分。當我們不再對自身的情緒感到恐慌或羞愧，而是勇於面對並接納它們時，便能更健康、有效地管理情緒。例如感到憤怒時，不要急著壓抑或逃避，而要在第一時間先接納擁有這種心情的自己，再進行下一個步驟。

 ## 步驟二、找出情緒根源

在接納了內心最真實的反應之後，接下來就要深入分析，了解情緒背後的原因。例如當你感到一陣焦慮、心緒不寧時，請思考「是什麼導致我這麼焦慮呢？」是因為經理早上丟給我的一大疊資料要處理？還是昨天跟另一半大吵一架的關係？抑或是因為被指定後天要上台報告？當我們釐清問題的源頭，就能找出解決問題的方式，也才能處理這些負面思維，減輕它們所造成的影響。

步驟三、正念的練習

正念是一種專注於此時此刻的狀態，以開放與無偏見的心接納所有事情。例如可以嘗試正念冥想，專注於自己的呼吸或當下正在做的事情，這種練習可以幫助我們更深入地認識自己的內心世界，避免被情緒控制，重拾冷靜的自己。

透過上面的六大策略與三步驟，我們能建立穩固的心理基礎，提升心理商數。然而，這需要時間和努力，如同學習新技能或語言一般，是一項長期投資。請記住，無論面臨什麼，一定要懂得接納內心的情緒，找出緣由，並以正念練習去面對它。只有當我們對工作與生活保持積極的態度，擁有理解與處理壓力的能力時，我們才能建立更健康的人際關係，並在逆境中表現出卓越的韌性。

08-3 你在團體中的社交角色

　　進入網路時代之後，我們雖然看似能輕易地與人連結，但真正的社交能力卻日益罕見。良好的社交能力可以幫助我們建立穩健的人脈、維繫親密關係、並在職場上取得成功。如果你曾經懷疑過自己的社交力，或者單純好奇自己在人際交往的強處為何，就讓我們透過一則有趣的心理測驗，來更了解自己吧！

Q. 跟三五好友來到吃到飽餐廳，酒足飯飽之後，你來到甜點區，此時你會選擇下面哪一樣呢？

選項 A：熱可可	選項 B：美味的蛋糕

成功金句 一個人的心理質量，決定著他面對困境的勇氣。

選項 **C**：巧克力火鍋	選項 **D**：冰淇淋甜筒

 解答與分析

類型A 熱可可【溫和而默默傾聽型】

　　你的個性就像醇厚的熱可可，溫和而不愛爭鬥。你重視人際和諧，因此具備優秀的傾聽能力，當別人都搶著發言時，你往往是那個最能夠安靜聆聽、釐清情況的人。因為你的共情能力特別高，也能給予寶貴的建議，因此容易成為他人的情緒寄託站。需要留意的是，這種共情能力也導致你容易受到他人情緒的影響，若親朋好友不斷把你當作情緒垃圾桶的話，你可能會因此陷入消極的心理狀態。

★ **社交TIPS**：你的善良與體貼不表示必須成為負能量吸收站，不願意的時候，請不要勉強自己，適時劃出人際界線是維持心理健康的關鍵。

類型B 美味的蛋糕【快人快語的分析派】

你絕對是分析的高手,總是能迅速且準確的理解資訊,做出判斷,話總是說到了點上。但這樣的你,在團體中往往容易引起他人反感,認為你過於獨裁,而招致誤解。建議你在團體中,學著先聆聽他人意見,再運用你強大的分析能力將意見整合成一個大家都能接受的方案,從單方發言的角色轉為各方意見的協調者,會讓你更加受歡迎喔!

★ **社交TIPS**:理性思維是你的強項,不過在人際交往上,多點同理心還是必要的,建議你「先聽後說」,才不會導致人際關係上的一言堂現象。

類型C 巧克力火鍋【侃侃而談的社交高手】

活力十足、說起話來又充滿幽默感的性格,是你人氣爆棚的關鍵。你喜好結識新朋友,就算來到陌生的地方,也會滿懷熱情地與人打招呼、建立關係,這無形中磨練了你的社交技巧,所以能快速打入不同的社交圈。具備高度情商的你,可謂是「人見人愛、花見花開」,簡直就是全能的社交高手。

★ **社交TIPS**:充滿活力又語帶幽默的你,很容易成為眾人焦點。不過,也因為你受人矚目,所以也容易招人嫉妒,建議你適度低調行事,有時學著做一名旁觀者,以免成為別人眼紅的目標。

類型 D 冰淇淋甜筒【沉默而縝密的思考者】

團體中的你通常很低調，但這並不是因為你生性內向或有社交恐懼症，而是因為與其胡亂發言，你更喜歡做一名觀察者。由於情緒不外顯，所以旁人常會替你貼上「沉默寡言」的標籤。然而，只要與你深入交談，就會發現你的邏輯清晰，當遇到自己喜歡的話題時，便能熱烈又流暢地討論，就像冰淇淋一樣，看起來是一種感覺，在口中融化時又是另一種口感，這種反差萌正是你吸引人的地方！

★ **社交 TIPS**：與其勉強自己成為萬人迷，不如先從有共同興趣的朋友開始認識，只要遇到你有興趣的人事物，你便能自然地散發出原有的魅力。

樂 觀 商 數

Optimism Quotient

09-1 樂觀，人生的驅動力

焦點人物 李沛存 *Angel*

 資歷簡介 About Me

英文名字是 Angel，健康天使的傳播者。

經歷與專長

- 外銷成衣工廠負責人
- 參加扶輪社義工
- 文華獅子會成員
- 美容執照
- Riway 國際企業代理商

個人願景

- 願世人健康，遠離病痛折磨，大部份的人都是生、老、病折磨到死既定過程。想幫助更多人脫離病痛折磨，過有尊嚴、有品味的人生。
- 渴望讓自己脫穎而出，創造個人品牌，參加智慧型立体學習出書。
- 智慧立体學習讓人不惑，商學院學習讓人不屈，創富學習讓人財富自由。
- 現為幫助想要出書創造個人品牌故事的傳播者，盼有機會服務有緣人。

成功金句 樂觀是通往成就的信念。沒有希望和自信，什麼都做不成。——海倫・凱勒

生平故事 Introduction

成長與創業之路

　　沛存在 1957 年初出生於台南縣一個平凡、樸實的農村。爸爸是糖廠的基層員工，媽媽是務農的家庭主婦，共有八名兄弟姊妹，我排倒數第二，一家人住在四合院其中的一小部分。春夏季節晚上吃飽飯後，堂兄弟姊妹及我們會在四合院前的庭院乘涼或玩遊戲，如跳繩、踢毽子、過五關、撲克牌等等，家人之間也會分享讓彼此開心或傷心之事，生活簡樸，卻也溫馨，家人感情也非常深厚。

　　直到某一天，有人來討債，這才知道爸爸與親哥哥替大伯作保，而大伯背信了，債務要由爸爸承擔！從此每天都有人來催討還債，爸爸不能上班，媽媽務農又要養活八個小孩。那時候一碗陽春麵才五毛。爸爸媽媽兩個人要扛十幾萬債務簡直難如登天，只能以淚洗面過日子，這段還債的經驗對我產生了至深的影響。

　　長大後，有一天與家人閒聊，他們說我出生七、八個月學爬時，媽媽就背著我去田裡工作。媽媽工作時，放我在田裡自由爬行，有一次我爬到播種稻田的水溝裡，就那樣順流而下，哇哇大哭，還好命大被人救了起來，所以現在的我非常珍惜生命。

　　還有一件令我印象深刻的事，我七歲那年的冬天很冷，鄉下空曠，冷天氣更顯刺骨，媽媽總在黎明時分起床，用樹枝和木柴升火，讓我們一群小孩圍在火堆四周取暖。我最小的哥哥喜歡惡作劇，拿著點燃

火苗的竹竿作弄才七歲、穿著棉褲的我，卻不慎點燃我的衣物。爸爸見狀，立刻衝過來把棉褲的火撲滅，然而火勢已燒到大腿肉，那時我才讀小學一年級，醫學不發達，只能採用偏方，用牛油來敷治燒傷，直到現在都還有疤痕！這是我永遠抹滅不掉的記憶，不過，儘管身體有小缺陷，能活下來就是恩典。也因為在窮困的家庭長大，從小我就養成刻苦耐勞、努力賺錢、不畏艱難的個性，連壓歲錢我都捨不得花掉，每次拿到就存起來當學費。

記憶中，大約在我五歲時，母親就開始教我煮飯，那時沒有瓦斯，只能用柴火灶具來烹煮食物。由於身高不足，必須借助小椅子來增高，即便如此，點燃火苗對我而言依舊是一件難事。民國53年，就讀小學的我，每當遇到假日，清晨五點就要挑著家人的髒衣物走一段路程，到灌溉的田間溝渠洗衣服。洗好的衣服濕重難提，我只能慢慢地將它們挑回家，再晾乾。有時候天還沒亮，我就要和家人一起到田裡耕種、除草、收割白甘蔗等等，這樣的生活，讓我從小鍛煉出好體質與堅韌的心智。

民國62年，我從國中畢業，深感家人鼓勵我參加高中聯考的重要，並且在高中畢業後參加大專聯考。民國65年，我北上至銘傳大學就讀國際貿易科。民國68年從銘傳大學畢業後，我開始在一家外銷成衣工廠工作，當時的月薪僅為新台幣5,000元，扣除房租、生活必需品以及交通費等開銷，剩下的實在是微薄無比。我明白，必須改變現狀，才能讓生活過得更好。身為從鄉下北上的我，並無任何背景可以

成功金句 有空時多接近樂觀的人，並觀察他們的行為。透過觀察，樂觀的火種會慢慢地在你內心點燃。

依賴，唯有靠自己的努力，持續突破，才能創造更好的生活。

在我工作的時候，因著一次機緣巧合，遇見了在銀行任職的先生。因我們相處得很投緣，便於民國68年決定攜手走入婚姻的殿堂。到了民國70年的5月，我們的長女誕生。為了能夠專心照顧孩子，同時保持家庭的雙薪收入，我開始規劃創業，這樣就可以一邊賺錢，一邊照顧孩子。因此，在民國71年的年底，我選擇離開了當時任職的成衣工廠，毅然決然地投入創業這條路。

民國72年正式創業，因那時候輕工業非常盛行，政府部門倡導家庭即工廠，所以選擇了成衣加工為標的。憑著一股傻勁創業，什麼技能都不會，殊不知成衣加工廠的分工非常瑣碎，要環環相扣才能順利完成。只要一個部門銜接不上，下一個部門就要停止運作。

所以創業四個月，除了虧掉所有積蓄之外，還得向我的父母親借款才能渡過難關。四個月大約虧了50萬左右，當時一間大一點的公寓要價約110萬，等於虧掉了半間房子。由於憂慮和壓力，當時我的體重也從五十七公斤掉到四十五公斤。每個人都說創業困難，但我堅信「萬丈高樓平地起」的理念。然而，開始的日子總是困難重重，不是員工不穩定，就是接單不順利。家人和關心我的朋友都建議我提早收手，以避免損失愈來愈大。但我有一顆不服輸的心，誓要堅持到成功的那一天，無論面臨何種困難，我絕不輕言放棄。

經過一年的艱苦奮鬥，終於在事業上轉虧為盈。隨著經驗的累積，我對自己也有了更多信心，在這個行業中堅持了二十二年之久，證明

「堅持勝於天才」的道理。然而，經營傳統生意就像人們常說的：「生意好人倒，生意不好店倒。」有做才有錢。過於勞累與壓力持續累積的結果，終於導致我的身體無法負荷而倒下。眾所周知，沒有健康的身體，即使你銀行存款的1後面有再多的0，也沒有任何意義。因此，我下定決心，在民國93年底結束了我花費一生心血經營的工廠。

當時身體產生了嚴重的過敏現象，看遍所有皮膚科醫生，只能擦類固醇來緩解，有擦有效，停止不擦藥的話又會發作，臉愈來愈像月亮臉。為了不增加下一代的負擔，也不想過著沒有尊嚴的老人生活，所以我積極尋找其他療法，直至民國106年，接觸到再生醫學——活細胞療法。

🎯 重拾健康的轉機

這種產品利用了最新的科技和研發技術，通過融合鹿胎的活性因子和其他十一種頂級營養成分，來達到最高級的營養補充效果。活性因子是一種能夠喚醒人體藏於腦髓和脊髓的自體幹細胞的

物質。人在年過二十五歲之後，這些幹細胞的活性就會明顯下降，導致新陳代謝變慢。而活性因子的功能就是能夠再次喚醒這些幹細胞，讓它們恢復活性，增進新陳代謝。

許多慢性病其實都是由新陳代謝失調所導致，只要能夠調節身體的免疫平衡，保持良好的代謝功能，多數的慢性病症都能不藥而癒。力匯鹿胎素透過其五大科技並融合頂尖食材的研發，勢必成為本世紀最重要的商業趨勢。我有幸體驗這樣的產品，不僅讓我遠離了疾病，還讓我變得精神煥發，生活品質有了顯著的提升。透過它，我成功逆轉衰老，變得更加年輕有活力，我還獲得了國際代理的權力，有機會經營一家全球化的公司。六年半的代理經驗中，我成功地幫助了許多人，也一直在落實公司六大核心目標：健康、家庭、經濟、思想、精神、社交。

　　我深刻地體認到：「人好、環境好，很多人才就會被吸引過來。」公司的系統健全，可以世襲，不用重銷，尤其總裁林汶鋒先生格局大，高瞻遠矚，其經驗與影響力先不說，光是領導力和執行力就已經出類拔萃，帶領世界各國的合作夥伴努力，在未來的三至五年要邁向世界第一的目標！2021以及2022年在台灣都是排行第一。我很幸運，能成為其中一份子。傻傻地學，扎實地做，短短三年的時間就可以跟著蝴蝶採到花蜜，跟著蜜蜂採到蜂蜜，跟著百萬的人賺十萬，跟著千萬的人賺百萬，跟著億萬的人賺千萬。

　　人一生最快樂的事情不是擁有多少財富，而是有一群志同道合的朋友，有共同目標，一起在成功道路上奔跑、達標，進而幫助更多人成功。想要成功，選對圈子，選對教練，選對合作夥伴至為關鍵，跟對了人，才可能縮短奮鬥的時間。

　　會選擇智慧立体出書的原因是，人生在世，功名利祿都帶不走，也留不住。我自認平凡，沒什麼豐功偉業可供人讚頌，只願留下一本書，讓後代記得我熱愛學習，樂於投資腦袋，也因此改變人生軌跡。更何況，智慧學習讓人不惑，商業學習讓人不屈，創富學習讓人自由。邊學習邊賺錢是人生最高的享受。

　　最後期許自己能透過學習，提升各方面的能力，也藉由我的拋磚引玉，吸引更多人勇於圓夢，一起在智慧立体出書。祝福所有讀者心想事成！平安喜樂！

　　最後想跟大家分享，「人生不如意事十之八九。」每每面臨困境的高牆，瀕臨崩潰時，我經常自我激勵，想著一則老鷹蛻變的故事，也成功讓中年轉業的我從低谷邁向高峰。這則故事是這樣的：

　　老鷹的壽命可以長達七十年，但四十歲時要經歷一次生命的重大抉擇，牠在四十歲時開始老化，羽毛又濃又厚，喙又長天彎，飛翔十分吃力。這時牠只有兩個選擇，一是等死，二是蛻變，而老鷹選擇了後者。牠飛到山頂上，在懸崖上築巢，用喙擊打岩石，直到完全脫落，然後靜靜等待長出新的喙；新喙一長出來，牠就用新喙將腳趾甲一片一片地拔除；而當新趾甲長出時，牠再把羽毛一根根拔掉。過程中經歷了失血、感染、飢餓甚至死亡的威脅。這樣煎熬了五個月後，新的羽毛也長出來，老鷹蛻變重生了，從這天開始，牠又能翱翔於天際，以全新的狀態活三十年美好的時光。

　　所以，不管我們面臨多大的挑戰或難關，甚至是讓你產生輕生念

成功金句 悲傷可以自行料理；而歡樂的滋味若要充分體會，就必須有人分享才行。——
美國著名小說家 馬克‧吐溫

頭，都不要逃避，只有面對它，解決它，你才有機會重獲新生。我堅信人生值得的五大投資：「用善良投資人品，用運動投資健康，用自律投資形象，用學習投資能力與腦袋，用真心投資人際關係。」所以無論碰到多大的挑戰，我都不躲避。

多和善良的人同行，讓自己的內心充滿陽光。多和勤奮的人攜手，讓自己變得自律。多和真誠的人同路，讓自己的世界沒有欺騙。多和正能量的人來往，讓自己變得堅強。永遠記住和優秀的人為伍，人生之路才能愈走愈遠。我們都是最棒的！發揮自己的潛能及優勢。人生就會活得更精彩，祝福所有人平安喜樂！事事圓滿順心！

 **聯繫方式** Contact Me　　　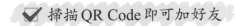 ☑ 掃描 QR Code 即可加好友

LINE	微信 WeChat

何謂樂觀商數？

OQ. Optimism Quotient

09-2

心理學對於樂觀的定義分成兩個面向，一種是本身的性格使然，對於生活會產生整體性的正面評價，例如「未來會更好」、「人生是充滿希望的」等等；第二種面向則被稱為「解釋的風格」，也就是自己看待事情的角度。一般來說，樂觀商數高的人看待事情時會從三個角度切入：

問題只限於特定範疇

他們會將失敗看作單一事件，不會無限上綱，比如一個學生的考試成績不佳，具備樂觀商數的人會認為這只是一次考試失利，並非他資質差或學力不足，這種心態能幫助他們集中精力去解決問題。

區分不可控的要素

具樂觀商數的人明白問題能分為「內在」與「外在」兩個角度，他會分析內在原因並改善，但絕不會將外在因素歸咎於自身。假如他

成功金句 有幽默感的人，才有能力輕鬆地克服惡運，排除隨之而來的倒楣念頭。

們與另一半分手，他們不會因此認為自己不適合戀愛，而會去思考可能的原因，像是對方的需求、相處模式等等，這使他們具備更好的挫折適應力，能在困境中看見成長的機會。

認為困境是暫時的

遭逢失敗時，樂觀商數高的人會明白這只是暫時的情況，不會永久存在。例如求職未果，他們不會沮喪地怨天尤人，或覺得自己將永遠找不到工作，而會相信這只是短期的挫折，只要繼續嘗試，尋找下一個機會，就會出現轉機。

樂觀的人相信生命的道路終會通往美好的方向，認為困難是通往成功的必經之路。他們擁有從困境中找出積極面的能力。這種正面態度不僅能幫助他們應對生活的難處，同時也能對周遭產生積極的影響。他們的內心充滿陽光，能夠將這種光芒和熱情傳遞給他人。他們的積極態度使得其他人樂意與他們接觸，從他們身上找到力量和勇氣，進而看見生活中的美好。現在就讓我們來分析樂觀者的性格特質，並學習如何培養吧！

樂觀商數高者具備的特質

樂觀者的生活並非毫無波瀾，也不是故意忽視困難，而是選擇以

積極的態度去面對挑戰。有許多偉大的人物都具備樂觀商數，他們的心態帶給我們許多寶貴的啟示。在接下來的內容裡，我們將探討樂觀者所具備的性格優勢，透過說明，了解如何成為一個更樂觀的人。

特質一、具備開放的心胸

首先，請閱讀到這裡的你思考一下，你是否經常在意幾分鐘前與朋友的爭執？回到家也忍不住要發洩一番呢？有的話也不用感到羞愧，因為我們每一個人都會有這種時刻。差異在於，樂觀商數愈高的人，這麼做的頻率就愈低。他們擁有一顆開放的心，能接受與自己不同的人事物，所以，他們懂得放下不愉快的事，專注於目標，保持動力地向前邁進。

特質二、遇事會主動出擊

英文中有一句諺語：Action speaks louder than words.翻譯成中文就是「坐而言不如起而行。」道理人人都曉得，但站在人生道路的岔口，我們總會猶豫，怕做了選擇而產生的機會成本，會讓自己得不償失。樂觀主義者就不這麼想，他們信心堅定、相信未來永遠有機會改變，所以不畏懼採取行動。例如本篇人物李沛存，原本擁有一份穩定的工作，卻為了家庭而毅然決然地離職創業，風險明明難以預料，但她卻具備選擇的勇氣，這就是樂觀商數者的特質之一。

成功金句 不要把悲觀當作保護你失望情緒的緩衝器。樂觀是希望之花，能賜人以力量。

特質三、信心堅定，不輕言放棄

　　樂觀者不會因為眼前的挫敗而一蹶不振，也不會隨著他人的言論起舞，他們著眼於未來，堅信自己的能力，並相信自己能跨越眼前的鴻溝。即便擺在眼前的是失敗的現實，他們也不會被擊倒，因為他們知道只要掌握關鍵，就能改善現況。例如李沛存創業時所面臨的虧損，必須向父母借錢來渡過危機，身邊的朋友也一再勸她收手，但她依然不屈不撓地堅持，最終轉虧為盈。

 ### 特質四、用幽默面對低潮，化解尷尬

　　林肯總統曾言：「挫折就像一塊石頭，如果你微笑面對，它就是你人生的墊腳石，否則就是絆腳石。」樂觀者深知這個道理，所以他們懂得以幽默的態度來面對一切。這使得他們陷入困境時能轉念，保持笑容。幽默是讓生活愉快的魔藥，能讓生活中的苦味多一些甜度。被譽為愛因斯坦之後最傑出的物理學家，史蒂芬‧霍金（Stephen Hawking）在二十一歲被診斷出肌萎縮性側索硬化症（ALS），也就是俗稱的漸凍症之後，並沒有灰心喪志，他曾表示自己「二十一歲之後的每一天都是賺到的。」

 ### 特質五、持續學習與成長

　　樂觀商數的內涵不僅是心態，還有持續學習的動力，這類型的人

樂於接觸新知，並將之視為提升自我的途徑。美國通用汽車（General Motors）的首位女性執行長瑪麗・巴拉（Mary Barra）就是絕佳的例子，她是通用汽車創立105年來的首位女性執行長。2008年因為金融海嘯而宣布破產的通用汽車，在巴拉接任之後，打破了公司長久以來僵硬的官僚體制。過去通用汽車的文化保守、拘謹、缺乏冒險精神，但巴拉打造了一個更利於學習與創新的環境，鼓勵員工發揮創造力，讓他們變得更加放鬆、勇於創新、嘗試新點子。

樂觀不只是一種心態，更是一種生活方式。然而，這並非一夜之間就能培養的，它需要時間，透過不斷地實踐才能取得。美國前總統歐巴馬曾說：「我們自身就是我們一直以來想要的改變。」他不僅期許更好的未來，更相信每個人都有能力創造想要的願景。樂觀者無論在什麼處境，看見的都是希望，而非絕望。擁有樂觀特質的人，不會因為現狀的困苦而喪志，每一個機遇、困頓、意外都是一體兩面的，當你面向陽光，就看不見背後的陰影。

增進樂觀商數的方法

邱吉爾曾言：「樂觀的人在每一次困難中看到機會，而悲觀的人在每一次機會中看見困難。」從現代的許多例子都能發現，心態才是左右一個人是否成功的關鍵。我們都期許自己能成為征服困境的成功者，而不是哀嘆人生的失敗者，想要達成這個目標，就得從扭轉心態

成功金句 什麼叫幸福？白天有說有笑，晚上睡個好覺。什麼叫智慧？安排的事能做好，安排的事能想到。

做起，增進樂觀商數、強化自身的成功體質。接下來，我將分享六種增進樂觀商數的做法，幫助各位在面對生活的起伏時，能保持積極正向的態度，面對所有的挑戰。

方法一、專注於「我得到什麼？」

轉換成樂觀思維聽起來很難，但如果永遠思考「得到的事物」就會簡單的多。例如颱風天導致你被迫取消與好友的約會，習慣負面思考的人會想「什麼鬼颱風，糟透了，毀了我的計畫。」每當這種時刻，請強迫自己轉換角度，問自己「那我得到了什麼？」你可能因為颱風天看完一本自己擱置許久的小說、整理房間使其煥然一新、或者久違地和另一半欣賞精采的電影，這些美好的事物正是因為這場颱風，你才能「得到」。

正所謂「失去的東西已經過去，把握眼前才是真理。」在面對失敗時，如果你陷入思維陷阱，不斷回想自己失去的事物，就會踩進負面情緒的輪迴，久久不能回復；下一次，當事情不如預期時，請務必問自己：「我得到了什麼？」剛開始也許很不習慣，但只要堅持練習，你的樂觀轉換速度將會愈來愈快，甚至成為你的瞬間反應。

方法二、每天花幾分鐘寫日記

國外期刊《Journal of Personality and Social Psychology》裡

面的研究指出，懂得感恩能帶出樂觀的性格，每天花幾分鐘，寫下一到兩件讓你感到窩心的事情，就能在無形中增長你的積極面。除了我們所熟知的「感恩日記」之外，其實寫下另外兩類事情，也有助於養成樂觀的心態。

類別❶ 你出於善意所做的行為
類別❷ 你在專業領域或工作上的成就

這樣做能夠增進你的自我評價，健康的評價會增強信心，而當你感到自信時，對生活也會更加樂觀。

🚀 方法三、適度地遠離新聞媒體

聳動的標題、辛辣的內文……這些都是新聞媒體讓人離不開的原因，但是，這些也是讓人陷入負面輪迴的陷阱。想像一下，如果新聞媒體每天不斷報導職場與校園霸凌，甚至連手段都鉅細靡遺地呈現，看完這些報導的你，心情會如何呢？

為了不與社會脫節，我們的確需要知道世界的潮流趨勢，但並不需要那些為了博得觀看率而刻意偏頗的報導，所以建議大家不要過度沉溺於聳動、吸睛的內文，每天除了新聞，還有許多值得追求的事物。你可以透過雜誌了解AI何以成為世界潮流，也可以透過完整的訪問理解各國領袖的思維，但千萬不要被媒體牽著走，如果你所有的評論都

來自於新聞媒體的隻字片語,視野將變得狹隘,如此,心胸又怎麼可能開闊得起來呢?

方法四、打造正能量人脈圈

我們身邊或多或少都有這種朋友,永遠在抱怨和講八卦,當你們討論週末計畫時,他感嘆著自己因工作而必須加班;當你分享買的新衣服時,他跟你說這件衣服顯胖,花了幾個小時與這樣的朋友相處後,將發生一件顯而易見的事,你也開始抱怨生活中的遭遇,因為「消極是會傳染的。」

「物以類聚,人以群分」是不變的真理,以《少年維特的煩惱》、《浮士德》等著作聞名的作家歌德曾說:「告訴我你與誰為伍,我就能說出你是什麼樣的人。」檢視朋友圈,就能預測你將變得樂觀還是悲觀。「和消極相同,積極與樂觀也會傳染。」研究顯示,快樂是有群體效應的,當你身邊擁有開朗的另一半、樂觀向上的朋友或鄰居,你的快樂指數也會隨著與他們相處而增加。所以,請從此刻開始觀察,你一天花最多時間相處的對象是什麼樣的人,選擇積極正向的朋友,讓正能量在你的人脈圈循環,從此面向陽光。

方法五、「當下」才是最重要的

樂觀商數高的人,能區分出「能控制」和「無法控制」的因素,

假如他們被資遣，在一般人陷入失業的恐慌時，他們會明白被資遣這件事他們無法控制，進而專注於能控制的事情，比如他們可以立刻上人力銀行網站，主動投履歷；也可以選擇給自己一段放空休息的時間，好好地照顧自己的身心。

專注於當下是很棒的正念練習，可以幫助我們對抗過度思考而產生的壓力（壓力通常會成為悲觀思維的溫床）。過度思考往往會阻礙我們執行手邊的工作，如果我們能學會活在當下，把過去已發生的事件和對未來的猜想都推出腦海，就會發現悲觀成長的空間變得很少，取而代之的是，正向思維將變得更活躍。

🚀 方法六、正視負面的事物

活得樂觀並不表示每天要戴著玫瑰色的眼鏡看世界，看向事情的積極面固然重要，但否認負面事物的存在，長久下來只會阻礙你的發展。講得更具體一點，如果過度的樂觀導致你忽視現實，陷入幻想，這樣不分青紅皂白的樂觀，反而會阻礙你達成目標。比方說你想著創造有利可圖的事業，也深信未來有一天能辦到，但卻忽略了現實情況，沒有考慮資金、人脈、產品、行銷管道等現實因素，這樣的樂觀只會淪於空想。樂觀心態與務實思考結合，能幫助我們找到正確的方向去努力。務實思考不等於悲觀，它是一種能將想法化為具體步驟的態度，讓你創造積極的未來。

成功金句 一切的和諧、健康、成功與幸福，都是由樂觀與希望的向上心理造成的。——美國國父 喬治·華盛頓

嚴格說起來，樂觀並不等同於快樂，但樂觀商數愈高，就愈能吸引令人愉悅的事情，也就是所謂的吸引力法則。抱持樂觀的心，才會使你在人生的道路上走得長久，「生活中的獲得，取決於你投入其中的東西。」充滿笑容、心向積極，一旦你成為正能量發電機，世界就會帶給你更多美好的事物。我非常喜歡來自美國脫口秀主持人歐普拉（Oprah Winfrey）的一句話：「這世界上有史以來最偉大的發現是，一個人只需要改變他的態度，就能改變他的未來。」

成功金句 在美好的景色、悅耳的聲音和撲鼻的芳香給我帶來的愉快當中，我不會緊鎖住自己感官的大門。——詩人 泰戈爾

09-3 你的樂觀指數有多高？

如果你是一名船長，樂觀指數將會影響你的路線選擇，甚至如何看待即將到來的暴風雨。樂觀指數愈高，你就愈不畏懼困難，而會將之視為成長的機會。那麼，你準備好航向海洋，進一步了解自己的樂觀指數了嗎？以下提供十個問題，若敘述符合你的情況，圈選 Yes；不吻合則圈選 No，一起開始這趟心理的航程吧！

Q1	你的錢包裡經常塞滿了發票或票根。	Yes	No
Q2	對於已經過去的事，也會經常想起。	Yes	No
Q3	擁有七雙以上的鞋子（運動鞋、靴子等）。	Yes	No
Q4	拜託別人幫忙時，你不會感到彆扭。	Yes	No
Q5	突然要你介紹自己的興趣，馬上能想到兩個以上。	Yes	No
Q6	你的減肥計畫經常以復胖告終。	Yes	No
Q7	不喜歡嗆鼻的味道，所以不愛香水。	Yes	No
Q8	若今天沒有外出計畫，穿著就以舒服為主。	Yes	No
Q9	問到擅長的料理，你能想到的不超過三種。	Yes	No
Q10	針對薪水，你有固定且合理的投資計畫。	Yes	No

成功金句 你可以選擇這樣的「三心二意」：信心、恆心、決心；創意、樂意。

解答與分析

針對以上的十個問題，每回答一個 Yes 就有一分，No 則為零分，如此加總下來，再對應以下的類型與解析。

類型 A 總分0～2分【深淵型悲觀派】

你的自信心不足，導致遇事很容易往壞的發展想，就算得到成功，你的好心情也是短暫的，因為你馬上就會想到接下來的挑戰。這樣下去不僅無法建立健康的自我評價，還會墜入負面能量窟喔！想改變自己、變得更加積極正向的話，請鼓起勇氣，切斷那些阻礙你行動的念頭，讓「做了再說」成為你的幸運符吧！

建議你每天早上起床後，先對著鏡中的自己說：「我是一個有能力、有價值的人！」晚上回到家之後，花幾分鐘時間寫感恩日記也是一個很棒的方式，內容不用多，一到兩件事足矣，持續給予自己正面訊息，就能在潛移默化中對思維產生積極的影響。

類型 B 總分3～5分【平衡型思維派】

你不過分樂觀，也不會太悲觀，內心的平衡維持得相當不錯。但是，由於太過重視平穩，所以你不擅長將真實情感流露出來，無論是

開心還是難過，你都會選擇壓抑或隱藏，不太與人分享。其實，情緒不分好壞，都是人的一部分，適度表達感受，才能讓別人認識真正的你，建立健康的人際關係。

對不善表達的你來說，情緒日記是很好的起點。每天記錄自己的遭遇與當下的感受，對理解情緒很有幫助。另外，建議你在情緒日記中多練習各種敘述方式，例如「這件事讓我感到挫敗」、「這讓我覺得孤單」等等，使用不同的詞彙去說明心情。習慣釐清感受之後，再向親近的人訴說，久而久之，你的情緒表達力將更上一層樓。

類型C　總分6～7分【不拘小節的開朗派】

很多事情你都不會過度在意，就算發生什麼不順心，也能快速轉換心情。只要周遭發生什麼，你就很容易轉移注意力，忘記原本在想的事，因此，負面情緒基本上與你無緣。即便遇到對你態度不好的人，你也能以開朗的態度，讓氣氛變得輕鬆明朗。

大剌剌的性格固然能讓你遠離不愉快，但如果總是靠轉移心情來處理，是沒有辦法解決問題的。因此，遇到重要事情時，無論它再棘手，也請正視內心的感受，並思考解決之道，才不會演變成逃避喔！

類型D　總分8～10分【天生的超樂天派】

你是標準的「超級樂天派」，永遠能以笑容跨越眼前的挫折或難

關，擁有如此強大心靈的你，簡直世間少有，就算有人陷入負面情緒當中，只要跟你在一起，就能重拾積極的能量。或許從事鼓舞他人的工作會是你的天職也不一定。請保持你的積極與正向，成為指引他人的陽光吧！

　　樂觀是你的強項，但過度樂觀可能會使你忽略現實面的問題，建議你在生活中設立實際的目標，將大目標分解成幾個小里程碑，逐步實踐，搭配你動力滿滿的天性，無論做什麼事，都將無往不利。

熱 情 商 數

Passion Quotient

10-1 改變，從熱愛生活開始

焦點人物 唐子林

資歷簡介 About Me

🎯 **專業頭銜**

📍 歡喜心共享空間教育長

📍 廣州空軍458醫院中醫師

📍 醫學連鎖品牌廣東總代理

生平故事 Introduction

　　一個找不到工作的新住民，人們口中的大陸妹，如何逆襲成為千人團隊的領導人？沒口才、沒人脈、沒資源，只能做陌生市場，在所有人不看好的情況下，如何帶領一群同樣遠嫁來台灣的姐妹，從手心向上變成手心向下？

　　我是唐子林，來自美麗的天府之城四川，2008年因為愛情的力量，遠離家鄉嫁來台灣，當時沒有工作證是不能在台灣工作的，而且我發現很多人對大陸人的印象並不好，台灣有一種菜「窩仔菜」的名字居然叫做大陸妹，那幾年我很少出門，一開口講話，人家只要說「聽

成功金句 慾望以提升熱忱，毅力以磨平高山。

你口音是對岸的吧？」我就渾身不舒服。

　　一個偶然的機會，在公園帶小孩時認識了同樣從大陸嫁來的姐妹，因為不甘願只做一個家庭主婦，我們不服輸，下定決心一定要改變現況，在台灣也要拼出我們的一片天。

　　有了這樣想法之後的某一天，剛好看到有一家店在轉讓，於是，我們立即行動，開了一間精品店，一開始，生意也還不錯，但市場變化得太快，一年後網路行銷崛起，微商、社群行銷等開始發展，再加上很多生產商想直接面對消費者，導致我們的利潤越來越少。必須要有很多的週轉金進貨，賺到的錢又要囤貨，我們因此感受到巨大的危機，也不得不跟著轉型。

　　有一天，我的朋友很興奮地跟我分享了一個故事，她所講的事徹底顛覆了我以前的認知。她告訴我：「如果有一種生意，你不需要投入大量的資金，就能為自己創造資產，而且收入將源源不斷，你是否會立即行動？」

　　這個故事是美國百萬富翁、著名的財商教育家羅伯特‧清崎在他的《富爸爸》系列叢書中向我們講述的，後來貝克‧哈吉斯（Burke Hedges）據此寫成了《管道的故事》（簡），故事是這樣的：

　　從前有一個小村莊，村落裡除了雨水，沒有任何水源，為了根本性地解決這個問題，村裡的長者決定對外簽訂一份運水的合約，以便每天都有人把水送到村子裡。由於有兩個人願意接受這份工作，於是

長者就把這份合約同時給了這兩個人。

兩個人當中，一位叫艾德，他馬上採取行動，買了兩個大號鋼桶，每日奔波於一里外的湖泊和村莊之間，用湖水裝滿鋼桶，運回村莊，把裝滿的水倒在一個大蓄水池中。每天早上，艾德都必須起得比其他村民早，將運水的工作做好，以免村民需要用水時，沒有足夠的水可以使用。每天起早貪黑地工作，艾德很快就開始賺到了錢，儘管每日往返於湖泊的工作非常艱苦，但艾德不以為意，因為他每天都可以拿到工資。

另外一位取得合約的人叫做比爾，令人感到奇怪的是，比爾自從簽訂合約之後就不見人影。幾個月以來，村裡的人都沒有看見他，這讓艾德興奮不已，由於無人與之競爭，艾德自然能賺得所有的錢。

那麼，比爾幹什麼去了呢？原來比爾並沒有像艾德那樣也去買兩個鋼桶，相反地，他做了一份詳細的商業計畫，憑藉這份創業計畫書，比爾找到了四位投資者，他們在聽過比爾的構想之後，決定出資與比爾共同開設一間公司。比爾運用這筆基金，僱用了專業經理以及員工；六個月後，比爾帶著施工團隊與足夠的資金回到村莊，花了整整一年的時間，修建了一條從村莊通往湖泊的管線。

比爾知道有許多人抱怨艾德運來的水中有灰塵、不乾淨，所以在管線的啟用典禮上，比爾宣布自己提供的水源更加乾淨。同時，他還能夠每天二十四小時、一週七天不間斷地供水，不會像艾德，因為週末必須休息而斷水。更驚人的是，比爾還宣布這種品質更高、供水更

成功金句 壯志與熱情是夢想的羽翼，自信與堅韌是成功的階梯，只有對生活抱持著積極樂觀，才能穿越荊棘、開創璀璨的未來。

穩定的系統，要價會比艾德的低75%，聽到這則消息，村民們無不歡欣雀躍，爭相要求從比爾的管線接上水龍頭。

另一方面，為了與比爾競爭，艾德也立刻將他的價格降低75%，添購兩個全新的桶子，一次裝四桶水回村莊。為了減少灰塵，艾德替每個桶子加上蓋子，為了提供不間斷的服務，他僱用了兩個兒子，以便夜間和週末都能工作。兒子忍不住問艾德：「父親，那我們這樣運水，要運多久呢？」艾德不假思索地回答：「搬一輩子啊。」

在艾德還在努力提高自己在村裡的競爭力時，比爾的思緒卻已飄向別處。他思考著：「其他村莊肯定也有像我們一樣，需要水源的人吧？」於是，比爾重新制定了商業計畫，向全國各地的村莊推廣他快速、充足且衛生的供水系統。每提供一桶水，比爾便能賺一便士，平均下來，他的公司每天會送出幾十萬桶水。

無論比爾是否有在工作，每天都有幾十萬的人需要這幾十萬桶的水，而所有的錢便流入了比爾的銀行帳戶中。比爾不但開設了讓水主動流入村莊的管線，同時也建立了讓錢流向自己荷包的管道。從此以後，比爾再也不必為錢所苦，與家人幸福地生活著。而以苦力支撐的艾德，終其一生只能拼命地工作，用勞力換取財力，最終陷入了永久的財務問題中。

朋友跟我分享了這則故事之後，和我說：「這個故事證明了對的選擇比努力更重要，那你想選擇什麼樣的生活方式？是終其一生都在提桶運水，還是要去修管線呢？」是啊，我不禁自問：我到底想過什

麼樣的生活呢？故事中有兩個重要因素：水桶與管道。提一桶水才掙一桶水的錢，就是我與其他姊妹們的現況，我們非常努力，全年無休，但一樣是過著提水桶的生活，要如何才能修建管線，改變現況呢？

我的這位朋友介紹了一位在健康業十幾年、非常成功的老師給我認識，不用租金，也不需要人事成本，更不用囤貨就能創業。而且有人教、有人帶，還可以開分店，只要把這個管道建構起來，之後就能享有源源不絕的收入。一開始，我還想著「天底下哪有這麼好的事？」但經過了三個月的認真評估，我們決定全力以赴，跟著有成果的人學習、複製其他人的成功模式，這讓我充滿了熱情。

但畢竟「隔行如隔山」，我一直以來都是個害羞內向的人，過去都是顧客來找我買東西，如今我卻需要主動出擊，去尋找潛在客戶，這對我來說絕對是一個挑戰。即便是簡單的打招呼或微笑，對我而言都很困難，更何況是要進一步交談、讚美或互動，但因為想要改變，還是硬著頭皮突破內心的恐懼。

透過學習，我總結出一套對話策略：從破冰用的開場白，到透過問題找到對方的需求，並巧妙地讓對方產生必須改變的危機感（但卻不會因此被嚇退）。如此一來，我能在很短的時間內獲得他人的信任。我會分享這些步驟和方法給加我 LINE 或微信的朋友們，希望對他們也能有所幫助。

最令我感動的是一位名叫李阿姨的客戶。從我剛踏入這個行業就一直支持我，她的丈夫從不服用任何保健食品，到如今能每日堅持飲

成功金句 吃別人所不能吃的苦，忍別人所不能忍的氣，做別人所不能做的事，就能享受別人享受不到的一切。

用。李阿姨已經九十幾歲，但每逢過年，她都讓我帶小孩去他們家領紅包，有什麼好吃的都會留一份給我，總說要感謝我介紹這麼好的產品，她丈夫的身體才能維持得這麼好，他們將我視若己出，如同他們的女兒一般，這讓我在從事這份工作中找到了自己的價值，也讓我更有熱忱地分享我所知道的好消息。只要見到人，我就想將這份喜悅傳達出去。

我成為一名超級銷售員，每天過得充實又繁忙，業績也很好。我原本以為這些客戶就是我的管道，但隨著客戶增加，工作壓力也跟著上升。有些客戶因為我無法提供即時的售後服務而不再續購，所以我必須不斷地開發新客源。某一天，我突然領悟到，這樣的生活模式一樣是提水桶的人生，只要一停止，收入就會隨之中斷。如果我因為生病無法工作，或是因為要回大陸而沒有時間服務，我的業績就會瞬間消失。消費者很少會主動來訂購產品，這樣的佣金實在太少了。然而，要帶領他人一起做又很困難。我向我的老師坦言，我不想帶人，因為協助夥伴談業務的壓力太大，有時候談了半天也沒有結果。相較之下，我自己的業務一談就能賣好幾萬。覺得要教人太難，根本就沒有辦法複製，可是自己單打獨鬥，業績永遠無法翻倍，因為個人的時間精力有限，所以我開始思考這個行業還能不能做。

然而，我又找不出更好的選擇。有一次我回到家鄉，突然發現母親老了很多，頭髮斑白，眼睛也不好，年紀大了一跌倒就骨折。以前覺得回家是很容易的事，幾個小時的飛機就到了，但疫情阻斷了我回

家的路，我不能讓自己成功的速度慢於父母衰老的速度。每次回想起我讀書期間回家時，聽到鄰居說我父母只能吃著鹹菜配飯過日子，我的眼淚就止不住。覺得自己非常不孝順，遠嫁還讓他們擔心。每次我回台灣時，他們都會將退休金塞給我，怕我過得不好。現在的事業如果沒有辦法支持我頻繁往返兩岸的開銷，那就必須突破現況。很長一段時間我都不敢打電話回家，不敢面對他們關心的話語，他們會問我：「你做那個事業到底賺不賺得到錢？」我都回答：「能賺！我很快就能在台灣買房子，你們放心吧！」但實際上，我花了兩年的時間到處學習，毫無突破的窘境只有自己知道。

這種情況直到我真正了解直銷系統才有所改變，原來直銷並不只是賣產品，這樣子只能建構消費網，所得的收入還是主動收入，只有把自己的Know-How標準化、文字化，可複製升級才能建構經營網，才能真正擁有被動收入。帶人需要的是耐心、關心、愛心。就像帶小孩一樣，從嬰兒到青少年，再進階到成人，這當中需要循序漸進。團隊必須壯大，有更多人投入跟我做同樣的事，才能夠事半功倍。於是我重新調整步伐，把重點放在重要的人身上，直銷的「學做教傳驗」複製系統，讓我一年後在組織的業績翻了四倍，終於，我明白組織行銷需要扎根的教育，一步一步穩紮穩打，我終於找到我的使命，我要幫助更多像我一樣的大陸姐妹在台灣建立自己的事業，我們的夢想是能夠包機回到家鄉，成為父母的驕傲。

今年已經邁入我的直銷生涯第九年，我成為了千人團隊的領導人，

成功金句 不要問世界需要什麼，問問你自己：什麼讓你充滿活力。然後去做那件事，因為世界需要的是充滿活力的人。

從小白到超級銷售員，到找到學習系統，建構團隊。我今天能夠有被動收入，除了要感謝很多支持我的客戶，更要感謝所有帶領我的老師，以及相信我的夥伴，我的未來不是夢，用系統帶組織，用文化來領導，幫助更多人完成夢想，這是我熱愛的工作，做一個快樂的直銷人。

聯繫方式 Contact Me

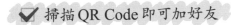 掃描 QR Code 即可加好友

LINE	微信WeChat

何謂熱情商數？

PQ, Passion Quotient

10-2

　　大型汽車製造商克萊斯勒的創始人，沃爾特‧克萊斯勒（Walter Chrysler）有云：「真正成功的祕密乃是熱情」。多少傑出的成功人士，在他們坐擁的成果背後，乃是投入大量的熱情，有的甚至不惜犧牲睡眠、吃喝，猶如殉道者一般，但也正是因為這股強大的推力，他們才能在自己的領域上奔馳，並收穫殷勤努力之後的美好結晶。

　　說到投入熱情的榜樣，歷史上比比皆是，例如莎士比亞基於對寫作的熱情，才能寫出許多曠世巨作如《哈姆雷特》等；貝多芬出於對音樂的熱愛，失聰後還能繼續作曲，但我想分享的，是帶領美國結束第二次世界大戰，唯一當選四次美國總統的富蘭克林‧羅斯福（Franklin Roosevelt）。年僅三十九歲的他被診斷出小兒麻痺症，長年只能坐在輪椅上，當醫生跟他說他再也站不起來的時候，他說：「我會站起來，我要走進白宮！」無法想像，正是這樣身患殘疾的羅斯福總統，以多項新政帶領美國走過經濟大蕭條；以沉穩又堅定的嗓音，在珍珠港事變之後，向全國人民宣布美國參戰的決心，語氣悲痛，卻又振奮人心。

成功金句 還能衝動，表示你還對生活有激情；總是衝動，表示你還不懂生活。

如果你真心熱愛、追求某樣事物，那麼，身體的障礙無法阻止你，眼前的困境也不會讓你停下腳步，無論需要付出多大的努力、做出多少犧牲，你都會堅定不移地克服，只因為你充滿熱誠。

擁有熱情商數的好處

熱情就像人生旅程中的一道燦爛炬火，照亮前行的道路。所謂熱情商數，就是熱愛生活、投入工作、以及對追求創新的總和。它能引領我們遠離舒適圈，積極尋求突破和進步。接下來，就讓我們一起來認識高熱情商數所帶來的五大好處，理解這股能量將如何改變生活。

好處一、強大的內在驅動力

一個人的內在動力遠比任何外在激勵都來得強大。在各行各業中，可以找到許多因內在動力強大，願意在報酬並不高的情況下持續投入，最終取得成功的案例。讓我們看看知名的創業者和科技行業龍頭，蘋果公司的創辦人史蒂夫・賈伯斯。

早在一九七〇年代，賈伯斯就和好友史蒂夫・沃茲尼克一起，在賈伯斯的車庫裡共同創建了蘋果公司，他們投入所有的時間和精力，製作出第一款產品——Apple I 電腦。儘管工作環境並不理想，最初的幾年裡收益也不高，但他們仍對工作充滿熱情。賈伯斯曾在一次演講中說過：「對工作必須有深深的熱愛，否則就無法成功。」他對產

品的堅持和獨特視角，使得蘋果公司能夠打造出改變世界的產品，如iMac、iPod、iPhone等。

好處二、熱情能造就完美

要讓人在某件事上變得出色，需要的是熱情。懷抱著熱誠，對該領域投入的精力會比任何事情都要來得多，不知不覺間，你在這方面就會變得非常優秀。因此，如果父母強迫小孩去追求他毫無興趣的事物，最終只會得到一個庸庸碌碌的未來，請記得：「熱情可以讓平凡的事物變得非凡。」電競選手、網紅、數據分析師等在以前被視為純粹娛樂的項目，現今也成為熱門職業，所以，無論小孩的興趣有多難以理解，請不要急著否定，點燃他們的熱情是教育最重要的任務之一。

好處三、帶來充足的能量

來看看被譽為法國麵包教父的艾瑞克‧凱瑟（Eric Kayser）的故事吧。凱瑟出身自法國的一個烘焙世家，從小就對烘焙充滿熱情，他將大量時間投入在學習相關技術中，並且始終保持著對傳統工藝的熱愛與尊重。一九九六年他在巴黎開了第一間麵包店，只使用天然酵母，並堅持現烤現做。即便市面上充斥著大量商業酵母，他也沒有改變做法，認為天然酵母發酵的麵包擁有難以取代的口感和層次。他的麵包店 La Maison Kayser 已成為巴黎頂級麵包店，吸引全世界的麵包愛

成功金句 如同磁鐵吸引四周的鐵粉，熱情也能吸引周圍的人。

好者前往朝聖。即便他成為家喻戶曉的烘焙大師，他依然每天早上四點就起床，親自到麵包店烤麵包，在他的引導下，每一位在他底下工作的員工都抱著同樣專業的態度，熱情帶來無窮的能量，讓他們維持著對美味的堅持。

好處四、帶來工作的意義

對某項事物充滿熱情，並勇於實踐的人都知道，這替生活帶來莫大的樂趣，他們會感受到自己的生活因此變得更有意義，感受自己是為了這項工作而生，能從中得到極大的滿足與成就感，這股熱情會成為他們生存的理由，以及每天能動力滿滿的原因。

美國暢銷作家安迪‧威爾（Andy Weir）就是典型的例子，你可能沒有聽過這位作家，但一定知道他的暢銷書《火星任務》。威爾是一位軟體工程師，但對於科學和太空探索有著極大的興趣，他利用工作之餘完成科幻小說《火星任務》，並上傳到自己的網站，免費提供他人閱讀，意外得到了廣大的迴響，之後他將小說發布至亞馬遜網站，因而引起出版社的注意，最終被改編成同名電影，取得驚人的票房成績。之後，他對太空強烈的興趣讓他完成了另一部小說《極限返航》，甫上市便成為暢銷書，他的親朋好友大概都無法預測，這位平凡的科技宅男竟能搖身一變，成為家喻戶曉的暢銷書作家吧。

好處五、熱情引領你探索未知

網路世界讓連結變得容易，資訊對每個人來說都唾手可得。懂得挖掘資訊並善用的人才能產生價值，因此，相比於原生的智商（IQ），人們愈來愈重視熱情商數，具備熱情與好奇心的人才能不斷更新競爭力，創造新局面。

可汗學院（Khan Academy）的創辦人薩曼‧可汗（Salman Khan）原本走的是一條數理資優生的傳統道路。他獲得美國麻省理工學院數學、電機、電腦等三個學位，並取得哈佛商學院企管碩士的學位，之後成為避險基金的分析師。但在一次對親戚遠距教學的經驗中，他突然意識到，這些教學影片，不僅能讓自己的表弟妹獲益良多，還能造福更多學子。

憑藉著一股熱誠，薩曼獨立製作出一千多支教學影片和互動式習題。之後更取得Google和比爾‧蓋茲慈善基金會的投資，成立了世界最大的非營利教育機構「可汗學院」。薩曼從未想過自己會打造出體制外的教育機構，以全免費的線上教學，幫助許多因跟不上學校進度而苦惱的學生。熱情讓薩曼脫離了原本的人生軌跡，卻讓他收獲來自世界各地的感謝以及資源。

找出你的熱情所在

人終其一生，就是不斷在做選擇。學生時期選擇主修、踏入社會

成功金句 熱情是心靈的食物，沒有它，一切都變得毫無生氣。

選擇職業，經常聽到有人在做了選擇之後哀嘆「我對這門科系（這份工作）沒有熱情啊。」實際體驗固然是理解自己的好方法，但有沒有什麼訣竅，讓我們能在選擇之前，就正確地鎖定目標呢？以下就提供幾種方式，協助大家能在每一個人生岔口，走向毫無遺憾的道路。

🚀 線索 1. 你的熱情會呼喚你

熱情不是消極等待的，它像一個靈動的小精靈，總會在你意想不到的地方對你微笑、揮手。就像如果你真心熱愛打籃球，當看見公園裡有人在鬥牛時，你的心會跳得更快，不由自主地向那個方向靠近，這就是熱情在呼喚你的現象。

例如我的一位朋友小陳，他從小就對音樂有著濃厚的興趣，只要聽見美妙的旋律，他的內心就像被觸動一般，無法保持靜止。但在選擇大學主修時，家人們認為男人未來必須背負家庭責任，因此勸說他選擇金融相關科系，最後小陳聽從了家人的建議，但從那時開始，每一次我們碰面，小陳就常感嘆「課業太難」、「上課無趣想翹課」等等，熬過四年畢業，踏入社會之後，他決定重拾對音樂的興趣，我很高興他勇敢地做了這個選擇，雖然他後來沒有進入金融相關產業，但現為音樂老師的他，看起來卻是那樣神采奕奕，與學生時代完全不同。看著他，我總會想「兜兜轉轉，總有一天是要回應內心那股熱情的吧！」這就是熱情的呼喚，只要你專心聆聽，它就會引導你找到真正熱愛的事物。

線索2. 容易進入心流狀態

心流這個說法是由心理學研究者米哈里・契克森米哈伊（Mihaly Csikszentmihalyi）所提出的概念。指的是一種完全沉浸和百分之百投入於活動本身的心智狀態，此時人們會非常專注於正在進行的事物，並感到振奮。當一個人找到完全適合他才能的工作，就可能完全專注於其中，甚至忘記時間、吃飯或其他身體需求。對工作愈充滿熱情的人，就愈容易進入「心流」，這種狀態能讓人感受到極大的快樂和滿足，因而提升工作的效率與質量。

若你對寫作充滿熱誠，坐下寫作時，你就很容易忘記時間的流逝，完全沉浸在你的故事或論點中，此時你將無比流暢地寫出內文，甚至會廢寢忘食，並從中得到的極大的滿足感。當然，每個人進入心流的標的物都不同，有的人是繪畫、有的是電動、有的是攝影……下次，請多多觀察讓你忘卻時間的事物，因為那就是你熱情之所在。

線索3. 你會學得非常快

正確地利用熱情可以大大提升學習效率。對某件事情充滿熱忱時，我們的專注力和努力程度往往會大幅提升，這種充滿動力的投入能讓人更快掌握新的知識或技能。例如對投資理財特別有興趣的人，就會主動去理解知識，並在吸收理論之餘，不斷嘗試和釐清，找到最適合自己的理財方法。相對地，如果對於正在學習的技能毫無興趣，你就會覺得困難重重、進步緩慢。這是因為你缺乏熱情，注意力和努力程

成功金句 邏輯會帶你從 A 點到達 B 點，想像力則能帶你前往任何地方。——愛因斯坦

度無法達到最大化,因而影響學習效果。

 線索4. 觀察自己如何面對困難

　　若你從事的是熱愛的事物,困難就不可能令你打退堂鼓,它們會轉變成需要克服的挑戰,甚至連過程都會變得令人享受。你會充滿動力地解決一個接著一個的挑戰,也會為取得成果的自己感到驕傲。相反地,如果是毫無感覺的事物,遭受挫折的你通常只會覺得「好麻煩」、「好衰」,完全不會產生跨越困境的動力。

 # 提升熱情商數的方法

　　美國《Life》雜誌第一位非裔攝影師高登・派克斯(Gordon Parks)曾言:「請熱情地採取行動,直到它成為習慣為止。」要讓熱情成為習慣,就得先努力,積極耕耘。當你有了收穫,便會加深你對這件事的熱誠,並更有動力地持續邁進。一般來說,想要培養熱情商數,可以從下面幾個建議開始著手。

★ **挖掘興趣愛好:**你的愛好會成為激發熱情的燃料,所以,請多方嘗試,找出你真正喜愛的事物,找到之後便積極地投入其中。

★ **和他人分享:**不要羞於展現自己的熱誠,不管那是游泳、閱讀或者動漫,請大方地和他人分享,這有助於找到和你興趣相投的夥伴,透過聊天與討論,你們的熱情將持續加溫。

成功金句 不是每個人都會欣賞你的熱情,選擇那些會的人並傾力與他們合作。

★ **設定目標：** 設定一個具挑戰性，但又能達成的目標，可以激勵內心。比如我的一位朋友，他對慢跑充滿熱忱，無論多忙，每天下班都會去跑個一小時左右。這樣的他，每年固定的行程就是去參加馬拉松的活動，這是激勵他每天持續鍛鍊自己的最佳方式。

★ **嘗試新事物：** 一成不變的生活會讓人落入無趣的陷阱，在舒適圈待得太久，只會讓你忘卻挑戰之心。所以，建議多去探尋你不了解的領域，藉此點燃你的好奇心與新的熱情。

★ **取得生活的平衡：** 過度沉浸於工作或活動，會消耗你的精力，減弱你原有的熱度，因此一定要取得工作與生活上的平衡，確保你有足夠的時間去追求熱愛的事物。

　　熱情和靈感相似的地方在於，你不能只是被動地等待它降臨，而必須主動尋求。透過參與不同的活動，你就能更認識自我，找出哪些事物能讓你感到興奮，只要帶著開放的心，勇敢地去嘗試，你終將獲得那簇點燃熱情的火焰。

　　但也請記得，即便我們想隨時積極向上，但熱情就如海水浪潮一般，有高有低。我們必須隨時體察自己的狀態，當熱情消退時，切勿感到煩躁、憂心，或強迫自己持續下去，不妨稍事休息。身處低潮時，盲目地努力並非最佳選項，稍微喘口氣有時反而會有更好的效果。

 成功金句 追隨你的熱情，做好辛苦和犧牲的準備，最重要的是，不要讓任何人限制你的夢想。

檢視 **放大鏡**

你具備何種熱力屬性？

10-3

人生如同一場演出，我們就是台上的演員。無論你扮演何種角色，劇情如何變幻莫測，熱情始終是我們前進的重要動力，那麼，你的熱情指數有多高呢？在人群中的你是什麼模樣呢？現在就讓我們進行一個小小的心理測驗，來探索你的熱情指數吧！

Q1. 你覺得「週末」是從哪一天開始算起的？

星期六，週末指的就是六、日這兩天。→ 前往 **Q3**

星期五，週五開始就進入黃金週了啊。→ 前往 **Q4**

Q2. 你覺得下面哪一種人比較辛苦？

為了錄取大學，挑燈夜戰的高三生 → 前往 **Q5**

為了五斗米折腰的上班族 → 前往 **Q7**

Q3. 感到孤單時，你第一個想起的人會是誰？

家人，家是我永遠的避風港。→ 前往 **Q4**

戀人，會很想跟對方碰面。→ 前往 Q6

Q4. 你覺得旅遊時哪一點比較重要？

和誰去比較重要，是喜歡的人，哪裡都開心。→ 前往 Q2

去哪裡玩最重要，我要選自己想去的地點。→ 前往 Q5

Q5. 農曆新年的假期，你想要怎麼度過呢？

在家上網、看電視，悠閒地放鬆。→ 前往 Q6

回老家和親戚熱熱鬧鬧地度過。→ 前往 Q11

Q6. 要和互有好感的網友見面了，滿心期待的你來到會面地點，卻發現對方的長相實在難以接受，此時你會怎麼做？

轉身離開，他/她應該沒看到我吧？→ 前往 Q10

先碰面，之後再表達你無法接受的點。→ Q11

Q7. 發現交往對象貫徹100%的AA制，從來不請你，這時候你會怎麼想？

真節省，完全不亂花錢，和我很合。→ 前往 Q8

這個人應該是不想承擔分手的成本吧。→ 前往 Q9

Q8. 最新一波冷鋒面即將到來，這時候你會選擇……？

成功金句 熱情不是繁花一朵，而是一生的長河。持續抱持熱情，便會發現無限可能。

按原定計畫出門玩，完全不受影響。→ 前往Q9

待在家裡，我才不要出門受凍。→ 前往Q13

Q9. 明明生活過得不錯，但你內心卻總有空虛感？

偶爾會感到空虛，所以正在思考轉換跑道。→ 前往Q12

從來沒有這種感覺，每天都充實得不得了。→ 前往Q13

Q10. 你和曖昧對象認識了半年都沒有進展，這時候你會⋯⋯？

暗示對方，如果不了了之就再觀望吧。→ 前往Q11

直接表白，趕快有個結果，也好決定下一步。→ 前往Q12

Q11. 服務生來替你倒水、收碗盤，你會跟他說謝謝嗎？

會，一直以來都如此，變成習慣了。→ 前往Q12

不會，服務客人不就是他的工作嗎？→ 前往Q9

Q12. 如果你的父母要離婚，你會有何反應？

離就離吧，這對他們來說也是一種解脫。→ 類型B

那是父母的事，我們也無能為力啊。→ 類型C

Q13. 今天提早一小時抵達公司，這時候你會做些什麼？

先滑手機，到上班時間再上工。→ 類型A

成功金句 所謂的成功是，即使經歷一個又一個失敗，也沒有因此失去熱情。

既然已經到了，就提早開始工作吧。→ 類型 D

解答與分析

類型A 絲絲微風的【吹風機】

雖然風不大，但吹風機還是能替你帶來暖意，屬於此類型的你，並不能算是一個熱情或樂於助人的人，但若對方是走進心裡、被你認定為重要的朋友，你就會在對方需要時伸手拉他一把，像吹風機一樣，為對方吹散濕氣、帶來暖意。

類型B 陪伴重於一切的【暖暖包】

每當寒流來襲，暖暖包就會成為熱賣商品。你給人的感覺就像暖暖包一樣，雖然平常並非團體中的焦點人物，而且因為個性比較慢熱，所以有時會被誤認為冷漠，但若主動靠近你，就會感受到你帶來的暖意，成為朋友堅實的後盾。

類型C 高效導熱的【微波爐】

微波爐最大的特點就是能在短時間內傳導熱能，甚至連冰凍的食物都能熱得燙口，這就是你給人的感覺。非常熱心腸，樂於助人，但

成功金句 生活充滿了選擇，抱持熱情是你絕對不會後悔的選擇。

個性較為急躁，有時會因為急於幫助他人，沒有深入思考，而導致愈幫愈忙。建議你，在滿腔熱血的同時，也要考慮自己的能力與目前的狀態，才不會讓你的好意變質。

類型D 溫暖覆蓋的【電熱毯】

感到冷的時候，只要鋪上電熱毯，一整夜就能睡得安穩。對朋友而言，你的溫柔正像電熱毯一般撫慰人心，當他們覺得孤單或受到傷害時，第一時間就會找你訴苦，你就是朋友圈的最佳傾聽者。然而，這樣溫暖的你在照顧朋友之餘，也請留意自己的情緒，別因為太顧慮他人，而成為情緒垃圾桶喔！

真讀書會・生日趴＆大咖聚

真理指引の知識服務
全球華人圈最高端的演講

「真永是真」人生大道，
條條是經典，字字是真理！
王晴天大師率智慧型立体知識
服務團隊精選999個真理，打造
「真永是真」人生大道叢書，每一
個真理均搭配書籍、視頻、課程等，並融入了數千本書的知識點、古今中外成功人士的智慧結晶，全體系應用，360度全方位學習，讓你化盲點為轉機，為迷航人生提供真確的指引明燈！

- ☐ 2023/**11/4** (六)
- ☐ 2024/**11/2** (六)
- ☐ 2025/**11/2** (日)
- ☐ 2026/**11/7** (六)

01 馬太效應	02 莫菲定律	03 紅皇后效應	04 鯰魚效應	05 達克效應
06 木桶原理	07 長板理論	08 彼得原理	09 帕金森定律	10 沉沒成本
11 沉默效應	12 安慰劑效應	13 內捲漩渦	14 量子糾纏	15 NFT&NFR
16 外溢效果	17 槓鈴原則	18 元宇宙	19 零和遊戲	20 區塊鏈
21 第一性原理	22 二八定律	23 Web4.0	24 催眠式銷售	25 破窗理論
26 蝴蝶效應	27 多米諾效應	28 羊群效應	29 長尾理論	30 AI&ChatGPT
31 天地人網	32 168PK642	33 路徑依賴法則	34 機會成本	35 接建初追

……共 999 個人生大道 & 真

★ 超越《四庫全書》的「真永是真」人生大道叢書 ★

	中華文化瑰寶 清《四庫全書》	當代華文至寶 真永是真人生大道	絕世歷史珍寶 明《永樂大典》
總字數	8 億 勝	6 千萬字	3.7 億
冊數	36,304 冊 勝	333 冊	11,095 冊
延伸學習	無	視頻&演講課程 勝	無
電子書	有	有 勝	無
NFT & NFR	無	有 勝	無
實用性	有些已過時	符合現代應用 勝	已失散
叢書完整與可及性	收藏在故宮	完整且隨時可購閱 勝	大部分失散
可讀性	艱澀的文言文	現代白話文，易讀易懂 勝	深奧古文
國際版權	無	有 勝	無
歷史價值	1782 年成書	2023 年出版 勝 最晚成書，以現代的視角、觀點撰寫，最符合趨勢應用，後出轉精！	1407 年完成 勝 成書時間最早，珍貴的古董典籍。

999個真理

333本書

課程演講

影音視頻

Mook專書

心理韌性商數

Resilience Quotient

RQ,

11-1 從境遇中成長的韌性

焦點人物 吳宥忠 *James*

 **資歷簡介** About Me

🎯 **專業頭銜**

📍 現任全球華語魔法講盟(股)執行長、元宇宙(股)公司CMVO、智慧型立體學習(股)CEO

📍 應用賦能區塊鏈 總顧問

📍 鼎新電腦知識學院區塊鏈講師

📍 臺灣勞動部區塊鏈講師

📍 致理科技大學區塊鏈講師

📍 數間國際及台灣企業顧問

📍 加密貨幣交易所講師及顧問

📍 區塊鏈認證班教練

📍 暢銷書作家、專欄作家

📍 2019年亞洲八大名師

📍 2020年世界華人八大明師

📍 2020同年獲頒世界傑出十大老師的殊榮

成功金句 事情不該只有看到希望才堅持，而是堅持下去才會有希望。

🎯 區塊鏈資格與證照

- 📍 工業和信息化部區塊鏈人才能力提升證書（師資能力提升高級研修班）
- 📍 CBPRO國區塊鏈專業認證證書（區塊鏈高級應用架構師）
- 📍 中國電子節能技術協會證書（區塊鏈高級數字經濟師）
- 📍 中國全國工商聯中心崗位證書（區塊鏈高級應用規劃師）
- 📍 魔法講盟區塊鏈經濟研究院證書（區塊鏈高等培訓師）
- 📍 工業和信息化部人才交流中心（區塊鏈初級開發工程師）
- 📍 元宇宙學院（商業模式高級設計規劃師）
- 📍 上海國際社區學院（數位貨幣與區塊鏈財富密碼高級研修班）

🎯 專長與開課主題

- 📍 「暢銷書寫作」類型：如何打造暢銷書、出書出版班

- 📍 「演說技巧」類型：公眾演說的秘密、無敵談判獲勝術、公眾演說班、講師培訓班、具備這12項你就是A咖講師、跟TED學演說、講師應要有的10點心態、講師如何賺取不可思議的收入、講師進化才能賺資源

- 📍 「銷售絕學」類型：信任感銷售、超級轉介紹系統、接建初追轉流程、市場ING、聯盟行銷

- 📍 「財務自由」類型：Business & You、人生的財務支柱、借力與整合、遇見財富富足、打造百萬IP、BU642、打造個人千萬IP、How to反內捲、阿米巴概論、建構 π 型人生

- 「創業經營學」類型：阿米巴經營學、低風險創業、可複製的領導力、創業者的成功八部曲
- 「區塊鏈與科技」類型：元宇宙趨勢班、WEB 3.0的世界、NFT淘金實戰班、區塊鏈證照班、區塊鏈講師班、區塊鏈顧問班、區塊鏈創業班、區塊鏈程式班、區塊鏈商模班、用量子糾纏創造不可思議的人生

相關著作

《REDHAT Linux實用寶典》、《人信銷售》、《改變人生的五個方法》、《信任感銷售》（簡體版）、《投資＆創業白皮書》、《Business & You市場ing》、《曼巴成功學》、《打造自動賺錢機器》、《區塊鏈創業》、《區塊鏈與元宇宙》、《NFT造富之鑰》、《How to反內捲》、《Web3.0的世界》等。

成功金句 每一個發奮努力的背後，必有加倍的賞賜在等著他。

生平故事 Introduction

學生時期到踏入社會

　　吳宥忠從小對於賺錢就特別有興趣，在小學時期就開始幫鄰居貼貼紙賺取零用錢，到了國高中時期，更是瞞著家裡人，偷偷地去打工，直到大學聯考連續兩次都沒有考取，於是就被迫從軍去，兩年之後退伍就開始創業，其中也去各大、小企業上班過，最後還是決定自行創業比較有趣。

　　吳宥忠創業過的家數超過二十餘家，在進入培訓業之前，同時從事三份不同屬性的工作，早上在保險業從事保險經紀工作；同時擔任房地產開發的要職；下午至晚上則忙於自己開的炸雞店。這樣汲汲營營的生活，在某一天轉變。因緣際會之下，他參加了「有錢人想的跟你不一樣」以及「亞

洲八大名師」的培訓課程，進而對學習產生了極大的興趣，也明白唯有學習才能改變人生，在學習中找到了熱情，樂於分享知識的他因此投入成人培訓業，當起了講師及顧問。

　　從炸雞業轉職到培訓講師領域，其中的挫折和打擊可以說是時時刻刻在發生，而在這個歷程當中，吳宥忠所具備的RQ商數（Resilience

Quotient）也發揮得淋漓盡致。

轉職到培訓業的吳宥忠，初期缺乏人脈與資源，所以以各行各業的委託接案為主。二〇一六年，他接到一個關於「碳權」的買賣，當時碳權還是一個非常新的概念，但吳宥忠毫不猶豫地接下這份工作。那時的他就明白：要在培訓業存活下去，時時刻刻都必須接受最新資訊，要不斷自我成長，這樣才有源源不絕的機會。

接下案子的吳宥忠，必須向公司從市場上引流來的貴賓銷售碳權，列席的貴賓大多為對岸中國大陸的企業家。由於碳權是吳宥忠初次接觸的新資訊，因此前面的幾場銷售演講常常被現場的貴賓問到啞口無言，最後甚至被質疑他身為講師的能力，更有一場是直接被轟下來。當時與會的貴賓大多來自對岸中國的「土豪」，這些人都自視甚高，只要你沒有表達出他們心中想要的，或是能夠讓他們欽佩的內容，他們就會毫不客氣地批評你，甚至謾罵你。

經過幾場公開演講後，甚至連聘請吳宥忠的碳權公司老闆也開始質疑起他的能力，在內外壓力之下，吳宥忠所具備的高 RQ 在此時發揮了效用。他調適心態，懇求碳權公司老闆再給他最後一次機會，他將之前的經驗化為激勵己身的動力，除了要求自己不再犯相同的錯誤之外，更精進專業內容，短

成功金句 真正的韌性不僅僅是耐受困苦，更是在困苦中找到成長和智慧。

短一個禮拜不到的時間，透過網路搜尋、學術報導、相關研究、請益專家等不同途徑，獲取大量專業的碳權知識。將所學內化之後，調整了PPT簡報的內容，也修正演講的口條和順序，並針對中國大陸企業家的風格做調整，他重整之前的失敗經驗，打破過去、重新塑造出一個專業的自己。調整之後的第一場銷講，就打出了前所未有的亮眼成績。他不僅為公司收了1,000萬以上的訂單，之後的數十場銷講更是如魚得水，收單的成功率從20%提升到最高有70%，把碳權公司原本預計要賣一年的產品，提前到不用三個月就達成目標，這一切的改變，來自於RQ的威力。

成功的經驗增長的不只是信心，同時還有更上一層的考驗。擔任全球華語魔法講盟執行長以及講師一職的過程中，吳宥忠也靠著心中那把RQ的大傘克服多次困難。隔行如隔山，轉往專業講師的路上，失敗與打擊稀鬆平常，初期依然有許多必須面對的關卡，例如學員不滿意課程內容、收單成績不盡理想、講課內容不聚焦等，每每在課程結束之後，這些缺失總是會赤裸裸地被拿出來檢討，但吳宥忠明白，要成為超級賽亞人，就必須歷經一次次被打得體無完膚的戰鬥，再重新復活，每一次的失敗都會成為下一次成功的養分。

前往康莊大道的路上，總需要先經歷不平坦。在這個階段，吳宥忠發展出一套快速自我恢復（RQ）的方法，他告訴自己，既然失敗的教訓是必經之路，那就在最短的時間內接受大量挫折和拒絕吧！當時吳宥忠住在新竹，但工作地點位於臺北市和新北市，他將全部時間投

注於培訓領域。每天大約於中午時分起床，簡單梳洗後就出門，搭乘客運到臺北，再轉搭捷運至公司，之後在臺北從事各項業務開發和培訓相關工作，每每結束時，都已將近晚上十一點，這對他來說還不是一天的結束，因為他會留下一個小時做檢討和改進，在將近凌晨十二點時趕搭最後一班捷運到臺北轉運站，每天幾乎都是搭乘凌晨一點的末班車回新竹。到家之後，他會整理當天的資料，並進行必要的學習，等到一切都結束時，通常已近天亮。此時他會抓緊時間好好休息，因為這一天依然要趕中午的客運上臺北，繼續打拼，這樣的生活他堅持了一年多，每天的交通時間都超過三個小時。

為了不要浪費這三個多小時的交通時間，吳宥忠還特別為自己定下了成長的目標，那就是強化自己的內心，遠離「玻璃心」！具體操作是每天必須搭訕陌生人，並且要獲得十次拒絕才算完成，這個訓練的目的不是為了獲取名單，而是去體驗自己被拒絕、羞辱或其他負面回應時的感受，吳宥忠想藉由這種方式快速達到「無感的境界」，期許自己變得更加強大。當然，過程是無比痛苦，因為當時的吳宥忠還是一個愛面子的人，但他選擇跳脫舒適圈，這樣每日堅持地做，過了一年，某次被拒絕的當下，他突然發現自己無感了，也發覺被拒絕是再自然不過的事，他不再糾結於他人的冷漠回應，而能更專注於那些友善、願意加好友的人。到現在，那些搭訕的陌生人都變成好朋友，有的甚至成為他的客戶、貴人。

吳宥忠經常以他喜愛的七龍珠漫畫做比喻，在漫畫中，吃下一顆

成功金句 人最重要的就是曾經努力過。不是為了成功，而是為了成長。

仙豆，就能讓你在瞬間修復所有損傷，並提升戰鬥能力，他認為RQ就是通往成功路上的「仙豆」

德國心理學家丹尼斯・穆藍納（Denis Mourlane）指出，心理韌性商數是一種相當正面的心理特質，讓人在艱苦中相信自己的能力，並能維持心境平靜，在關鍵時刻以強者的心理狀態反敗為勝。

當人們因為壓力或困境而產生憤怒、恐懼等情緒時，大腦邊緣系統的杏仁核就會介入前額葉的運作，讓人失去冷靜分析和綜觀全局的能力，衝動地以本能行動，反而讓原本能處理的問題惡化。透過鍛鍊心理韌性，人們的自控力、理性分析與社交能力都能得到強化，讓大腦額葉的功能發展得更好，有效調節身體反應和情緒，面對挑戰時也會更加冷靜，充滿自信之餘又不會高估自己，以高度的自律與堅定的意志實現理想。

歐洲企業界最受信賴的心理訓練專家預言，RQ將被廣泛地運用於企業的健康管理及員工訓練上，能獲得成就的人士顯然具有一種不同於他人的特質：內心平靜。他們能克服困境，不受人際問題影響，即使處於高壓環境也不會表現失常。這種優質的心理韌性，能快速消弭遭遇困境的負面心態，從而獲得個人成就與身心健康。

何謂心理韌性商數？

11-2

RQ. Resilience Quotient

　　RQ 高的人，在面對困難時，能在短時間內「轉念」並展開積極的行動；反之，RQ 低的人，在面臨挑戰時，容易陷入低迷情緒和思緒中，久久不能釋懷，進而演變成玻璃心。心理韌性就像我們內心的一把傘，打從娘胎出生，就不可能每天都風調雨順，總會有傷心難過的時候，此時，RQ 這把傘夠不夠牢固就很重要。提升 RQ 的要素很多，來自父母的愛、同學的陪伴、朋友的支持、情人的鼓勵及自我的肯定，都能織起心中的那把傘，讓人身處於暴風圈時，依然能穩住自身的心緒；然而，不是所有人的傘都完好無缺，當你的傘有破口時，請記得，你自己就可以補強它。每當玻璃心與負面思維來襲，「先別下定論」，停下腳步、放鬆情緒，思考另一種可能性。試著分析思緒、找出負面情緒的根源並以客觀的眼光正視它。這樣反覆練習，就能從「自卑、自憐、自艾」的負能量當中走出來。

高 RQ 者的特徵

特徵 1. 煥發自信、樂觀的精神

成功金句 韌性不是鋼鐵般的堅硬，而是水般的柔軟和適應性。

你有沒有想過，為什麼有些人總是一帆風順，而你卻坎坷不斷？想要的，為什麼總是得不到？愈是努力，愈感覺有心無力？愈想賺錢卻愈沒錢？其實，你與成功的距離，往往就差在心態。樂觀的精神，是一個人的核心競爭力，更是一個人的生命支柱，困難於前，比的不是出身、也非能力，而是誰能在困境中保持樂觀的精神。或許有人天生就相對樂天，但其實樂觀是可以透過練習強化的，以下就提供大家幾點切入點：

切入點一、樂觀是一種處世哲學

「成大事者，沒有一個是悲觀的人。」心態決定一切，改變心態，你就能改變人生。有些事情，該來的終將會來，躲不開的話不如順其自然；所有事情終將過去，想不通的就不要想，人們常說：「時間可以撫平一切傷痛。」面對事情，我們可以積極把握，但不過分苛求，改變能改變的，若遇上無法改變的事物，就接受它。做好你能做的每一件事，珍惜你身邊的每一個人。

我們用《易經》離卦九三舉例，其原文為：「日昃之離，不鼓缶而歌，則大耋之嗟，兇。」此卦說的是，夕陽西下之景，好比人生已入老年，此時若不能敲著瓦器伴唱高歌，歡度晚年，就難免會有春蠶將死、蠟炬成灰的哀嘆，這種心態必然招致凶險。從古人的智慧當中，我們可以發現：無論外境如何變化，悲觀哀嘆必將帶來凶險；反之，樂觀的心態才是驅動我們持續前行與克服困難的誘因。很多人都對悲觀心態有誤解，以為是不幸導致悲觀，但其實是悲觀帶來了不幸。所

以，能樂觀面對挫折者，皆為擁有大智慧之人，如果你無法一秒切換樂觀心態，下次再遭受悲哀痛苦時，不妨去學些什麼東西，請記住，學習會使你立於不敗之地。

切入點二、自信與樂觀終將收穫成功

RQ 高的人都具備強健的心智與樂觀心態。他們知道，戰勝了多大的困難，就會有多大的收穫。也明白讓人頹廢的往往不是前行之路有多坎坷，而是自信的喪失。當全世界都說放棄的時候，RQ 高的人會告訴自己再堅持一下，想多嘗試一次。面對未知，即便結果無法預測，他們依然願意給自己機會，樂於從做中學，從學習中感悟，也從困境中體悟。

首先，我們必須理解：一個真正自信的人，必然是深度了解自我的人。老子《道德經》第三十三章中說：「知人者智，自知者明。」了解別人是智慧，了解自己才稱高明。增進自信的第一步，就是去發現自己的特長，並努力修正與強化，提升的能力就是自信的底氣。當你嘗試的結果不盡理想，或者在眾人面前出糗時，請記得坦然接受，不後悔，不埋怨，對你選擇的事物投注熱情，不因失敗而畏懼，不因人言而退縮。將自信與樂觀這兩者結合，就是開啟成功的「金鑰匙」。

切入點三、與正向者相處，獲取向陽能量

心理學家馬汀・塞利格曼（Martin E.P. Seligman）認為：情緒有感染力，樂觀是可以學習的。如果經常與想法積極的人互動，就會

成功金句 人提升思維認知的途徑有兩種，一是被教育，二是被教訓。

受到影響，「如入芝蘭之室，久而不聞其香。」研究發現，一個人樂觀還是悲觀的關鍵因素在於：面對問題時的歸因方式。面對好結果時，樂觀的人會做持久、整體、並肯定自己的行為反應；面對失敗時，則會做短暫、具體、與外在因素的剖析。悲觀者則與之相反，所以經常會看到悲觀者自責，沉浸於失敗中，久久不能自己。

想調整思維方式，可以從有意識的鍛鍊開始，當正向思維成為習慣，你就會感到自信、快樂，激情與力量也會蜂擁而來。從現在開始，告訴自己：努力付出，就能遇見更好的自己！

特徵2. 具備良好的判斷力

所謂判斷力，就是一個人在判讀事件的對錯及可能性時，能多清晰、準確地掌握方向。這種能力有賴於將知識、經驗整合起來，形成觀點。心理韌性商數高的人，由於不畏懼挑戰，樂於多方嘗試，所以得到的經驗值通常較豐富，也因此，在面對選擇的機會成本時，能做出更加有利的決定。所謂的機會成本，就是選擇一個機會A，必須放棄的機會B，後者就是我們做出選擇後，所要付出的機會成本。比如在猶豫繼續待在原公司工作，還是離職創業這件事上，就面臨了選擇。繼續留在原公司任職的好處是收入穩定，但沒有升遷的機會；若離職創業，則擁有職業發展的自主權，但也必須扛起隨之而來的風險（例如血本無歸）。當面臨類似的兩難時，就有賴於良好的判斷力。

　　雖然 RQ 高的人不等於能 100% 做出有利的決定，但由於他們不會因失敗而否定自我，所以會從中汲取教訓，不斷透過事件累積經驗，對他們而言，「試錯」就是他們提升判斷力的最佳訓練。根據自己的判斷力做出選擇後，無論對錯，他們都會去執行，並秉持「只要執行就要承擔後果」的心態，堅持完成。人並非生而知之者，不可能每次都選對，只有在一次次試錯的過程中，才能不斷提高自己的判斷能力。

　　雖然試錯的精神可嘉，但其成本有大小之分，有些成本大到我們根本承受不起。所以，建議從可以承擔後果的日常小事開始訓練。只有這樣，才能在面臨重大抉擇時，做出最佳判斷。從現在起，把提升判斷力視為生命中的第一要務，培養不抱怨、不後悔的人生態度，才能過好這一生。

特徵 3. 了解自己，建立健康的認知

　　生活中的我們經常忙於接觸、認識他人，而忽略了一件更重要的事──認識自己。愈了解自己，就愈能面對內心，調整心態，做出最有利於自己的決定。比方說，一個了解自己的人，知道自己適合什麼樣的對象，清楚該選擇怎樣的另一半；也會明白自己熱情之所在！當我們找到能燃起熱情的關鍵，就不會害怕失敗。能將錯誤視為考驗，關關難過關關過。這時候的你，不會淪於安逸，反而會勇於探索，積極嘗試，從難關中收獲披荊斬棘的決心。那麼，什麼樣的人可以稱做了解自我呢？以下提供五種面向給大家參考：

成功金句 只有一條路不能選擇，那就是放棄；只有一條路不能拒絕，那就是成長。

面向一、知道誰可以當朋友

　　真正了解自己的人，很清楚誰適合自己的生活圈。他們深知朋友互相影響的力量，所以肯定從優而選，會主動揮別酒肉朋友，親近並結交那些真心為你好、支持你的人，這是因為他們的生活目標並非耽溺於享樂，而是希望自己能逐步提升，讓生活變得愈來愈好。

面向二、能找到情緒起伏的原因

　　了解自我的人不會排斥負面情緒，他們允許自己不快樂，但絕不會讓自己一直沉溺其中。他們深知情緒只是一種「反射」，真正重要的是造成這種情緒的成因，所以他們懂得靜下心、適時抽離。

面向三、擁有一個明確的方向

　　懂得自我探尋的人，明白確立方向的重要性。他們樂於嘗試、不抗拒挑戰，會將一切過程視為一種成長經驗，並從中找到適合自己的未來。他們不會漫無目的，而會做出選擇，一旦做了決定，就會勇往直前，開拓出清晰的道路。

面向四、不允許自我否定

　　了解自己的人會意識到每個人都是不完美的。他們勇於正視自己的缺點，懂得「唯有接納自己的不足，才能更珍惜自身的優點。」所以，與其過度檢視自己的不完美，他們會專注於找尋自身的強項與優勢，藉此建立強大的自信。具備高 RQ 的人深知，世界上唯一能摧毀他們的人只有自己，所以絕不會輕易否定自我價值。

面向五、知道什麼時候該收手

在追求夢想的道路上，他們懂得果斷地按下「暫停/停止鍵」，停下腳步，給予自己喘息的空間；在一段感情裡，若發現自己做了錯誤的決定，也不會將錯就錯，而會設立「停損點」。他們擁有一條清楚的底線，會想辦法讓傷害降到最低。

特徵4. 擁有內在的平靜

請記得，平靜是一種決定，沒有任何人事物值得你失去內心的平靜。當然，生活中總會有許多令你感到心煩意亂的事情，比如你的好意被他人曲解、某天的無心之語變成以訛傳訛的假消息，種種不如意會讓你以為人生艱難、快樂難求。但其實，這些外境不過是生活的一種鍛鍊。內心強大的人對各種批判往往能一笑置之，他不在意他人的眼光，更不會拿別人的評論來定義自己，因為他心中自有尺度，懂得擺脫別人口中的自己，選擇用內在的安寧來面對這些喧囂。

心理學家榮格（Carl Gustav Jung）說過：「在你能有意識地觀照潛意識的運作之前，它會主導你的人生，而你會以為那是命運。」這和莎士比亞（William Shakespeare）說的「個性造就命運」如出一轍。若能靜下心來檢視，就會發現外在發展往往與你的內心有關聯，因此，想要改善生活，就要從內心做起，以下提供幾點方法：

方法❶ 相信我們能決定自己的認知，以及想要擁有的感受。

成功金句 人字兩筆：一筆寫前進，一筆寫後退；一筆寫逆境，一筆寫順境；一筆寫付出，一筆寫收穫。

方法 **2** 學會寬恕，減少批判他人的行為，不把情緒綁在他人身上。

方法 **3** 與其停留在過去的不足，不如專注於未來的目標。

方法 **4** 多運用正面積極的想像力，在心中製造正向且充滿愛的影像。

🚀 特徵 5. 高度自律，持續朝目標邁進

新的一年到來時，大家都會設立目標，等到年底才驚覺竟然都沒有達成，在每年重複許下同一個新希望時，不妨先停下腳步，檢視自己是否踏進兩個失敗盲區。

盲區一、跟著別人喊目標

每年跨年前後，總會看到別人設立一些遠大的目標，像是「明年要存下 200 萬！」「明年工作業績要翻倍！」等，這些當然都是激勵自己的絕佳話語，卻不見得是你發自內心想爭取的事物。想要突破自我，就得先學會不人云亦云。因為如果只是跟著大眾喊，過不久就會開始說服自己：「這太難了。」「其實沒完成也沒關係。」輕易放棄原本的目標，畢竟這些期望並非出自你的真心。

盲區二、拖延與懶惰

明明想要存下第一桶金，刻苦地儲蓄了一陣子，卻敗給一件理想上衣、一個限量款包包、或一頓大餐嗎？想要提升業績，卻因為一次的工作拖延，導致後面所有事項都跟著一拖再拖，想想看，在慾望面前，你的雄心壯志敗下陣來幾次呢？

我們來看一則有趣的事實，哈佛大學在一九七九年，曾經對商學院MBA學生做了一項調查：「有多少人對未來設定出明確的目標？」當時的調查裡面，84%的人沒有明確目標；13%的學生有明確目標，但沒有寫下來；剩下的3%則有明確目標，並且將之寫下來，甚至包含詳細的執行計畫。

十年後，哈佛大學針對同一批畢業生做了調查，有了重大發現。

★ **13%設定目標的人（沒有寫下來）**：相比那些沒有明確目標的人，這群人的平均收入高出2倍！

★ **3%設定目標的人（寫出來且訂定計畫）**：平均來看，他們的收入比沒有明確目標的人高出10倍！

以這個倍數去計算，假如沒目標的人月薪是22K，那有寫下目標與具體計畫者的月薪就高達220K！成就比別人高10倍，差別竟然只是「把目標寫下來」。這群畢業於美國哈佛大學MBA的學生，資質都是有目共睹的，理論上畢業後的成就應該差不多，就算運氣各有不同，差距也不至於高達10倍。從這個案例就能看出「寫下目標與計畫」的功效超乎一般人的想像。

既然「明確目標」的影響力如此巨大，我們當然要掌握設立的方法，以下就提供「4原則＋2技巧」給大家：

★ **原則一、明確具體＆可量化**：假如你的目標是「退休」或「財務自由」，這就不夠明確，因為只要辭職就可以過退休生活（只是一般

(成功金句) 生命就像籃球賽，你愈認真付出愈遭嚴密防守。要不斷超越阻礙，因為累積的成功與失敗，將成就精彩人生。

人有存款考量，無法說退休就退休），你需要的是可量化的說法，例如「存下一千萬退休金」就是具體目標。

★ **原則二、現實度＆有可能達成：**既然是想要達成的目標，就必須考慮你的能力與現況，才有可能做規劃，否則只會淪為白日夢而已，例如：毫無根據地寫下明年賺一億、上火星等就不切實際，定下這種目標就彷彿在浪費時間。

★ **原則三、有時效性：**拖延是人性，所以請訂出何時完成的明確時間。比如「明年六月十五日」這個日期就比「明年六月」要具體，你甚至可以把事項寫在你的年度規劃表上，按表操課，逐步完成。

★ **原則四、明確的執行計畫：**「千里之行始於足下」，設立了前行的終點，也必須踏實地邁進才能達成。比方說「減肥十公斤」雖是目標，卻無法執行，此時你必須考慮HOW，「每天跑步三公里」才是明確可執行的事項。

　　除了以上的四原則之外，若另外加上兩個小技巧，成功率會更高。

★ **技巧一、寫下會遇到的障礙：**這個技巧的功效在於「事前做好心理準備」。新手業務員拜訪客戶時，最常遇到的就是因為被拒絕而大受打擊，多個兩、三次之後，甚至會因此放棄當業務員。但假設在開口之前，已經做好覺悟，那就算被拒絕，心情也能很快恢復，繼續跑下一個客戶，進而達成長期目標。事先寫下障礙，不代表障礙能被解決，但你至少不會因為一次失敗就一蹶不振。

★ **技巧二、寫下願意付出的代價：**試想一下，下面哪一種方案比較容易成功呢？

方案❶ 我今年要看100本書
方案❷ 我今年要看100本書，每天午休時間進行，可能很累但值得。

　　任何人都看得出來，寫下方案2的人，成功看完一百本書的機率必定遠大於方案1的人，因為他的計畫透露出決心，並包含實際做法。

特徵6. 對他人及自己常懷同理心

　　佛家說：「常懷慈悲喜捨之心。」是指要有心帶給他人利益與幸福，讓周遭的人感到快樂。悲能拔苦，是同感其苦，憐憫眾生，掃除他人心中的不利與悲傷。喜是隨喜，看到別人快樂、優秀，也為之開心，並希望他們能更加優秀，喜上加喜。捨為平等，是放下心中執念，放下對他人不平等的看法，例如貪執、嗔恨、親仇。

　　同理心正是情商高低的關鍵，可能正是因為少了同理心，你才總覺得自己情商比他人低。為什麼有的產品設計會大受歡迎？因為設計者能站在用戶的角度思考。為什麼有的銷售經理業績非常好？因為他能站在客戶的立場想。為什麼有些人擁有特別好的人際關係？因為他能站在他人的位置想。人總是以自己的角度去觀察世界，不自覺地以我獨尊，而同理心就是能讓人換位思考，客觀地理解對方的內心感受，

成功金句 我可以穿越雲雨，也可以東山再起。

且把這種理解傳達給當事人的一種交流方式。

想要做到同理，首先要承認對方的感受，無論快樂或悲傷，都不要急著否決說「還好吧？」、「你這樣太鑽牛角尖了。」即便我們很難百分之百地了解對方的內心，但請試著感同身受，並告訴他：「我理解這種感覺，你並不孤單。」因為易地而處，身處低潮時，若有人能夠體諒自己的心情，我們也會對他產生好感。然而，能做到同理心並非易事。即便設計產品時能站在用戶的角度思考，也不表示我們能將這種思維全面性地應用在生活中，所以佛家才常常需要誦經，來告誡自己。但我們並非佛家弟子，所以當自己失去同理心時，也毋須太苛責自我。雖然有些人天生的共情能力就比較高，但並不表示同理心無可磨練，生活中，還是可以透過一些做法，逐步提升這項能力。

★ **觀察自己，是理解他人的第一步**：弄清楚自己為何在某些情況下，會產生特定的反應（如難過、生氣等），了解之後，當別人也做出與你相同的反應時，你便能感同身受、理解對方，因為你也是如此。

★ **磨練觀察力，練習推測**：在路上、餐廳、公共汽車上、別急著滑手機，多觀察人的表情、動作，來推測其心理狀態。想要進一步磨練，也可以在看影集或電影時關掉聲音，透過觀察表情與口型，來想像劇中人物說了什麼。

★ **除了眼見，還需要耳聽**：請記得：所有人都會有情緒失控的時候。不要光憑外表來看一個人，更重要的是去理解對方的精神狀態。例如看到同事火冒三丈，不要立即判定對方脾氣火爆，而要透過交談

去理解原因。

★ **討厭一個人，請找出合理的理由：**永遠不要因為和自己不同，而討厭他人。想判斷一個人，就必須多蒐集他的相關資訊，明白他的為人處世，才能做出正確的判定，採取最適當的反應。

🚀 特徵 7. 幽默看待負面事物

回想一下，你的童年是否充滿歡樂，一點小事都能讓你笑半天？但不知從何時開始，你的笑容驟減，也失去搞笑的能力。美國輿論研究所的蓋洛普調查（Gallup Poll）發現，一般人是在二十三歲左右開始失去笑容（或者說「幽默」這項能力），專家稱之為「幽默斷崖」（humor cliff）。弔詭的是，二十三歲也是一般人開始工作的時間點。沒錯，職場讓人失去幽默感，待得愈久，幽默感就愈低下。原因之一在於，職場不容許錯誤，開錯玩笑更可能招致嚴重的後果，因此，大家愈來愈小心翼翼，怕一個失言讓自己錯失升職機會或被離職，謹慎到幽默細胞都快滅亡了。千萬不要以為失去幽默感微不足道，正因為它會影響大眾的生活，所以史丹佛商學院的 MBA 課程才出現幽默課（Humor: Serious Business），教大家如何認真地搞幽默。

幽默課的兩位老師，珍妮佛‧阿克（Jennifer Aaker）與納歐米‧巴格多納（Naomi Bagdonas）說，在職場，輕鬆（levity）與嚴肅（gravity）這兩項元素必須同時存在，而且必須巧妙地拿捏分寸，只有真誠的幽默，才能帶來人性、謙遜與智慧的光芒，讓別人更願意相

成功金句 寧願做事不完美，也比毫無作為要好。

信你，這對擔任主管職的人來說至關重要，但現實卻與理想狀況背道而馳，此刻各大企業面對的，是一個信任度快速降低的場域，部屬對於主管的信任度只有更低，沒有最低。

《哈佛商業評論》（Harvard Business Review）於二〇一九年的調查發現，竟然有高達58%的工作者，寧可相信陌生人的善意，也不願信任自己的主管。更嚴重的是，其中45%的受訪者認為，不信任感正是他們工作表現不佳的元凶。諷刺的是，55%的CEO也承認，信心危機是企業難以成長的主因。對此，珍妮佛・阿克與納歐米・巴格多納在二〇二〇年《認真的幽默吧》（Humor, Seriously : Why Humor Is a Secret Weapon in Business and Life）一書中提出了解方，幽默正是消弭信心危機的良藥。

那麼，要如何才能培養出適度的幽默感呢？以下提供幾個方法：

方法一、有良好的心態

想要培養幽默感，首先要調整的是自己的心態，雖然做不到「不以物喜，不以己悲」，但是也要盡量保持積極的態度，心態夠好，才能看到問題和事情的多面性；看見不一樣的角度，才可能運用幽默的方式來表達。

方法二、不要隨便拿別人開玩笑

大家都喜歡開別人的玩笑，覺得那也是一種幽默，但易地而處，當別人也用同樣的方式開自己玩笑的時候，你就不高興了。因為這不是幽默，而是訕笑，是不好的舉動。若自己有些事不能讓別人開玩笑

的話，可以明確地跟對方說；當然，他人肯定也會有不可觸碰的領域，自己也不要隨便去開玩笑。

方法三、放下面子，敢於自嘲

很多時候我們都會把自己看得太重，希望把自己最好的一面展示給別人看，若有人崇拜，心裡就更喜不自勝。但想要提高幽默感的話，就要勇於放下面子，甚至敢於自嘲，藉此培養出絕佳的幽默感。因為連自己都能調侃的人，在面對各種狀況時，自然更有能力輕鬆以對。

方法四、從影片和書中多觀摩

一開始不知道從何著手的話，影片和書是個很好的切入點。電視、電影和綜藝節目會出現搞笑的台詞或你意想不到的表達方式，把這些記下來，透過模仿的方式來提高幽默感。

方法五、即便摔倒，也別忘記逗別人笑

培養幽默感最重要的一點是：即便身處尷尬或不幸的時候，還能想到用幽默的方式來表達自己的遭遇。比如你摔了一跤，膝蓋都流血了，在別人擔心自己傷勢的時候，可以說，聽說某家醫院有個護士很漂亮，自己剛好有理由去看了，用這種幽默的口吻來回應朋友，一方面可以讓大家放心，同時別人也會透過你的反應，發現你是個充滿正向能量又樂觀的人。

上面都是能提升幽默感的做法，但請記得，你的幽默感只是性格當中的加分項，請不要因為追求幽默，而忘記自己原本的模樣，畢竟

無論你怎麼改變或進步，做自己才是最好的。

 # 高RQ者vs.低RQ者

我們來看一個例子，就會發現面對同一件糟糕的事情，隨著心理韌性商數值的高低不同，將產生不同的心境與結果，透過以下的故事來思考一下，你遇到事情的反應比較偏向哪一種呢？

辛苦地工作了一整天後，小華與玲玲開心地迎接下班時刻，兩人在回家的路上順道採買了日用品，踏著輕鬆的腳步前往捷運站，心情非常愉快，直到出捷運站時，赫然發現電扶梯竟然遭到破壞而無法使用，只好拎著剛採買的沉重日用品，不情願地爬樓梯，可是這段樓梯剛好特別長，兩人爬得氣喘如牛，感到非常生氣。

小華立刻對著故障的電扶梯破口大罵，咒罵造成電扶梯故障的人為渾蛋，以及沒有將電扶梯修好的台北捷運公司有多差勁，罵到最後變成認為自己最近運氣奇差無比，才會遇上這些鳥事。爬完樓梯後，小華氣呼呼地打電話給台北捷運公司申訴。

玲玲也很惱火，但在看到小華的情緒反應後，立即自我警惕：發脾氣與大罵根本於事無補。她念頭一轉，想起自己整天坐在辦公室，運動量不足，不如趁機活動筋骨，於是默默走上樓梯，爬完樓梯的同時，想到自己完成了一天的運動量，竟感到有點開心。回到家的玲玲

心平氣和地打給捷運公司申訴，並堅持要對方盡快修復。

　　看完這則故事，希望大家能反思一下：遇到無法改變的情況時，你會怎麼辦？你會像小華還是玲玲？兩人的想法其實都有根據。小華認為破壞電扶梯的人是害群之馬，而且台北捷運公司本該盡速處理故障，不應該造成旅客不便，他說的沒錯；玲玲的想法也很有道理，把幾十公尺的樓梯爬完，正好可以當作運動。而具備高心理韌性商數（RQ，Resilience Quotient）的人通常會採取玲玲的想法與行動，發現電扶梯故障時，他們不會馬上發脾氣，而是會先自問：「有沒有辦法改變這種情況？」假如無法改變，他們會提醒自己事情都有利弊兩面，並思考「這個事件的正面意義是什麼？」他們會轉換思考模式，甚至還會覺得爬樓梯活動筋骨是意外的收穫，就結果而言，高RQ的人能從容地面對無法改變的事，不會讓外境影響自己的好心情。面對無法改變的情況，不必感到束手無策或發火，首先應該做的，是接受眼前的情況（即便你萬般無奈也一樣），並接納隨之而來的負面感受。接著，你可以採取以下五個自主練習，以提高心理韌性商數為目標，從容應對挑戰。

方法❶ 如實接受當下的處境，人生本來就不全是正面的。

方法❷ 脫離當前的處境，不要強迫他人改變。

方法❸ 再次考慮是否有改善情況的可能性。

方法❹ 在看似負面的處境中，嘗試發掘正面的意義。

方法❺ 專注於自己可以影響的事物上，而非既定事實。

成功金句 聰明是用腦思考，智慧則是用心領會。聰明的人拿得起，智者卻要放得下。

如何提升心理韌性商數

心理學家馬斯洛（Abraham Harold Maslow）的需求理論指出，隨著社會資源愈來愈富足，人類的需求層次會愈往內在追求，從生理需求（只求吃得飽、穿得暖）轉向自我實現的需求（比如成就感），而心理韌性商數就是能平衡內心的關鍵要素，因此成為現代人必須培養的關鍵特質。

一般而言，心理韌性商數分成七個面向，我們可以從以下的圖表理解，並自我評估，請以 1 ～ 10 分為範圍，寫下自己在七個領域的表現，最後再以平均值 5 分去檢視與平均值落差較大的是哪幾個項目。

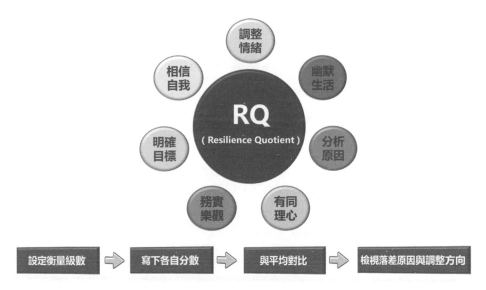

🚀 提升 RQ 分數的三個提問

總結了分數與弱項之後，可以進一步從「內在想要」、「外部需

求」與「行動方法」來分析，就能找出最適合自己的提升方法。

提問❶ **內在想要**：我應該特別加強哪個要素？

提問❷ **外部需求**：在哪種情況下，最需要這項要素？

提問❸ **行動方法**：為了強化這項要素，我應該做什麼？

　　透過如此不斷的思考，不僅能更加了解你心理韌性的現狀，更能明白自己在什麼情況下，心理韌性會不足。察覺了自己的弱點落在哪幾項之後，便能針對這幾處做改善。

🚀 轉換視角來認識自己

　　美國社會心理學家喬瑟夫・魯夫特（Joseph Luft）及哈利・英格漢（Harry Ingram）提出的周哈里窗（JoHari Window）能幫助人們更理解自己。他們以「理解度」將人的內在分成四個區域，說明如下：

★ **區域一、開放的我**：我知道，別人也知道。一個人的興趣、專長、愛好往往屬於這個領域，比如我喜歡喝咖啡，別人也知道。

★ **區域二、盲目的我**：別人知道，但我不知道，也就是所謂的盲點。通常為無意識產生的舉動，比如緊張時會摸頭髮的小習慣。

★ **區域三、隱藏的我**：我知道，別人不知道，通常為我刻意隱藏起來的特質，比如一個自卑的人反而刻意表現得自傲，將自信低落的那一面隱藏起來。

　成功金句 只有兩件事可以剝奪你現在的喜樂，一個是你對過去的負面思想，一個是你對未來的悲觀態度。

★ **區域四、未知的我：** 我跟別人都不知道的未知領域，待開發的潛力

屬於這一類，一般認為年輕時這部分的區域會比較大。

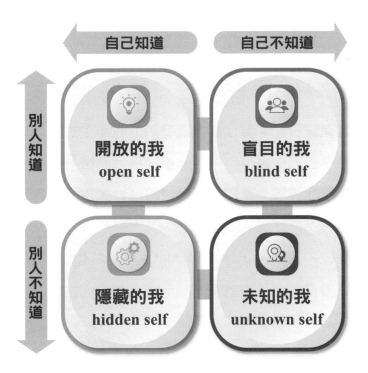

透過「自我揭示」，你可以將自己隱藏的那一面性格展示給朋友

看；「請求反饋」則可以通過別人的敘述，幫助你從盲目區進化到開

放區，你可以找五位親朋好友寫下他們眼中的你，藉此了解自己的盲

點。對自己的認識愈深，挑戰來臨時，就愈明白自己為何會採取特定

行動，懂得跳脫自身的缺點，找出最適合的處理方法，這就是心理韌

性商數高者有的思考模式，他們比任何人都清楚自己的強項與弱點，

所以能採取最佳行動。

 觀察事物的正面性

「危機就是轉機。」是許多人會掛在嘴邊的一句話，但真正面臨危機時，能轉換視野的人卻不多。遇到突發狀況時，你是否經常覺得難以調適呢？其實，積極正面是需要培養的，你可以透過三個日常作為來潛移默化，提升自己的積極度：

練習❶ **書寫幸福日記**：專注在「擁有」，而非失去。
練習❷ **聚焦於自己的實力**：擁有健康的自我評價
練習❸ **發現自我強項**：鞏固你擅長的領域，並接受新嘗試。

有的時候，生活向你扔了一顆檸檬，你卻不知道該怎麼把它變成檸檬汁，只好獨自苦思、進退兩難。我們都會遇到讓人頭疼的挫折。這個時候，就是心理韌性商數發揮關鍵作用的時刻，它就像你的超能力，讓你在困境中跳得更高、跑得更快。想要揮別脆弱，讓自己變得更強壯嗎？那就吸收本篇的內容，並投入實踐，讓 **RQ** 幫助你成為一個能笑對風雨的人吧！

成功金句 能從人生谷底爬起來的人，都擁有一顆無論遇到何種考驗，依然相信自己能克服的豁達之心。

檢視**放大鏡**

你的挫折恢復力有多高？

11-3

　　人生中的每一次的挫折和困境都像一個個關卡，等著你挑戰，而心理韌性就是你的超能力，讓你遊刃有餘地闖關成功。以下問題請用 1 ～ 5 去給分，若敘述完全符合你，就給 5 分；完全不吻合的敘述則給 1 分，準備好了嗎？讓我們一起探索內在世界，發現自己的心理力量吧！

	敘述／問題	分數
Q1	跟別人講述自己的失敗，我不會覺得尷尬。	
Q2	睡前回想這一天，我腦中會先浮現值得感謝的人事物。	
Q3	經歷失敗或挑戰後，我會回想我學到了什麼。	
Q4	發生突發狀況，我第一個浮現的念頭是「如何解決它」。	
Q5	若發生天大的意外，我覺得自己還是能笑得出來。	
Q6	面對意外狀況，我通常能想出三個以上的方案。	
Q7	遇到困境，我喜歡和他人討論，而不是一個人思考。	
Q8	就算計畫卡關或告吹，我也很少會苛責自己。	
Q9	我不太會思考未來的事，基本上只考慮當下。	
Q10	與人約會卻遇到塞車，我會冷靜應對，而非焦慮不安。	

解答與分析

類型A 總分41～50分【屹立不搖的鋼鐵人】

你簡直就是電影裡的英雄人物，挫折恢復力高到令人佩服！無論遇到什麼困難，你都能迅速處理，就算失敗也不灰心喪志，能快速復原，變得更堅強。這樣的你，不僅讓人感到欣羨，還能帶給周遭力量與勇氣，無論是生活中的小插曲或重大的變故，你都能堅強應對，別人是靠山山倒、靠人人跑，你則是靠自己闖下一片天，即使在最黑暗的時刻，也能以自己的意志與能力克服危機。

★ **加分TIPS**：性格堅忍的你，如果能融合包容的心胸、柔軟的姿態，就能成為他人眼中的一縷陽光喔！

類型B 總分31～40分【經驗主導的老手】

在人生的賽道上，你一直秉持著「關關難過關關過」的心態前行，大部分的時候，你都能依靠自身的智慧與經驗，扛下眼前的重擔。但正所謂「馬有失蹄，人有失足。」就算是經驗老道的你，也會有難以跨越的危機，這時候，你不免邊喝著手邊的咖啡，邊哀嘆「怎麼就這麼棘手呢？」別擔心，就算偶有氣餒或手足無措的時刻，你不屈不撓的精神與過往的經驗，都會成為你強力的後盾。一時被壓力淹沒也不要害怕，請停下腳步、深呼吸，並告訴自己「沒問題，我一定能解決。」

因為你就是這麼有能力的人！

★ **加分TIPS**：生活或許會給你一些難題，但你擁有足夠的智慧和勇氣去面對它們。再困難的情況也擋不住你前行的腳步，因為你擁有讓人羨慕的活潑與樂觀！

類型C **總分21 ～ 30分【偶爾被擊倒的運動員】**

生活中有一些人，就像剛學會走路的幼童，他們每一次跌倒，感受到的痛楚都比別人更多，所以，不甚嚴重的挫折可能帶給他們莫大的打擊，你剛好屬於這類型的人。這樣的你，可能曾經在失敗的道路上被絆倒，看著別人朝目標飛奔，你卻始終沒有站起來的勇氣。那些挫敗和淚水，就像壓在心上的巨石，讓你喘不過氣。不過，這並非你的全部。柔軟內心的另一面，是強大的感受力與同理心，因為自己痛過，所以你更明白他人跌倒時的痛楚；經歷過失敗的滋味，所以不會嘲笑別人的掙扎，在別人眼裡，你就是帶來溫暖的春風。

★ **加分TIPS**：你不需要忘記痛苦，但可以學會用不同的眼光看待它們。每一次的跌倒，都是學會走路的過程；每一次的失敗，都會讓你更接近成功。下次遇到困境時，不要馬上灰心。告訴自己，這只是暫時的，你一定有能力跨越，就像曾經克服的每一項挑戰。

類型D **總分10 ～ 20分【尚待磨練的溫室植物】**

你是不是像溫室植物一樣，明明嚮往外面的風光明媚，但一想到

可能遭遇的風雨，就還是寧可待在原地不動呢？嘿！這世界上有那麼多的事情等著你去探索、享受，你卻因為恐懼而止步，太可惜了吧！在你哀嘆生活一成不變的同時，可得想想，是不是因為你那故步自封的心態，才錯失這些樂趣與挑戰呢？打開心扉吧！不要把自己封閉在小小的舒適圈裡，多和人交流，你才能體驗這個世界的多彩多姿。就像是一場冒險，雖然你永遠不知道下一個轉角會遇到什麼，但在這個過程中，你肯定會蛻變，變得愈來愈堅強、自信。

★ **加分 TIPS**：心理韌性商數是能帶著你踏上人生旅途的最佳工具，請勇敢地踏出那一步吧！世界如此廣闊、你的潛力也尚待挖掘，持續練習，每一個經歷都會讓你成長，變得更加心智堅定。

敏　銳　商　數

Sensitivity Quotient

SQ,

12-1 重拾幸福的職能治療

焦點人物 *楊雅雯*

資歷簡介 *About Me*

🎯 專業頭銜

- 📍 中山醫學大學職能治療系
- 📍 新莊仁濟醫院 精神專科職能治療師
- 📍 林口長庚醫院 兒童發展科實習職能治療師
- 📍 台北聯合醫院松德院區 精神專科實習職能治療師
- 📍 台灣風信子精神障礙者權益促進協會 社區復健中心職能治療師
- 📍 多元智能檢測分析師

🎯 資格與證照

- 📍 高考合格職能治療師
- 📍 專業認證腦波調頻師
- 📍 專業認證聲光音療癒師
- 📍 INHA 美國國際自然療法師協會會員

成功金句 未來屬於那些在事情變得明顯之前就看到可能性的人。

ⓞ NAHA美國國家整體芳療協會會員

ⓞ 中華NLP神經語言程式學全球發展協會認證NLP執行師

現職：美國華人創業團隊 Brain.co 公司

ⓞ 情緒遊戲系列繪本主編

ⓞ 專聘協助兒童社交力與注意力腦機接口產品之開發

生平故事 Introduction

嗨！你聽過職能治療嗎？

　　嗨！我是一位執業十四年的職能治療師，我很喜歡我的工作，在這個專業角色中，我得以更好地幫助許多人恢復或提高自己的生活品質，看著人們活得更有自信的模樣，這份成就感就讓我覺得自己的存在很是美好。

　　如果你不曾接觸過復健科，這或許是你第一次聽到職能治療！很多人一聽到職能治療，第一時間都以為這是一項在幫助人們回歸職場工作的專業。你是不是也這麼認為呢？其實，並不是這樣的哦！

　　職能治療是一個以全人觀點為基礎的治療方法，強調個案身心狀態與外界環境之間的相互關係和影響。職能治療師會將個案視為一個整體，並根據個案的狀況和需求，制定個性化的治療計劃，從多個方面來幫助個案恢復或提高職能水平，確保每個人都能獲得最適合的幫助。

　　職能治療師是一個在醫療和社區環境中工作的專業醫療人員，我們的工作場所非常廣泛，在職能治療師的培訓或就業階段中，我們多半會進入各種的醫療和社區環境，例如醫院的精神科、復健科、燒燙傷中心、兒童發展科等，或社區裡的復健中心、老人安養院、學校和家庭等。這些實際的經驗讓我們能夠更好地了解個案的需要和處境，並提供適當的治療和支持。然而，無論身處何處，我們職能治療師所秉持的核心價值，都是在幫助人們通過各種『有意義的目的性活動』來提高自身的身心功能和生活品質。

　　為了給個案更好的幫助，在醫療單位裡，職能治療師通常都會與其他專業醫療人員合作，如醫師、護理人員、物理治療師、語言治療師、心理師和社工師等等，以便全面地照顧個案，滿足他們的需求。雖然我們都穿白袍，但每個專業都有不可忽視或無法被取代的價值，我們不是醫師，也不是護理人員，我們是職能治療師！我真心希望這世界上有更多人能用正確的角度，認識職能治療師這個角色的存在價值和我們可以為人們帶來的幫助。

：讓親子在互信互愛中一同創造更多的幸福力

🎯 走入兒童復健科的初心

　　剛入職場的前五年，我在精神專科醫院和社區復健中心擔任精神科職能治療師。那段時間裡，我看到很多動作緩慢、反應遲鈍、生命

成功金句 敏銳意味著你能在千人一面的事物中，發現那獨一無二的特質。

力薄弱的精神患者，最令我印象深刻的就是有好幾位十幾歲就發病的憂鬱症患者、躁鬱症患者、焦慮症患者等。

　　有一次，我在某個社區復健中心負責一門藝術治療課程，藉由一位青少年對自我畫作的解說，我才知道他的父母早年對他的學業成績有著過高的期待，導致他出現許多難以消化的情緒，在長期的壓力下，他開始出現了思覺失調症狀，他的內心充滿了很多相互攻擊的聲音，這讓他難以平靜地生活，最後只能休學療養。聽了他的遭遇後，我的內心感到落寞不已。那陣子，我花了許多時間，深入查詢了大量的相關資料，發現有不少科學研究和相關報導都提到了教養環境對精神疾患的影響性。

　　有研究指出，早年經歷的虐待和情感忽視很可能與成年後的精神健康問題有關。一項研究更明確提出了一個結論，有虐待經歷的人比沒有虐待經歷的人更容易患上抑鬱症和焦慮症等精神疾患。另外，也有研究發現，幼年時期的環境刺激和壓力可以影響成年後的大腦發育和功能。例如，幼年時期的慢性壓力可能會影響杏仁核的發育和功能，進而增加患上焦慮和情緒失調等精神疾患的風險。

　　還有一項研究發現，父母的教養方式也會對子女的情緒和行為問題產生影響。該份研究的結論指出，過度控制和保護的教養方式很可能增加孩子患上焦慮和情緒失調等精神疾患的風險。當時，我認為家庭教養的環境並非誘發精神疾患的主要因素，然而，當我看著各種相關的研究報告時，我不禁思索，如果這世界上能有更多專業人員服務

小年齡段的個案,一同呼籲和輔助家長建立一個更有支持性的教養環境,減少壓力和虐待等不良經歷,並提供適當的支持與關懷,提升孩子內在的幸福感,那是不是可以更有效地預防精神疾患的發生或降低精神疾患的嚴重程度呢?

於是,我就一鼓作氣地離開了精神專科,轉到了兒童復健科就職。我當時的想法很單純,就只是希望能離家長更近一點,或許我能幫助更多家庭營造更好的教養環境,讓更多的孩子快樂地長大成人。

為什麼開始推廣幸福教養?

在兒童復健科工作的那幾年,我經常看到許多家長每天都積極地帶著孩子到醫院做復健。然而,雖然治療人員在課後都會熱心地跟家長分享對應的養育建議,但確實有很多父母都認為自己不是專業人員,而且也不知該如何在家裡克服困難和運用所學的技巧,因此多半很難有效地調整對孩子的教養方式。

我經常聽到有家長反應孩子在家裡和在醫院裡的表現有著很大的差異,我想這跟居家環境的干擾以及親子之間的互動方式有著很大的關係。漸漸地,我發現在醫院裡宣導正向教養觀念的效果非常有限。許多孩子若在正確的引導之下,明明能有更穩定的情緒狀態,但如果父母在家仍然採用舊有的教養方式,家庭氛圍確實很難有所改變,親子關係當然也不可能好轉,這種困境讓我一度感到有些沮喪。

當時，很多職能治療師都紛紛開實體課程或撰寫文章談論如何提升孩子吃飯、寫字和感覺統合等身體技能，我卻擔心這些分享會讓家長花更多的時間鍛鍊孩子的身體技能，而忘了好好地關注孩子的內在感受和想法，這種情況很容易讓『家』成為一個教與學的壓力源頭。職能治療師可以分享的專業知識確實非常廣泛，許多職能治療師分享的兒童發展主題也都非常棒，只是我也很希望能推廣更為核心的養育重點，於是我開始思考『家庭能帶給孩子的最好幫助是什麼呢？』、『家庭教育對孩子最大的價值到底又是什麼呢？』。

『家』本該是一個談愛的地方，但如果每天的親子時光都被各種課程和訓練塞滿，家長無法感受到養育的快樂，孩子也體驗不到成長的成就感，那麼自然很難建立穩健和健康的親子關係。倘若我們能透過家庭教育將孩子的內在幸福感培養出來，孩子便能更容易達成自己的目標，並對生活充滿希望和動力，這無疑是為孩子的未來打下充滿自信和安全感的基礎，讓孩子在未來的人生道路上更加順利。

因此，我積極地推廣正向的家庭教育，希望能透過這些做法，讓更多家庭重視培養孩子的幸福感。秉持著這個想法，我在網路上創了一個facebook粉絲專頁『職能治療師楊雅雯‧幸福教養』，我在粉絲專頁上分享了許多如何正確理解孩子的內心世界，或友善地與孩子相處的養育技巧。

不僅如此，我還主動聯繫了各地的托嬰中心、幼兒園、國小等單位，希望能藉由走入人群裡，開辦系列的親子講座或親子活動，進而將幸福教養的觀念推廣給更多人知道。每次課程結束後，看見家長更懂得如何有技巧且友善地與孩子互動，我內心都能感受到一股暖流，真心希望這種幸福感能傳給所有人。

為特殊兒童家庭提供協助

走入家庭，陪伴 1000 個特殊兒童家庭解決核心養育困擾

因緣際會下，我被聘到中國大陸擔任特殊兒童機構的專業督導，除了直接為特殊兒童提供復健訓練之外，我也為多家特殊兒童機構培訓一線復健人員。有一次，某家特殊兒童機構的老闆邀請我到她家作客，她的孩子本身是一位高功能自閉症患者，在那次聚會中，我實際地觀察到了親子在家庭中真實的互動狀況和養育困擾。

> 嘿嘿 杨老师真的是个正能量满满的人 热爱生活 也给了我们希望☺，刚和他爸说忘给您带点特产了，您把您杭州地址给我发过来，我等天气再凉一点的时候寄点特产给您　　内蒙古。乌审旗

成功金句 哭泣不能減少昨日的悲傷，只會削弱明日的力量。

我發現孩子在自己的家裡會出現許多在復健教室裡完全不會出現的問題行為和互動困難，我也從中看見了家長本身也有很多對教養方式的執著與盲點。於是，我決定開展直接入戶提供育兒諮詢的服務，兩年的時間裡，我實際地走訪各地，服務了將近 1,000 個家庭，北至內蒙古，東至哈爾濱，南至海南島，西至新疆，我幫助了許多特殊兒童家庭，解決父母們核心的養育困擾，並協助建立更好的親子關係與家庭氛圍，這讓我的內心感到很踏實。我真的很喜歡職能治療師的這個身份，也很高興自己選擇踏入了這個領域，直接走入真實生活中，才得以幫助到這麼多的家庭。

简介

自闭症儿童仿佛永远都沉浸在自己孤独的世界里，常常被称为「星星的孩子」。在这个专栏中，作者阿特分享了过去多年与自闭症孩子和父母交流的点滴故事，用简单易懂的话语带着

　　職能治療師（Occupational Therapist）的縮寫是 OT，而我最喜歡的動物水獺的英文正是 OTter，於是在那段時間裡，我以阿特 otter 之名在網路創作平台簡書撰寫了我的自閉症治療手札，紀錄我在機構

以及家庭裡所見的真實故事。很榮幸地，沒多久我就成為簡書的簽約作者，獲得5.5萬個粉絲，並在知乎出版了我的第一本電子書《總得有人去擦亮星星：自閉症康復手札》，在網路上感動了許多家長，也走入了更多家庭，幫助更多人在一地雞毛的育兒生活裡找回平靜的內心和自我。

作為一位職能治療師，我的職責是促進孩子們的身心發展，提升親職功能，進而改善親子關係和家庭的生活品質。然而，在多次的育兒諮詢中，不少家長都發現養育孩子其實是一條療癒自我的生命旅程，因為我給的從來都不是育兒的SOP，而是陪著家長一起看見在養育困境後的情緒源頭。

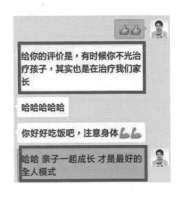

我相信，生命的意義在於幫助他人，讓更多人享受到生命的美好。在與家長們交流的過程中，我學會了如何保持耐心和同理心。我會仔細聆聽他們的疑惑和困擾，並且盡力為他們提供幫助。這樣的交流也讓我更能夠理解每個家庭的獨特需求和挑戰，以及如何幫助他們更好地與自己的孩子相處。有一次，一位家長對我說：「有時候，妳不光治療孩子，其實也是在治療我們家長！」那時候，我深刻地感受到了我所提供的育兒諮詢對於家長的影響，我除了能夠幫助他們理解孩子的需要和問題，減輕他們的焦慮和不安之外，還能為他們提供實用的解決方案，讓父母更有信心去面對孩子成長過程中的挑戰。

因此，我相信我的工作不僅僅是在治療孩子的問題，更是在協助

成功金句 渴望的程度是人生唯一的限制，一個人是否能夠改變自己的人生，看他展現出來的態度就知道。

家庭建立良好的溝通與相處模式，進而提升家庭的整體幸福感。這也是我不斷努力的目標和動力來源，因為我想用自己的生命影響他人的生命，讓更多的人活出溫暖飽滿的生命狀態。當家長和孩子都能夠獲得成長和幸福時，我也會感到自豪和滿足。我會持續不斷地學習和進步，以提供更好的服務和解決方案，讓每一個家庭都能夠得到最好的支持和幫助。

最後，我想對過去我所服務過的每一個家庭說，我很榮幸能夠在你們的生命旅途中，陪你們走過一哩路，成為你們的夥伴和幫手。我真心希望每一位家長和孩子們都能找回強大的內在力量，在往後的人生道路上，得以勇敢地面對各種問題和挑戰，拿回自己人生的主導權，活出滿滿的幸福感。

💙老師！每次发视频问您问题 您都可以一眼看出孩子的问题 就像您就在孩子身旁一样 您真的很了解孩子 我在想如果您能直接来看看孩子 一定能给我更多指导 太需要您的指导了 您上次说老公老家也是 福建 的 您和老公可以一起来玩 我带您二位去吃海鲜旅游 😛

嗨 老师在忙吗？我是███的妈妈 先前跟您用语音聊过 真的受益匪浅 我现在才知道老师也有外地入户 我也特别想让老师来我们家这看一下孩子 我在 重庆 这 老师交通和住宿都我们付 想问问入户费是多少呢？看老师方便时 来我们这转转吧 🙏🙏

 歡迎掃描左方**QR Code**加入我的簡書，對我在知乎出版的電子書《總得有人去擦亮星星：自閉症康復手札》有興趣者，可掃描右方**QR Code**。

單親育兒就不會幸福嗎？ Single Parenthood

　　我是一位職能治療師，是一位推廣幸福教養的執行者，同時也是一位單親媽媽。在我剛成為單親媽媽時，我的內在出現了許多自我懷疑的聲音，「我都單親了，還能推廣幸福教養嗎？」、「幸福家庭的定義是什麼呢？是不是同時有爸爸媽媽的家庭才稱得上幸福呢？」這些縈繞在我腦海中的質疑之聲不時困擾著我。

　　後來，我終於想通了，其實幸福家庭的定義很單純，就是一個充滿愛、尊重、支持和關懷的家庭，而且這個家庭可以有許多不同的形式，有些家庭可能由單親媽媽、單親爸爸、同性伴侶或其他家庭成員組成。只要家庭成員互相關懷、支持和尊重彼此的需求和價值觀，這些家庭形式同樣可以是充滿愛和幸福的。更重要的是，一個幸福家庭應該是建立在家庭成員之間的互動和關係上，而不是建立在特定的家庭結構上。

婚內偽單親的內在恐懼

🎯 親愛的，我了解妳內在的恐懼和不知所措！

　　妳曾經起了想要離婚的念頭嗎？我知道有很多女性在面對離婚這個念頭時，都經歷了很多的內在恐懼和不知所措！ 在我剛面臨到婚內偽單親育兒的處境時，內心其實感到非常無助和沮喪，我很想要離婚，但又害怕親戚朋友對我或孩子的指指點點與過度關心。

　成功金句 如果把一種力量凝聚到每一日去實踐，散亂的日子就集成了永恆。

我也曾經非常擔心單親育兒無法養育出幸福的孩子，不確定自己是否能夠照顧好孩子？能否獨自背負養育孩子的經濟負擔和責任？又，我一個人是否能妥善地照顧孩子的身心需求？

　　作為一位單親媽媽，我深知照顧孩子的挑戰與壓力。以這個身分度過了這些年，我深刻體會到單親媽媽總是得獨自消化各種身心壓力的來源，例如經濟壓力、養育壓力和各式各樣的誤解與質疑。在社會上，許多人對單親家庭都有著很深的誤解和刻板印象，例如大眾認為單親的孩子缺乏完整的愛，往後會變得孤僻和自卑，容易變壞；也認為單親媽媽一定很辛苦，無法照顧好孩子，導致孩子失去完整的家庭體驗。其實，這些質疑的聲音非但沒有幫助，還很有可能對單獨養育孩子的母親造成巨大的內在壓力。

　　然而，我的育兒經驗告訴我，單親家庭同樣也可以擁有幸福、穩定和融洽的親子關係，而在單親家庭中長大的孩子依然有著深厚的愛和喜悅。所以，我認為一個孩子幸不幸福從來都不是取決於他出身於怎樣的家庭結構，而是取決於他的教養環境。

　　身為單親媽媽，我不會否認單親家庭所面臨的困難與挑戰。但這些挑戰卻也帶來了更多的成長和機會，比如我學會了如何有效率地管理時間、照顧孩子，並在工作和家庭之間取得平衡，同時還能激發出媽媽更多的內在力量、耐力和決心，創造自己真心喜歡的生活。

　　我深信，單親家庭同樣可以為孩子帶來幸福和快樂。我希望能為單親家庭發聲，讓更多人知道，單親家庭並不可憐，我們同樣可以培育出快樂、健康、有趣、聰明和有責任感的孩子。我相信，只要我們

擁有健康的心態和積極的態度，就能夠創造出美好的未來。另外，我更相信在單親家庭中成長的孩子，性格上通常會比其他孩子更加堅韌、有彈性，他們在日常生活中學會了許多技能，如獨立自主、負責任、解決問題等，這些技能在他們的未來生活中將非常有用。

在這個高離婚率和高單親發生率的時代裡，我希望有更多人能正視單親家庭的存在，並以健康和正確的心態看待單親家庭，給予單親育兒的主要照顧者足夠的理解、尊重和支持，這樣才能確保更多單親家庭的孩子能在充滿愛與信任的環境下長大成人，成為一個懂得如何去愛的獨立個體。

因此，我開始推廣單親育兒講座，期許自己透過自身的專業知識和經驗，幫助更多單親媽媽找回強大的內在力量，建立更穩健的親子關係，並在獨力背負養育責任時，仍有餘力在孩子的成長歷程中，帶給孩子更多的快樂和支持。我始終相信，每一個孩子都有權利成為快樂人生的主角，每一位單親家庭的主要照顧者也都有為孩子帶來幸福和支持的能力。

 歡迎相關單位邀約親子育兒講座，可根據不同需求選擇開辦課程，也提供一對一育兒諮詢服務（入戶諮詢或線上諮詢），歡迎加入我的 LINE 或粉絲專頁，私訊我了解更多訊息。

：透過正念冥想和腦波調頻，創造真心喜歡的生活。

成功金句 智慧就是迅速看清事物本質的能力。

家庭成員的社交情緒能力

🎯 提升社交情緒力，全面開啟親子的內在幸福感

另外，我發現不只是特殊兒童家庭，其實許多普通兒童家庭也都存在著教養盲點，並且缺乏正確的教養觀念和技巧，此外，家長們所遭遇的壓力和挑戰也不在少數，比如職業壓力、經濟壓力、家庭矛盾等，導致不少父母在管教孩子時會出現情緒失控或暴力行為，進而影響到親子關係。

研究顯示，家長的社交情緒能力對於親子關係和孩子整體發展都有著極其重要的影響。倘若家長能夠提升自己的社交情緒能力，做好管理和應對壓力，保持情緒穩定，便能更好地理解和回應孩子的情緒需求，並採取有效的互動，促進與孩子的情感交流，建立起積極、健康的親子關係。除此之外，當家長具備良好的社交情緒能力時，孩子也更容易從他們身上學習到如何理解和表達情緒，有助於孩子整體的身心發展。

我真心希望有更多家庭能建立起良好的社交情緒能力，後來我發現了一種很值得推廣的教育法 —— 社交情緒學習（SEL），這個教育法主張要提升孩子的五大核心能力：自我認知、自我管理、社交認知、關係技能、以及責任感。

（自我認知）幫助孩子認識和理解自己的情感狀態和價值觀。

（自我管理）教育孩子如何控制自己的情緒和行為，並制定合理的目標。

（社交認知）培養孩子識別和理解他人情感的能力，以及如何與他人進行溝通和交往。

（關係技能）教育孩子建立正向的人際關係，包括合作、解決衝突、表達愛和尊重等技能。

（責任感）教育孩子對自己和他人的行為負責，以及如何做出明智的決策。

透過五大核心能力的提升，社交情緒學習（SEL）能夠促進孩子們的情感健康、社交技能和自我認識，幫助孩子們建立自信心、增強挫折忍受度、提升生活適應力，進而增加內在的幸福感。

於是，我和強腦科技公司合作，根據社交情緒學習所提出的五大核心能力，共同開發了一套0～12歲適用的社交情緒遊戲繪本，裡面附上了親子遊戲和情緒對話的配件，希望透過輕鬆的居家遊戲與共讀時光，幫助更多家庭，促進親子雙方的社交情緒能力、提升親子之間的情感交流。

若有家長或機構對這套社交情緒遊戲繪本感興趣，歡迎加入我的LINE或追蹤我的粉絲專頁【職能治療師楊雅雯·幸福教養】，私訊我了解更多訊息。

妳總得照顧好自己，才有餘力教孩子如何去愛

身為一位兒童職能治療師，我曾帶過無數個特殊兒童一起成長，也曾走入上千個家庭提供育兒諮詢，以前的我最常聽到家長說我是個

成功金句 幸福並不取決於人生的處境，人生因活在當下而美好。

很懂得孩童心理又溫柔的老師，以後我的孩子肯定很幸福。老實說，我以前也這麼認為，我不僅清楚兒童的身心發展，也懂得陪孩子玩，還發展自己的興趣，我理所當然地覺得，這樣的我一定可以給我孩子很棒的成長環境吧！

就在疫情來的那年，我的孩子出生了，但我卻同時遭遇了失婚和失業的雙重考驗，在接二連三的身心衝擊下，我陷入了嚴重的憂鬱狀態，那時為了不讓家人擔心，每一個白天我都勉強自己面帶笑容，但是一到夜晚，我在熄燈後的房間裡，總能哭到發抖。

那段時期的我，內心充滿了憤怒，每天怨天怨地，還特別埋怨自己，我曾經非常不能釋懷我所遭遇的一切，從小為了長大能過上自己喜歡的生活，我用功讀書、通過高考資格，畢業後也努力工作，卻不察「選擇遠比努力更重要」的道理，我那麼努力，卻選了一個糟糕的對象，所以才會過上那麼糟糕的生活！當時的我完全沒有意識到，正因為這樣的受害者情懷，我才會深陷在那灘泥沼之中。有一天，我正死氣沉沉地摺著衣服，突然聽見我女兒在笑，我看向了她，發現躺在搖籃中的她正因為被風吹得搖曳的窗簾而笑開懷。

我突然有個感悟，原來快樂可以如此簡單！

我走近窗台，望向窗外，吹著風，看著街道上的人悠哉地步行，我這才意識到，無論這窗內的人有著多麼沮喪失落的心情，窗外的世

界依舊正常運作，該吃的吃，該喝的喝，一切依舊美好！我才明白，我之所以過上這樣的人生，問題不是出在我選擇了怎麼樣的對象，而是我選擇了怎麼樣的心情，當我意識到我自己才是往後人生中的主要決策者時，我轉過頭，笑著對我女兒說「我要向妳學習，從今往後，我選擇快樂！」

於是，我開始接觸和練習各種身心靈療癒的方法，在所有的方式當中，我堅持最久的就是靜心冥想練習，在冥想的滋養下，我終於明白「一切就是最好的安排！」我感恩一切，每一段人生經歷和相遇，都帶給我莫大的成長力量。

這一年，我也將冥想技巧分享給許多正陷入育兒困境和婚姻困擾的媽媽們，陪伴更多女性透過靜心冥想或心靈療癒練習，找回內在的平靜與自信。看著越來越多媽媽們學會愛自己，開始帶著愛與感恩養育她們的孩子，我內心真的很高興，這就是我想推崇的幸福教養，願有更多的媽媽們能用愛自己的方式教會孩子如何去愛。

我懂身為媽媽的妳有多累，讓我陪妳找回內在平衡吧！

親愛的，妳是不是也經常忙於育兒，感到茫然，卻又只能盲目地繼續這樣生活著呢？當了媽媽之後的一段時間裡，我曾經完全失去了自我，每天都過著忙茫盲的日子，彷彿做什麼都無法讓自己回到有孩子之前的那種身心平衡狀態。

我曾經嘗試過許多身心靈的課程，希望能找回自己內在的平靜和

成功金句 淚水和汗水的化學成分相似，但前者只能換來同情，後者卻可以為你贏得成功。

平衡，不得不說，每個課程對我都有不同程度的幫助，但我真的找不到一個完全針對媽媽這個族群的身心療癒課程。那些課程教給我的方法，很難落實在我的育兒現場，因此也無法有效地平撫我在媽媽這個角色中所體驗到的挫折與茫然。

在那兩年多的時間裡，我堅持最久的就是靜心冥想練習，這對我調整自己的身心狀態帶來了很大的幫助，而在這一年的時間裡，我也帶著上百位長期進行育兒諮詢的媽媽們做靜心冥想的練習，進而摸索出一套特別適合媽媽的靜心療癒課程，許多家長都給予正向的回饋，反應他們持續運用課程所教的技巧，提升了自己的情緒穩定度，與孩子互動時表現出更高的應變能力，親子關係也變得更為融洽。

在這套線上課程中，我將會透過以下四大階段的引導，帶領大家從一個個小練習，沒有壓力地開始做出行動，幫助各位媽媽們得到更好的內在平衡。

第一階段：看見自己

在育兒的生活中，媽媽們很常會因為忙著照顧孩子的需求，而忽略了照顧自己，或忽視自己的身心感受，導致一些心理問題不斷累積，所以在這套課程的第一階段當中，我會先引導大家看見自己，只有在妳重新學會看見自己的情況下，妳才能更好地開啟內在的療癒之旅，找回妳本自具足的內在力量。

第二階段：活在當下

現代的生活步調快速，人們也因此容易變得急躁不安，什麼事情都想要快、快、快，但也變得難以安住於當下，容易忽視生命中的美好事物，所以第二階段我會引導大家與內外在進行連結，讓自己全然投入於當下，感受妳所處的此時此刻，包括停下腳步觀察路邊的一花一草，和細細體會徐徐微風吹過臉龐的感覺，真正地幫助妳「活在當下」，迎接更多的內在平靜感。

第三階段：察覺需求

《非暴力溝通》這本書中提到一點，當一個人有情緒時，意味著他的內在有某項需求沒有被滿足，所以第三階段我會引導大家去感知內在的情緒，只有在妳坦然正視自己的情緒源頭之後，才可能接納自己的真實需求，也才能更有效地向外表達自己的想法，有了良好的溝通，便能直接平撫內在的煩躁感。

第四階段：隨遇而安

人生中有很多事情都不是自己說了算，也不是只要自己夠努力，一切就能順心如意。所以在第四階段，我會引導大家如何在各種際遇之下，穩住自己和創造更多的可能性，最重要的是學會接納和臣服，當我們不再對抗，而是選擇隨遇而安、隨順而轉的時候，就會發現外界的事情影響不了妳的好心情，而妳自然就會成為人生的主導者了。

目前，這套線上課程即將開放分享給更多的媽媽們，希望可以幫

成功金句 煩惱並不會減少明日的負擔，卻會令你失去今天的快樂。

助更多的女性，讓大家在育兒生活中找回自己的內在力量，擁有更多的平靜與信心，創造出自己真心喜歡的生活樣貌。

 如果妳對媽媽身心冥想課程感興趣的話，歡迎妳掃描左方的 QR Code，加入我的 FB，私訊我了解更多課程訊息。

妳還在擔心學了不會用，或是堅持不下去嗎？

不用怕，我將會同時開設媽媽身心冥想課程的社團和社群，不定期安排團體的線上輔導機會，歡迎有興趣的媽媽們一起加入內在療癒的旅程，我將會手把手帶著妳一起進行冥想練習，讓妳在日常生活中更好地落實所學到的這些技巧哦！

另外，有些家長會反應自己的身心壓力真的很大，內在的混亂導致他們每天都很煩躁，總是很難靜下心來養育孩子，擔心自己學了冥想課程，卻難以運用在生活當中。我完全能理解這些家長心中的迷茫，因為我也曾經歷過這些狀態，我知道，要控制那股莫名的煩躁感很困難，但我真心希望經常心煩意亂的的家長們，能找出方法讓自己安定下來，這不僅是為了孩子，更是為了你自己。

科學幫助：導入腦波技術

🎯 運用腦波技術，改善孩子的社交能力和注意力

為了帶給更多家庭有科學依據的幫助，我後來加入波士頓華人創業團隊——強腦科技公司的研發團隊之中，我參與開發了一套活化自閉症患者社交腦區的設備：腦機接口社交力與注意力康復系統。

社交腦區是指負責社交和溝通相關功能的大腦區域，包括額葉、扣帶迴和顳葉等區域。這些區域在自閉症患者中可能存在缺陷或異常，因此只要刺激和活化這些區域，便可以改善他們的社交能力和對外界保持關注的能力。

腦機接口設備可以通過腦電圖（EEG）等技術來測量社交腦區的活動。我們拍攝了大量正向行為的示範影片，孩子在使用這套系統時，頭環會時時偵測孩子觀看影片時的腦波變化，根據不同的腦波變化，系統將給予不同程度的視聽覺反饋，藉此刺激和活化社交腦區，以期增進孩子的社交能力。

相關數據指出，透過刺激和活化社交腦區，腦機接口設備可以幫助自閉症患者更好地理解和回應各種社交刺激，並提高他們的情感認知與溝通能力。此外，這種方法還可以幫助自閉症患者改善其他方面的認知和行為功能，例如記憶、學習和注意力等。接觸腦波產品已經有兩年多的時間，發現我真的很喜歡關於腦的事情，對腦有很深的好奇心。基於自己的興趣，我開始全面與腦波團隊合作，投身於腦波調頻培訓和服務的行列，希望可以結合腦波調頻的技術，為更多家庭帶

成功金句 事情本身沒有好壞，但不同人的眼睛，卻能感受到不同的涵義；看出怎樣的世界，活出怎樣的人生，都由你而定。

來實質的幫助。

一、腦波是什麼呢？

透過腦電圖（EEG）等腦部測量技術，可以檢測到不同頻率的腦波，例如阿爾法波、貝塔波、西格瑪波等。這些腦波在不同的狀態下（如放鬆、專注、冥想等）具有不同的頻率和振幅。

二、腦波對人們的言行會帶來什麼影響呢？

我想你應該認同，我們每個人的外在言行，都是源自於內在的念頭和想法。然而，人為什麼會有不同的念頭和想法呢？這其實都是源自於我們的腦波狀態不同，當腦波頻率比較低或較為混亂時，可能就會造成很多負面困擾。

對孩子來說，負面困擾可能是情緒問題、注意力不集中、學習力下降、缺乏責任感、沒有安全感、記憶力差、自我否定等，最後影響學習和互動。對大人來說，負面困擾可能是身心壓力過大、易怒、睡眠障礙、心血管疾病等，最後影響工作和婚姻。

三、腦波調頻能帶來什麼幫助呢？

腦波調頻是一種特定的神經反饋技術，主要在調整和調節人類腦部活動的頻率。調頻的目的是通過訓練和調節大腦特定頻率的活動來改善認知和心理狀態。腦波調頻的技術是基於一個假設而來的，就是認為腦部特定頻率的活動與不同的認知狀態以及情緒有關。

許多研究指出，改善腦波的狀態，就可以降低負面困擾的影響，

改善人們的行為，促進正向表現，讓人們各方面都得到很大的改善。其實，腦波調頻的目的在於藉由訓練和調整特定的腦部頻率，幫助人們達到更加理想的認知和心理狀態。具體來說，腦波調頻可以應用於以下幾個方面：

★ **改善注意力和專注力：**透過增強與專注力相關的腦部頻率（如貝塔波），就可以幫助提高注意力與專注力，對於需要長時間集中精神的任務或學習非常有幫助。

★ **減輕壓力和焦慮：**透過腦波調頻，增加與放鬆、平靜相關的腦部頻率（如阿爾法波），可以幫助人們減輕壓力與焦慮感，放鬆身心，提高情緒穩定性。

★ **促進睡眠品質：**透過腦波調頻來調節與睡眠相關的腦部頻率（如西格瑪波），可以幫助改善睡眠品質，減少失眠問題，使人變得更容易入睡和保持良好的睡眠狀態。

★ **增強認知功能：**腦波調頻也可以被用於提升記憶、學習和創造力等認知功能。透過調整特定的腦部頻率，就能增強相應的認知能力。

　　目前，腦波調頻課程也被一些睡眠中心引進，受到很多醫生的認可，可見腦波調頻對舒緩情緒和提升睡眠確實有所幫助。

四、腦波調頻課程適合哪些人呢？

★ **針對大人：**利用腦波調頻讓家長們找回平衡的身心。

　　在我多年育兒諮詢的經驗當中，我發現有許多父母的身心長期處

於高壓狀態中,這樣很難做好自己在工作與家庭中擔任的角色。我自己也是一位母親,我知道在生活中兼顧工作和家庭的壓力有多大,真心希望能在此提供恰到好處的幫助。

我當初決定與腦波團隊進行深度合作的初心,主要也就是希望能讓家長恢復身心健康,讓大家在有效調理之下,能帶著更加安定、平靜的內在回歸家庭、投入工作。在我所提供的腦波調頻課程中,我會先提供初步的個人諮詢,了解每個人的狀況和需求,並根據腦波檢測的結果,提供適合的腦波調頻方案,讓大家的身心能更加放鬆,找回良好的狀態。

在身心都放鬆的情況下,我們再一起回顧那些令你感到難以面對的事情,提供適合的正念冥想練習,幫助家長找回內在的平靜,也能好好地面對日常教養和例行工作。

★ **針對孩童:** 替孩子設計腦波課程,提升情緒穩定度。

孩子在五歲之前,整個腦部都還在快速地發展當中,所以我們不建議直接提供腦波調頻課程。然而,如果你家裡有未滿五歲的孩童,我仍然會教導家長如何運用日常正念練習和親子冥想的實用引導技巧,幫助孩子建立安定的內在狀態。

對於五歲以上的孩子,我們就可以為孩子檢測腦波,並提供完整的腦波調頻訓練課程。目前,我們團隊已經有針對學習困難或情緒困難的孩子做過腦波調頻課程,使用了一段時間過後,家長普遍反應孩

子的情緒變得更加穩定,學習狀態也有所提升。另外,針對五歲以上的孩童,我們也開設了松果體開發課程,希望能同步提升孩子的直覺力和感知力,讓他們在課業學習和人際互動上有更好的表現。

 若有家長或機構對腦波調頻課程感興趣,你可以透過
LINE與我聯繫預約【90分鐘的腦波調頻體驗課程】,
也可以追蹤我的粉絲專頁,私訊我了解更多訊息。

此外,為了進一步提升親子關係,除了家長的正念靜心課程、腦波調頻課程以外,我還開設了嬰幼兒按摩課程、親子冥想課程、親子藝術課程、親子共讀課程等。歡迎各大機構或團體邀約開設實體課程,我將會針對不同團體的需求,提供適合的課程形式與方案,希望能幫助更多媽媽在內在平靜的狀態下,創造出美好的育兒生活。

🎯 聯繫方式 Contact Me   ☑ 掃描 QR Code 即可加好友

幸福教養/單親育兒/親子療癒 職能治療師楊雅雯		
LINE	**FB 粉絲專頁**	**Youtube 頻道**

 成功金句 人生就像雲霄飛車,擁有很多上下起伏,但你有權利選擇在過程中痛苦尖叫或放開享受。

何謂敏銳商數？
SQ. Sensitivity Quotient

12-2

　　敏銳商數（Sensitivity Quotient），一個或許不常聽到，卻在日常生活中起著關鍵作用的能力。它指一個人對周遭環境、人際互動的敏感度與洞察力。舉例來說，你走進房間，發現有人立刻壓低聲音交談，敏銳商數高者就會察覺到異樣的氣氛；透過語調和表情，他們能發現交談的對象不開心（即便對方沒言明）。日文中有個說法叫「閱讀空氣」，就是用來形容人察言觀色的能力，觀察不夠敏銳的人，很容易在無意間冒犯或觸怒他人，進而損害人際關係，換言之，想要建立人脈、提升好感度，敏銳商數就是最關鍵的特質。

　　不僅能夠深入理解他人的感受和需求，敏銳商數高的人更能快速意識到環境的變化，並提前做出反應。因此，不管是共感力足夠的心理諮商師，還是能早他人一步搶得商機的成功企業家，都具備敏銳商數。它就像一個內建的指南針，引導你在社交迷宮中找到方向，並於工作和生活領域獲得成功。

 ## 敏銳商數高者的特質

　　敏銳商數高表示這個人很用心地看待周遭事物，並且採取能帶來正面影響的行動。有人說，敏銳商數就像是人際互動的「第六感」，讓你能敏銳地捕捉和理解周圍的一切。那麼，具備高敏銳商數的人都有哪些特質？又會產生什麼樣的正面影響呢？接下來就讓我們揭開面紗，看看這類型的人會擁有哪些優秀特質。

🚀 特質一、能輕易解讀出非語言訊息

　　和講出口的語言相比，更多訊息是透過身體語言、表情、語氣等非語言手段傳達的。例如在商業談判中，敏銳商數高的人能透過對方的眼神、手勢、語速等來判斷對方是否在說真話，這些細微的非語言資訊，對於理解他人的真實意圖更有幫助。

🚀 特質二、優秀的學習能力

　　敏銳商數高的人對新資訊也相當敏感，所以能更快速地吸收新知、掌握技能。來看一下星巴克創始人霍華・舒茲（Howard Schultz）的故事吧！他在一九八三年到義大利旅行時，對該處林立的咖啡廳文化留有深刻的印象，認為義式咖啡也可以推行至美國，成為星巴克總裁之後，便推行以義大利 espresso 為重心的咖啡廳。這種敏銳的觀察力和開放的態度，使他能在不同的文化中嗅到商機，最終創立全球最大的咖啡連鎖店星巴克。

成功金句 再深的絕望，都是一個過程，總有結束的時候，鼓起勇氣昂然向前，或許機遇就在下一秒。

特質三、懂得接納情緒與抒發

由於具備優異的內在察覺力，所以敏銳商數高的人從來不會逃避情緒。他們明白喜怒哀樂是生活的一部分，忽視情緒並不會帶來健康的心理狀態，反而應該正視並找到適當的紓壓管道。美國好萊塢演員萊恩・雷諾斯（Ryan Reynolds）以電影《死侍》為人所知，他就曾經公開表示，在他內心感受到焦慮時，會透過冥想 APP 與運動來緩解，藉此降低內心的焦慮感。

 特質四、團隊中的最佳潤滑劑

由於敏銳商數高的人共感能力佳，善於感受團體氛圍，並能快速理解每個人的立場與想法，所以通常會成為調節團隊氣氛的關鍵角色。他們能察覺成員間產生的矛盾與問題，並居中協調，讓溝通變得更加順暢。例如球隊中的隊長與教練往往會擔任這樣的角色，在球員因各種原因心生嫌隙時，他們會主動介入溝通，增強團隊士氣、維繫隊伍的向心力。

 特質五、見微知著的預警能力

當我們的敏銳度提高，就更能注意到細微的危險信號。一個真實案例發生在二〇一四年的南非，某位礦工在工作時察覺礦井發出異常的聲音，他立刻警告其他礦工，讓大家撤離。在他們撤出後沒多久，

礦井便崩塌，這就是夠敏銳而成功避開危險的絕佳例子。

需要敏銳商數的職業

　　許多人會以為敏銳商數高者只適合需要高度共感力的職業（例如心理諮商師等等），其實不然，在許多分析的專門領域中，敏銳商數高的人往往會有更優異的表現。就像前面介紹的五種特質，他們對於資訊和氣氛的敏感度都比一般人高，所以許多需要細微觀察力的職業都能讓他們發揮出超常的實力。

★ **新聞記者：**記者需要敏銳的直覺，首先，在眾多的資訊當中，他們必須捕捉線索，挖掘出有價值的新聞；進行訪談時，具備的敏銳度讓他們能邊觀察受訪者的反應，邊調整自己的提問方式，進而取得有用的訊息；另外，高敏銳商數者也很善於篩選資訊，能迅速、準確地判斷哪些為關鍵內容，整理出一篇吸睛的報導。

★ **醫生與護士：**敏銳商數高者的觀察力在醫護領域中能得到良好的發揮，他們可以在短時間內理解病情，並給出正確的醫療建議。同時，也因為敏銳商數者的細心特質，所以除了病患本身給予的敘述之外，他們也能透過觀察，找出連病人自己都沒有意識到的細部病徵。

★ **科學研究人員：**由於敏銳商數在資訊處理、觀察力、學習力幾個層面都有明顯的優勢，所以需要接觸大量數據和資訊的研究人員多半都具備這種特質。敏銳商數能幫助他們吸收、整理、分析資訊，並

進一步歸納出結論。

★ **成功的創業家：**人人都有創業夢，但能一舉成功的人卻寥寥無幾。想成就一番事業，除了現實的成本和人脈考量之外，還必須早別人一步洞察市場趨勢，迅速決定策略和營運方針，敏銳的商業直覺是他們之所以能立於不敗之地的關鍵。

提升敏銳商數的方法

提升敏銳商數是一個漸進的過程，努力與毅力缺一不可，必須持續在生活中細心觀察周遭的人事物，若是毫無頭緒，可以從以下列舉的方式開始練習，朝著增強敏銳度的方向邁進。

★ **從自我觀察開始：**如果連自己的情況都不清楚，那要如何察覺他人的情緒或想法呢？雖然每個人對事物的反應不一，但歡欣愉悅、痛苦、低潮難過、氣憤難平等感受是人人皆有的，只有當你對自己的情緒反應有足夠的洞察力時，才能更深入地理解他人。

★ **閱讀相關書籍：**你的人生經歷有限，但書可以帶給你更廣闊的經驗。比如透過心理類的書籍，就能知曉人的心理特質，理解各種不同的反應。閱讀之後，再透過生活驗證與實踐，就能提升敏銳度。

★ **保持好奇心：**好奇心是能讓生活變得精彩絢爛的小火花，不管是走在熙熙攘攘的街道上，還是在寧靜的圖書館裡，各式各樣的場所、人物、物品……只要你留心，就能在不知不覺中變得善於觀察；除

此之外,當你對某一領域產生興趣時,就會不自覺地深入研究,在尋找答案的過程中,自然就拓展了不同的知識領域。

★ **觀察時帶著目的:**問題與目的能為思考指引方向,讓我們確定需要觀察的是什麼。有了清晰的目標,便能更高效地整合、彙整成果。只要目的明確,就能進行針對性的觀察,得到的答案也更加實用、有價值。

★ **找出人性共同點:**在人際互動的場合裡,找尋每個人反應上的共通點也是提升敏銳度的好技巧。透過觀察大多數人在特定情境下的感受與行動,就能整理出一些人際交往的原則。這個技巧不僅有助於理解他人的想法,也能幫助我們在面對不同人以及情況時,靈活地採取不同的應對法。

　　身為哲學家、同時也是《湖濱散記》作者的大衛・梭羅(Henry David Thoreau)曾說過:「敏銳的頭腦可以看到事情的本質,而不被外表所誤導。」敏銳商數高的人或許不是團體中最耀眼的存在,但他們的洞察力細緻入微、思慮清晰,別人高談闊論的時候,他們專注於觀察人性本質,他們是最一針見血的分析者,也是最溫暖人心的陽光。敏銳商數對他們而言,不只是一項技能,而是讓他們能更具同理心與智慧,快速與人、事、物、乃至整個世界連結的優勢。

　　每個人的內心都有敏銳商數的種子,只是要開花結果,就需要持

成功金句 兩點之間未必直線最短,有時迂迴曲折能夠更快地抵達終點。

續的思考與練習，當你開始投入其中，打磨那塊敏銳的原石，就會發現：每一個人、每一個情境、甚至於每一個看似平凡的瞬間，都藏著值得深思的故事。從本篇的焦點人物楊雅雯身上學習、透過本篇的內容更加了解敏銳商數的運作方式，從細心觀察舉止行為，到主動理解他人感受，再進化到不斷挑戰自我，這並非一朝一夕之功，但只要你願意努力，它將成為你的寶貴資產，讓我們一同致力於提升敏銳商數，成為更懂得理解和欣賞世界的人吧！

檢視放大鏡

12-3 你的敏銳商數有多高？

　　一幅色彩斑斕的畫作、一杯香醇的咖啡⋯⋯生活中從不缺乏美好的事物，缺的是一顆敏銳的心。敏銳商數就是能讓你捕捉到日常生活的細微變化，並從中得到樂趣的關鍵。想知道自己是否是心思敏捷的觀察者嗎？現在就透過以下的心理測驗，一同探索你的敏銳度吧！以下八個敘述，請以「是否吻合你的情況」為前提去勾選，分成完全吻合的「沒錯」、有時候吻合的「還好」、以及完全不吻合的「不會」，勾選完畢之後，再依照解答與分析的標準給分。

	敘述／問題	沒錯	還好	不會
Q1	不喜歡受到大眾注視，討厭成為焦點。			
Q2	你無法忍受在嘈雜的辦公環境工作。			
Q3	不愛血腥暴力或恐怖電影，能不看就不看。			
Q4	晚上一定要把燈全部關掉才能入眠。			
Q5	同時間突然有不同工作進來，就會很焦躁。			
Q6	藝術感受性高，聽音樂、看書等都能感動。			
Q7	失敗時你第一個檢討的是自己，容易愧疚。			
Q8	比起出遊，獨處時間才能真正讓你休息到。			

成功金句 這世界比想像中廣闊，你的人生不會沒有出口，你會發現自己早有一雙翅膀，不需經任何人同意就能自由飛翔。

以上每個題目，選擇「沒錯」給 5 分；「還好」為 3 分；「不會」則得 1 分，將所有選項的得分加總之後，即可往下看分析。

類型A 總分 32 ～ 40 分【高敏銳的觀察者】

你的敏銳商數極高，不僅擁有細膩的觀察力，也擁有柔軟的同理心，這種性格使你對他人的情感和需求非常敏銳，能夠快速理解並關懷他人。由於對細節的感受力高，所以像是演員、醫生、老師、藝術家等需要創意或與人互動的職業都能讓你感到如魚得水。

需要注意的是，你的高度敏銳有時會轉變成壓力，成為你疲憊不堪的元凶。因為能輕易感受到他人的情感需求，也願意給予支持，導致周遭的人遇到事情很容易向你尋求慰藉，長久下來，只會讓你感到身心俱疲。請記得，唯有你的內心充滿愛，才有可能給予。人際關係的分界是很必要的，換言之，請給自己適度的獨處時間，偶爾要懂得切斷外界連結，才能讓你徹底放鬆休息，重拾能量。

類型B 總分20 ～ 31分【自在生活的平凡人】

你的敏銳程度中等，能夠融入群體，但也不會讓大量的外界資訊

困擾你，一般的人際交往對你而言完全不成問題。你理解與人互動的必要性，但也會在特定時刻主動疏離人群，簡單來說，有需要時，你會熱心地與人交流；不需要交際時，你就會重視自己的空間，不會讓其他人打擾你的獨處時光。

舉例來說，假如你度過很不容易的一天，回到家正打算躺平休息時，突然接到朋友來電，說要過來找你談心，此時你會考慮自己的狀況，若這番陪伴會讓你隔天的狀態更差，你就會婉拒朋友，以自己的內在需求為優先。在發揮同理心的同時，又不失自我，你的人際交往建立在「自己舒適」的前提上，所以可以活得自在又幸福。

類型C 總分8～19分【我行我素的獨立人格】

你與高敏銳群體正好相反，性格粗枝大葉，充滿自信與活力，永遠按自己的節奏過日子，生活在你的小宇宙中！這樣的你雖然生氣勃勃，但有時會給人一種過於自我、缺乏同理心的印象。

敏銳商數偏低的你，如果想要受人歡迎，除了多觀察周遭之外，主動詢問也是個很棒的方式，透過聆聽去了解其他人的需求和感受，藉此提升你的同理心和體貼。每個人都有不同的經歷和想法，若能學會站在別人的立場思考，不僅能讓思維變得更有深度，也能促進人際關係的和諧。透過這個過程，你將在散發性格魅力的同時，展現出對他人的關懷，成為一個更有吸引力的存在。

經驗商數

XQ

Experience Quotient

13-1

晉升大師級專家的祕密

焦點人物 鄭玉環

 資歷簡介 About Me

專業頭銜

♀ 兩家庭園餐廳負責人

♀ 美商健康事業公司富豪組成員

經歷與專長

♀ 體適能健身教練

♀ 宏廣卡通公司動畫師

♀ 早安香草健康廚房烘焙老師

我的人生觀

♀ 生活就是一場遊戲，好不好玩都是自己的選擇。

♀ 喜歡烹飪、烘焙，擅長把各種食材融合，創造出讓人幸福的滋味，最喜歡看著人們吃著我做的食物露出幸福的笑容，因喜歡而做，因做了更喜歡！

成功金句 簡單的事重複做，是專家；重複的事用心做，就是贏家。

生平故事 Introduction

　　我出生於五〇年代的南台灣農村，父母親的教育程度並不好，爸爸僅有小學畢業，媽媽甚至認不得幾個字，在那個年代，工作機會非常有限，父母只能選擇種田，每天忙於農務，日出而作，日落而息。

　　家中有四個兄弟姐妹，父母親每天努力工作讓一家六口過上溫飽的日子，卻常常入不敷出，有時遇到天災，所有心血一夕之間化為烏有，血本無歸，這樣看天吃飯的日子過得非常辛苦；印象特別深刻的是在我們小學時，父母連我們要繳的幾百元學費都湊不出來，還要連夜去跟親朋好友借；這讓當時的我在小小的心靈當中立下一個決定，就是：長大絕對不務農！

所有的苦難都是最好的禮物！

　　由於當時家裡的經濟狀況捉襟見肘，家中時常沒有食物可吃，我們兄弟姐妹都需要自己想辦法，找出足以果腹的東西，我也因此練就將平淡無奇的食材變成美味料理的能力，小學五年級的時候，我就能無師自通地煮一桌好菜，等待爸媽工作結束，拖著疲憊的身軀回到家，就可以享受我煮的熱騰騰飯菜，感謝上天送給我最好的禮物，啟發了我對美食的天賦。

　　為了擺脫務農的環境，我努力唸書升學，也因此養成閱讀的興趣，同時，在求學過程中，漸漸發現自己對於美麗事物的著迷，因此高中

便毫無懸念地選擇美工設計科就讀，放下鍋鏟，拿起畫筆，沉醉在畫筆與畫紙之中，幾乎忘了自己對美食的興趣與天賦。直到畢業後，為了減輕父母的負擔，選擇不再升學，考上那時台灣最大的卡通公司，開啟日日夜夜與唐老鴨、米老鼠、小美人魚、阿拉丁等卡通人物為伍的日子，從來都沒想過，我能將這份上天賜給我的第二項天賦，變成自己的工作，很幸運地用興趣和熱情成就自己，積攢了一筆錢。

人生的路上，不外乎結婚生子，由於老公一直想要創業，所以我們就把畫卡通所賺取的第一桶金投資在碧潭風景區內，開了第一間庭園複合式的咖啡廳，為了滿足各類觀光客的需求，菜單項目非常多，包括各式咖啡、花茶、水果茶、還有中式的品茶、簡餐餐點、下午茶茶點等，還把從小練就的私房料理全部端上檯面。

在我三十歲以前，資訊並沒有像現在這麼進步，網路也才剛開始發展，很多事情都需要靠自己摸索，這讓我重拾對美食的興趣，同時也開始閱讀各式飲品與甜點書籍，在不斷自學與研究之下，我在開店期間創造出無數新食譜，許多人都慕名前來，想來嚐嚐我的私房料理，生意越來越好，還在苗栗開了第二家分店。

傳統生意非常耗費體力與時間，開了分店後，我與老公都感到有些力不從心，雖賺到了一些錢，卻讓自己的健康開始走下坡，身體免疫力提出了嚴重的抗議，我和孩子們每天吃抗過敏藥，卻依然不見好轉，終於在身心不堪負荷的情況下，結束了在苗栗的分店。

回歸到一間店，不再需要每天奔波忙碌，提升了生活品質，以為

所有事情都會順風順水，不料生命的考驗再次來臨。碧潭風景區的捷運通車後，帶來大量的人潮，有些市議員看到了這片商機想要強搶，推動新店大旗艦計畫，有意把原本的商家全部趕走，又礙於我們擁有合法的使用權，就先對商家斷水斷電，並且動用所有新店的基層員警，封鎖整個風景區，連商家都無法進入。更在某一天的凌晨，大家都還在睡夢中時，怪手偷偷進入，把我們一生的心血鏟為平地，等到我們接到消息趕往現場時，一切已成定局，我們所有的財產兩千萬元，一夕之間全部歸零。

災難是化了妝的祝福

我生命中的貴人～我的大姐向恩。

因為從小家境清寒，身為老大的姐姐一直有一個夢想：成為有錢人，讓爸媽不再為錢煩惱。

因為抱持這樣的夢想，尋尋覓覓，而接觸到了美商健康產業公司。就在我跟老公人生最低谷的時候，引薦我們來到這個全新事業。在美商健康產業讓我學習到很多關於健康與營養的知識，適逢父親膀胱癌與糖尿病的陸續發病，當時的我們都不知道該如何幫助父親，所幸因為接觸了健康產業，看到許多因調整飲食而獲得改善的見證，我們才得以採取行動，即時拯救了罹患癌症的父親，甚至改善了自身與孩子的健康問題，讓我更加意識到，身體並非突然發病，都是日積月累才「終於」爆發。

　　父親務農忙碌無暇休息，飲食方面的習慣也不均衡，才導致了癌症，我自己也有許多因生活習慣不佳、飲食不均衡所造成的過敏，沒想到這些問題只要透過調整飲食就能改善！這讓我更堅定地想要創造出健康的美食，剛好美商健康產業公司搭上運動熱潮，我也開始自學健身，研究起運動員菜單，了解到人體的運作表現與營養息息相關，這促使我把營養與健身結合在一起，將美食與健康畫上等號，立志在享受美食的同時，也能兼顧健康與健美！

人生中的伯樂～麗珠老師

　　會走上健康烘焙的道路，完全是一場美麗的意外。

　　那時的我幫助家人與許多夥伴找回健康，在美商健康產業公司的組織與收入也相當穩定，老公一直是很勇於嘗試的人，他自己開設了一間小小的有機農場，最主要的產品就是放山土雞蛋，所以家中常常有過剩的雞蛋，興起了我自己烤蛋糕的想法，但翻開所有的食譜，全都是高油、高糖、高澱粉的產物，烤完之後連我自己都不敢吃，更不用說拿給家人或朋友吃了。於是，我開始自行摸索，開始了自學烘焙之路，把自己所學的營養與健康觀念，融入我的食譜中。當然，並不是一開始就非常順利，常常會有很多失敗品，礙於這些失敗品成本極高，捨不得丟掉就開始拿給朋友試吃，在一次拿給我們美

　成功金句 當下所走的每一步，都在創造未來的人生。

商公司的總裁組——麗珠老師品嚐時，老師露出了驚艷的表情與驚呼，我永遠記得那一幕，自此之後，每一次將烘焙成品拿給麗珠老師，老師總是不斷傾慕讚賞，讓我有了更大的信心，不斷嘗試，就這樣玩了五年，現在舉凡蛋糕、餅乾、中西式甜點，都可以信手拈來，做成低卡、低油、少糖的美味健康甜點，這些都要感謝麗珠老師給予我的鼓勵，這些都成了我最大的動力。

民以食為天，你的食物就是你的良藥

西方醫聖希波克拉底說：「你的食物就是你的良藥。」美食讓人們感受到幸福，但是反觀現在的台灣飲食，林立許多烘焙甜點店，卻因高油、高糖、高熱量，常常在享受這些美食時造成飲食失衡，難道美食跟健康無法畫上等號嗎？這興起了我想要走低 GI 烘焙這條路，幫人們做出最符合身體所需的烘焙品，不只滿足口腹之欲，還給予體內細胞需要的營養，讓人可以健康、開心、幸福吃到九十九歲。

「美食」一詞，包含了「美」與「食」兩種概念，既然是美食，何不設計絢麗的健康食物呢？於是，我與麗珠老師合作，設立了「我就是好色」，開課分享創意食譜，一邊尋找靈感，一邊不斷挑戰創新，在今年創立了自有品牌「饗艷低 GI 手作烘焙」，憑藉已往美工設計的經驗，挑戰在講求健康的前提下，將食材變成手工藝術品一般的存在，打破健康食物不好吃的迷思。近年來漸層飲料開始流行，我們便搭配這個潮流，使用各種不同水果的天然食染，打造出好喝又健康的飲品。

色彩絢麗的飲品，加上充滿誘
惑色澤的甜點，讓人倍感療
癒！滿足味覺與視覺的雙重
享受！

　　同時，在與麗珠老師合
作的過程中，成立了「香草健
康廚房」，記取以前咖啡廳忙碌又油膩的教訓，也為了讓下廚成為優
雅的一件事，構想香草健康廚房時，我們選擇做一間無油煙餐廳，完
全沒有明火，用烤箱保留食物的原汁原味，所有的料理都是以少油、
少鹽、少負擔的中心思想，使用高成本的好油（玄米油）、好鹽（玫
瑰鹽）、多元食材、低碳水化合物等，同時秉持對「美」的追求，運
用了豐富菜色做成彩色拼盤，所有的美食都是低GI料裡，卻有別於一
般健康餐盒的水煮無味！

　　因應現代社會的忙碌，人們沒有時間好好享用正餐，忙裡偷閒時
總想品嚐甜食，藉此療癒自己，因此坊間烘焙品如雨後春筍般出現，
四處可見，連便利商店都要搶攻市場，但吃多了市面的烘焙甜點，再
看到自己身材，一方面後悔、另一方面又更需要療癒自己了！真的想
吃嗎？那就自己做吧！我們的「低GI烘焙廚房」也應運而生，讓學員
學會自己動手烘焙，更清楚知道自己吃下了什麼！好的原物料與劣質
食材的差異，有時候光是清洗烤盤就一目了然，若將這些便宜加工品
或油膩的劣質食材吃進身體，總不能像烤盤一樣用沙拉脫清洗，這讓

　成功金句 做到和做到位僅一字之差，實際上卻是天與地的差別。

學員們開始慎重考慮自己吃的東西到底是什麼，並學會運用好的原物料製作甜食，就算是罹患糖尿病或三高的家人也能安心享用！

　　從自學開店到教學授課，再看到愈來愈多學員的家人也能幸福地享受美食，讓我開始想要將這一切記錄下來，撰寫成書，以幫助更多人認識健康又美味的食物！希望能藉由這本書，將這份美好的理念傳播到台灣的每一個角落！

 聯繫方式 Contact Me　　　 掃描 QR Code 即可加社群

官方 LINE：饗豔低 GI 手作烘焙

饗豔低 GI 手作烘焙

13-2 何謂經驗商數？
XQ. Experience Quotient

我們都聽過一句話：「熟能生巧」（Practice makes perfect.），儘管每個人對「完美」（perfect）的定義不同，但累積的練習時間肯定能讓人更接近這個目標。暢銷作家格拉德威爾在《異類》一書中指出：「人們眼中的天才之所以卓越非凡，並非天資超人一等，而是付出了持續不斷的努力。一萬個小時的錘鍊是任何人從平凡變成超凡的必要條件。」

在所有的人格特質中，經驗商數高者正是能貫徹一萬小時定律的菁英。他們深知「千里之行始於足下」的道理，明白光說不練最終收獲的僅是一場白日夢，所以，他們懂得將夢想化為具體、可實踐的步驟，並腳踏實地去完成。

一萬個小時成就不凡

心理學家曾於柏林音樂學院做過調查，將學習小提琴的學生分為三組，第一組為公認的「明星人物」，具有世界級小提琴家的實力；第二組的學生則是大家認為「相對優秀」的存在；第三組的學生實力

成功金句 沒有計劃的人永遠被有計劃的人計劃著；同樣，沒有目標的人常淪為有目標的人的目標。

則被認為永遠與世界級無緣，只能成為學校的音樂老師而已。在調查中發現，雖然三組學生一開始接觸小提琴時的練習時間都差不多（大約一週平均三小時），但隨著年紀漸長，第一組的明星人物有逐步拉長練習時間的跡象，到他們二十歲的時候，已經練習了 10,000 小時；第二組那群比較優秀的學生則累積了 8,000 小時；而那些未來音樂老師的練習量則只有 4,000 小時。

一萬小時定律的核心精神在於，任何人想要成為某領域的專家，都必須投入至少一萬個小時，沒有例外。一萬個小時堅持不休的練習，是走向成功的必經之路。就算是音樂神童莫札特，在六歲之前，其父親就已經指導他練習了 3,500 小時，到他二十一歲寫出膾炙人口的第九號協奏曲時，他歷經的練習時數早已不是你我能輕易計算出來的了。

從古至今，透過一萬小時刻苦的訓練，最終出類拔萃的人數不勝數，例如大發明家愛迪生，在他試圖想以移動式電源取代笨重的傳統電源時，花了整整十年的時間，歷經將近五萬次的失敗，才終於成功發明出蓄電池。除了發明家之外，著名的法國小說家莫泊桑也是如此，當時他拜師於福樓拜的門下，一直希望自己的文章能受到老師的點評，卻始終未能如願。這一天，莫泊桑帶著滿心的疑問詢問了福樓拜，後者僅告訴莫泊桑，只要他能堅持寫作十年，必定會有長足的進步。這時候莫泊桑才恍然大悟，原來自己感到洋洋得意的大作，都寫得太過幼稚。自此之後，他便不輟筆耕、刻苦鑽研，最終以作品《脂肪球》大放異彩。

成功金句 真正厲害的人，都是長期主義者。

刻意練習，而非勤能補拙

很多人會對經驗商數高者有一個誤解，以為他們是「勤能補拙」的代表人物，這也是經驗商數經常被低估的原因。其實，具備經驗商數的人並非盲目地奉行一萬小時定律。所謂盲目，是以為在任何領域投注了一萬個小時，就必定能成功的想法。像是運動領域就不能單看一萬小時定律，很多人就算花了一萬個小時練習短跑，也無法成為奧林匹克的代表選手。經驗商數高的人深諳此理，所以他們腦中具備的，是以目標為導向的「刻意練習」。

如果要替刻意練習下一個精確的定義，那就是「需要經過一到三個階段的練習才能掌握的技能」，若習得這個技巧的步驟超過三個階段，表示該技術對現階段的你來說太過複雜，應該降低目標，重新規劃練習的內容。

經驗商數高的人能將目標切分成數個小里程碑（比如分成任務 A 與任務 B），再將任務細分成一到三個階段，熟練任務 A 之後，再設定任務 B 底下的一到三個階段。每天看起來似乎只進步了 1%，但長期的累積就是他們成就非凡的主因。

「從簡單的任務起步」是刻意練習的核心思維，先仔細觀察、辨識出新技能的特點，並有意識、專注地持續練習。舉例來說，如果想成為專業籃球員，起點可能是從原地運球開始（忽略邊跑邊運球的訓練），把原地運球掌握得近乎完美，再著手進行下一個任務 — 邊移動

成功金句 能沈得下心，抵制誘惑，以滴水穿石的心態，打磨實力到閃閃發光。

邊運球。隨著自己的進步，選手逐步添加與舊有技能相配合的新動作，這個精練的過程可能會持續很長一段時間，直到能力達到高水平為止。

 # 經驗商數高者的人格特質

經驗商數高的人特別注重透過刻意練習來提升自我，他們能忽視干擾、專注於改進能力，並高度自律，能堅持不懈地進行練習，取得進步，這類型的人通常具備以下五種特質：

特質一、毅力與意志力 *Strong Willpower*

這種特質使得他們在面臨挑戰與困難時，會主動面對、積極克服，因為他們很清楚，放棄很容易，但唯有堅持下去才能達成目標，所以會選擇一條艱辛但成果璀璨的道路。例如樂聖貝多芬（Ludwig van Beethoven），在失去聽覺之後，倚靠著感受琴弦的微小震動，去確認音色與調整樂譜。即便被剝奪了音樂家最重要的感知能力，他卻靠著觸覺，寫出享譽世界的《月光奏鳴曲》和第五號交響曲《命運》。

特質二、動機與推動力 *Inner Drive*

這類型的人具有強烈的內在動機與對進步的渴望。因為內心的動力十足，因此充滿熱情，也會不斷自我激勵。NBA 的明星球員史蒂

芬·柯瑞（Stephen Curry）就是將內在動機發揮得淋漓盡致的例子。在身高與體格都不具優勢的先天弱勢下，柯瑞花費了大量時間鍛鍊自己，曾經有一位NBA球員試圖跟上柯瑞的訓練，做了頭五分鐘，就坐在門邊的地板上休息，三十秒過後，便起身走到外面吐了，由此可見柯瑞的訓練量有多超出常人，當你對卓越的渴望這麼強烈，任何不利條件都不可能阻擋你前進。

特質三、奉獻與決心 Determined Mind

對於自己決定的目標，這類型的人會無悔地投入，花大量的時間和努力在其中，以達到他們設定的標竿。比如英國現代主義女作家維吉尼亞·伍爾芙（Virginia Woolf）對於自己使用的文字與句子結構就非常講究，經常會花上大把時間修改、精修自己的稿件，以達到她理想中流暢又精確的文筆。

特質四、努力和強度 Make the Effort

高經驗商數使這類人能專注於目標，並有紀律地完成。堅定而投入的態度讓他們願意付出額外的努力與時間，也就是說，一萬小時定律與他們天生的踏實性格極為合拍。當一般人在努力的道路上，因辛苦而放棄時，他們注視的是遠方的最終成果，知道現在歷經的是實現目標的一環，所以能一步一腳印地向前，最終贏得豐碩的果實。

成功金句 耐不住寂寞、心浮氣躁的人，縱然情商、智商雙高，也終會敗在「半路上」。

特質五、高度的專注力 Highly Focused

經驗商數高者所具備的不只是努力的特質，還有過程中的專注力與集中度。舉例來說，同樣是放學後到圖書館唸書，為何有些學生只是平白浪費時間，有些學生卻能將自己唸書的時間轉化為高分呢？最大的差別就在於後者更全神貫注地學習。驚人的專注力讓他比其他人更容易進入心流狀態（Flow），不僅效率與創造力大為提升，還因此獲得極高的滿足感。

經驗商數持續成長的三大關鍵

當一般人都還在躊躇猶豫、用沾醬油的心態面對生活時，經驗商數高的人往往已經扎實地耕耘，即便他本人不聲張，也終將以亮眼的成績驚艷他人，這類型的人經常會詢問自己以下幾個問題：

問題1. 我是否理解基本原理？

專家永遠不會忽視基礎的重要性。在這個講求速度的年代，愈來愈多人迷失在「成為通才」的浪潮中，通才沒能達成，反倒成為庸才。愈是各領域的菁英，就愈不會忽略打底子的重要性，具備經驗商數的人更是如此，因此才能在各專業領域發光發熱。如果你也想成為侃侃而談的大師級人物，不如效法經驗商數型的人，深入地挖掘知識，並採取行動，基礎愈穩固，進步的腳步也會比別人更快速。

 問題2. 我是否正在進行下一個階段？

　　這個世界上有很多聰明的人，他們腦袋裡明白下一步該進行什麼，卻從不去實踐；同時，也有很多努力的人，雖然採取了行動，卻把時間花在不相關的各種技能上，導致實力無法有效累積。而經驗商數高的人會非常清楚該如何進行下一步，他們累積的知識與鍛鍊的技能相輔相成。他們清楚知道自己想要學習什麼（What）、為什麼要學習（Why）、以及學習的具體內容（How），因此能集中精力，並能客觀評估自己的進展與成果。

 問題3. 我還缺少了什麼？

　　一萬小時定律告訴我們，任何人只要潛心鑽研某項技藝10,000小時，就能成為專家。這個說法有一個陷阱，就是讓專業知識看起來像一個有終點線的標的物，達到一萬個小時，你就像越過終點線那般，完成了一切。但磨練專業技術其實是不斷向上的過程，是一個光譜的進程。因此，對經驗商數高的人而言，他們永遠都會問自己：「我還缺少什麼？有沒有新資訊？我可以學到什麼？」他們擁有好奇心，並自我要求、不斷改變，這才是一萬小時定律能在他們身上發揮得淋漓盡致的原因。例如本篇的代表人物鄭玉環，就是在以往高油、高糖、高熱量的甜點中，加入健康的改良，歷經五年多的嘗試，才創造出美味與健康兼顧的低GI烘焙，直到現在，她也沒有停下腳步，不斷精進自身的健康烘焙技術。

成功金句 如果你看不清楚未來是什麼樣子，那麼努力做好當下，就是最好的安排。

13-3　你是一個行動派嗎？

　　行動力是我們實現目標、推動變革不可或缺的燃料。它推動我們從理想走向現實，將夢想化為行動。每一個成功的人，都有著極高的行動力。那麼，你的行動力有多高呢？現在就讓我們進行一個心理測驗，測試你的行動力有多高吧！以下十道問題，請從「是的」、「有時候」、「不是」選擇最吻合自己的敘述，最後再計算分數。

Q1. 你喜歡嘗試新事物、勇於冒險嗎？

　　是的，所有的未知都能讓我學到新東西。

　　有時候，要看是什麼事情。

　　不是，我並不想讓自己受到驚嚇。

Q2. 你是一個容易被行動激勵的人嗎？

　　是的，行動起來就覺得動力滿滿。

　　有時候會如此，但也不一定。

　　不是，行動歸行動，與我的動力無關。

Q3. 與其猶豫不決，你更傾向於迅速行動嗎？

是的，去做了之後才知道結果啊！

有時候會，但有些事情還是難以決定。

不是，我通常要想半天之後才會採取行動。

Q4. 一想到達成目標的那一刻，你就感到興奮嗎？

是的，只要想到最終成果，我就能持續努力。

有時候會充滿動力，但也會三天晒網，兩天捕魚。

不是，比較容易專注在眼前遭遇的挫折上。

Q5. 面對有難度的挑戰，你會做各種嘗試、努力克服嗎？

會的，我無論如何都要跨越這個困難。

有時候，但試過幾次都失敗的話，我會放棄。

不會，我還是喜歡避開麻煩。

Q6. 就算沒有人肯定，你依然能自我激勵嗎？

是的，我的決定不會因他人而改變。

有時候，但如果沒人肯定，動力就會消退。

不是，如果沒有人推著我前進，我就很難堅持。

Q7. 你對追求目標和成就感有強烈的渴望嗎？

是的，獲取成就感對我來說是最重要的。

有時候，達成目標當然好，但沒成功也不會怎樣。

不是，我沒想那麼多，就順其自然吧。

Q8. 做決策時，你更傾向快速決定，而非過度思考嗎？

是的，趕快行動起來才會有成果。

有時候，如果是不熟悉的領域，我就要多想想。

不是，事情無論大小，我都容易猶豫不決。

Q9. 與其等別人來解決問題，你更傾向主動出擊？

是的，我相信自己有能力跨越這個困難。

有時候，但搞不好別人更有經驗，能輕鬆解決。

不是，自己去處理勞心又勞力，我不會主動扛下來。

Q10. 為了追求成功，你有承擔風險的勇氣嗎？

是的，成功的路上難免有風險，不試永遠不知道。

有時候，要看風險大不大，不確定性太高的我會放棄。

不是，我不想因為意外而打亂我的生活計畫。

上面十道題目，回答「是的 / 會的」得3分；選擇「有時候」得2分；圈選「不是 / 不會」得1分，請按此標準計算每個選項的得分並加總，再往下看結果分析。

類型A 總分為25 ～ 30分【超級行動派】

恭喜你！你是充滿能量、決心和動力的「超級行動派」。極度渴望實現目標和追求成就感的你，是決策力與行動力兼備的類型。你不會讓拖延或猶豫不決阻礙自己前進，相反地，你總是積極地面對挑戰。具備高度自律性的你，就算缺乏周遭人的認同，仍會專注於目標，充滿動力地行動。這樣的你不僅是夢想家，更是實踐家，會制定明確的計畫，並全力以赴地實現它們。

類型B 總分為19 ～ 24分【相對行動派】

雖然具備一定的行動能力，但和「非常行動派」相比，你更傾向於權衡和考慮不同的選項。面臨挑戰時，你雖有克服的決心，但通常無法迅速做出決策，你會花時間考慮各種利弊得失，以確保自己的決定不會出錯。性格謹慎、思慮周全的你很適合規劃，因為你會確保每

個行動的有效性，並能在執行過程中展現耐心與靈活度，以這種平衡的態度在個人與職場上取得成功。

類型 C 總分為 11 ～ 18 分【處事謹慎型】

你有自己的目標，也有意圖去實現願望，但行動力低於前兩種類型的人，在行動之前，你會花大量的時間在蒐集資訊與考慮上。處事謹慎的你在追求目標時更注重仔細、全面的思考，這是你的強項，不過，想要達成某項成就，行動是不可少的，正所謂「坐而言不如起而行」，若是值得為之奮鬥的事情，建議你放下多餘的憂慮，先行動再說！邊做邊調整，才有可能實現夢想喔！

類型 D 總分為 10 分以下【難以實踐型】

你是否有許多想法，卻難以持之以恆地執行呢？屬於這類型的你在很多事情上都顯得過於被動。雖然腦中會盤算各種方案，但往往只停留在點子上，缺少將想法付諸實行的行動力。長此以往，你可能會陷入拖延的惡性循環中，不僅缺乏行動力，連解決問題的能力也會跟著下降喔！請記得，就算你擁有再豐富的創造力，少了行動的話，好點子最後都只會淪為白日夢而已。

饗豐

低GI手作烘培

香草健康

智慧型立体學習體系華文網集團

台灣射向全球華文市場的文創之箭

　　智慧型立体學習體系是由在兩岸三地創辦12家成功且持續營運之企業體的王晴天博士、歐綾纖董事長與劉祐福執行長、吳宥忠老師等人聯合創辦。

　　本集團起源於書籍出版和雜誌媒體，致力發展多元產品及知識服務，提供以書為核心的知識型服務。於兩岸文化出版及知識服務產業有極大影響力。台灣全部營運房舍及大陸主要營運房舍均為自有。同時我們也是亞洲頂尖商業教育培訓機構，擁有亞洲最強圖書發行網絡＋影音媒體網路平台＋行銷企畫專業團隊＋社群媒體營銷系統，累積出版超過萬種書籍，協助千餘位創業者與企業主完成夢想，經由【以書導客】【以課導客】【平台共享】幫助企業實現其價值之最大化！

（台灣）華文網集團圖書發行與行銷

　　集團旗下的「采舍國際」為台灣最專業的知識服務與圖書發行總代理商，有最專業的B2B作業體系；有新絲路網路書店、華文自資出版平台等B2C系統；整合業務團隊、行銷團隊（專業於通路、媒體、活動……行銷）、網銷團隊（Yahoo!奇摩購物中心、超級商城、PChome、富邦momo、博客來、蝦皮……等逾30個網路商城），建構出全國最強品牌與商品行銷體系，擁有海軍陸戰隊般鋪天蓋地的行銷資源。我們深刻了解在這個難銷時代，唯有虛實整合的3D立體作戰：海陸空三軍交織天地人網，才能在紅海中殺出重圍，進入黑海建構綠海世界。不鳴則已，一鳴驚人！

圖書出版

　　（台灣）華文網股東為十餘家台灣知名上市櫃公司，集團下轄創見文化、典藏閣、知識工場、啟思出版、活泉書坊、鶴立文教機構、鴻漸文化、集夢坊等二十餘家知名出版社，大陸與東南亞則於北京、廣州、深圳、香港、新加坡、吉隆坡等地，分別投資設立六家文化公司，是台灣唯一有實力於兩岸同步出版，貫徹全球華文單一市場之知識服務與出版集團。除了圖書出版外，還引進發行ef、ff、sure等雜誌國際中文版，更在大陸與中國輕工集團合作發行瑞麗等時尚雜誌。2023起陸續出版《真永是真‧人生大道》系列叢書計333冊，媲美《四庫全書》與《永樂大典》，將圖書出版與培訓課程等知識服務昇華為智慧型服務！

台灣華文網集團魔法講盟培訓事業

　　全球華語魔法講盟是最專業的開放式培訓平台，開設專業且多元的實體與線上課程千餘種，是台灣最大的教育培訓機構暨兩岸最大民營出版集團。提供各種大、中、小型舞台，舉辦各類有品牌認證之優質課程。主辦世界華人八大明師論壇、亞洲八大名師成功創富大會、出書出版班、國際級講師培訓班、無敵談判培訓營、轉介紹行銷專班、眾籌班、接建初追轉行銷戰鬥營、168VS642成功系統班、打造自動賺錢機器、MSIR、AI、NFT……等課程。所有課程除帶給學員們高CP值的學習體驗外，特別強調實效與課後追蹤，具高度信度與效度，以保證有結果為志業而迅速崛起！並開放課程培訓平台與各領域名師與專家們合作，助您將知識變現，創造價值！共創win win雙贏model！

華文網集團為您出書

　　集團旗下擁有全球最大的「華文自助出版平台」與「新絲路電子書城」，不僅提供一般的紙本書出版服務，也有新穎的電子書與有聲書的出版方式，更將書籍結合資訊型產品，推廣作者本身的課程產品或服

務。已以專業編審團隊＋完善發行網絡＋多元行銷資源＋魅力品牌效應＋客製化出版服務，成功協助各方人士自費出版了三千餘種好書，並培育出數百位博客來、金石堂、誠品等知名平台的暢銷書榜作家。更多自出版（self-publishing）詳情請見新絲路網路書店www.book4u.com.tw或洽智慧型立体學習體系。

華文網以集團之力為您讀書

定期開辦線上與實體之讀書會、新書發表會及新絲路視頻【說書】系列，廣邀書籍作者親自介紹他的書，將理念與創業甘苦談與學員們分享，或專案陳列推廣有您文宣與置入性行銷的書，建立權威形象，大大提高您的項目與品牌的知名度與指名度！凡經我司策畫【新書發表會】系列行銷活動之書，80%均可進入排行榜暢銷書！

直效行銷系統

學習使人不惑！賺錢使人不屈！智慧型立体學習體系具台灣公交會報備許可合法落地之資質。全球首創！學習型創富體系倡導【邊學邊賺】理念，透過讀書與學習，從流量創造存量，同步提升知識與財庫存量，向智慧與財務自由邁進！助您打造自動賺錢機器，開創 π 型事業，本事業部成立短短數月即有數十位加入者月入百萬！第一次微創業就成功！歡迎您於每週二、週五下午前來中和魔法教室了解喔！

影音平台

新絲路視頻是集團旗下提供全球華人跨時間、跨地域的知識服務平台，提供最優質、充滿知性與理性的知識膠囊，偷學大師的成功真經，搞懂KOL的不敗祕訣。幫助您開闊新視野、拓展新思路、汲取新知識，逾千種精彩視頻終身免費，對全球華語使用者開放。【藏經閣】更是蒐羅過去、現在與未來所有集團課程的影音檔，逾千部現場實錄學習課

程，讓你隨點、隨看，飆升即戰力。有為者亦若是！您也可以成為新絲路視頻與【藏經閣】的主角，向全世界宣揚您的理念與品牌。

網路書店

集團旗下新絲路網路書店 www.silkbook.com ＆華文網網路書店 www.book4u.com.tw 全年無休為您服務。是台灣區知名文創電商。

電子書平台

新絲路電子書城（www.silkbook.com）乃全國唯一對雙向（作者／讀者）皆免費的電子書平台，讓「書」回歸到最初傳承思想、開啟智慧之窗的理想；並以眾籌捐款機制，開創全新的 Business Model。此外，集團所發行之電子書亦同步上架至 Hyread 凌網科技、Readmoo 讀墨、博客來、TAAZE 讀冊生活（學思行）、Google books、台灣漫讀、樂天 Kobo 電子書、iRead eBooks 華藝電子書、iRead 灰熊愛讀書、PChome24h 購物書店、金石堂網路書店、富邦 momo 電子書、琅琅悅讀－琅琅書店、Pubu、Hami 書城、點閱串流……等，全視角地增加曝光度與銷售量，將「書」賣向全世界！

真永是真

「是錯永不對，真永是真」〈真永是真〉真讀書會是一場華人圈最高端的知識饗宴，為迷航人生提供真確的指引明燈，成為華語華文知識服務 KOD&WOD 之領航家！在這盛大場合中，還能與大咖老師和知名品牌產生群聚效應，不僅頭銜與身分改變，也帶來名聲與財富！《真永是真》人生大道系列叢書共 333 鉅冊，比美清朝的《四庫全書》與明朝的《永樂大典》，再創出版史之高峰！另有有聲書系列與電子書系列搭配新絲路視頻與 fb 私密社團【藏經閣】，其中《真永是真》有聲書系列長踞博客來有聲書暢銷書排行榜前十名，是台灣地區最暢銷也最長銷

的有聲書系列。

除王董事長投資逾億為最大股東外，母公司華文網集團於兩岸股東陣容均極為堅強。台灣方面的股東包括和通創投、中國電視、中租迪和、仁寶電腦、台北富邦銀行、王道銀行（台灣工業銀行）、國寶人壽、東元電機、凌陽科技（創投）、力麗集團、東捷資訊等十數家上市公司。

全球最強！知識型＆智慧型兼容服務
★★★ NEPCCTIAWSOD體系 ★★★

NFT&NFR：NFT即Non Fungible Token之縮寫，王晴天博士與吳宥忠老師和泰倫斯老師共同領軍之元宇宙企業團全球首創將書鑄造成NFT&NFR，目前是台灣最大NFT發行＆經銷總代理商，為目前台灣上架NFT平台最多的公司。

E-Book電子書：早在上個世紀90年代，王董事長就在兩岸領導第一波的電子書製作與發行相關研發。疫後時代，E-Book進一步帶起閱讀新契機，目前已發行電子書數千個品種。

Paper紙本書：王晴天建構全球華文最大的出版體系與專業發行網，擁有最完善的行銷網及最高的書籍曝光度，打造個人IP＆文創品牌，出書已逾萬種！

China簡體版：積極推廣簡體版權，與內地中國出版集團合作，獨資或合資設立文化公司，建構華文單一出版市場。

Channel影音說書：致力推廣優質好書，讓聽眾用閱聽看就能飽讀群書。〈新絲路視頻〉影音說書頻道點閱破千萬人次！

Training 培訓：開設保證有結果的專業培訓課程，已開課千餘種，全數納入【藏經閣】，是目前華文培訓界最大的實況實戰影音資料庫。

International 國際版權：AI跨語種翻譯技術越發成熟，能快速且正確地大量翻譯各國語言，將國際版權銷往全球市場，已超越全球最大的〔古騰堡跨語種書庫〕，成為華人華文之光！

Audio book 有聲書：Podcast及audio book系列有聲書之經營，以《用聽的學行銷》及《成功3.0》最知名，暢銷海內外。《真永是真》系列則一直高踞博客來有聲書暢銷排行榜冠軍！

Writer 暢銷書作家：提供華人出版界最全方位的資源!!傳授素人出書一定要知道的潛規則，打造屬於你的超級暢銷書！已培養作家千餘位，完成【以書導客】的BM商業模式。

Speaker 國際級講師：史上最強！國際級講師育成計畫！透過完整的講師訓練系統培養，把您當成世界級講師來培訓，讓您完全脫胎換骨成為一名超級演說家！兩岸百強PK大賽則知名於全球華人世界，參加者均可達成【以講導客】的戰略性目標，將演說也變成一種效度極高的BM商業模式。

Other People's Something 借力眾籌：集眾人之智‧籌眾人之力‧圓眾人之夢，助您借大咖的力，借平台的力，匯聚人脈、商機與金脈！且平台開放，可將您的產品與服務銷往全世界！

Direct Selling 學習型直銷體系：2022年創辦智慧型立体學習體系，倡導【邊學邊賺】不屈不惑的人生境界，短短數月即有數十位加入者月入百萬！本體系於2023營收已破億！ 2024向營收5個億的目標挺進中，歡迎您盡早加入，峨嵋絕頂，盍興乎來！

書是你最好的名片
出書，讓你被全世界看見

你想成為暢銷書作家嗎？
你想站上千人舞台演講，建構江湖地位嗎？

只要出版一本自己的書，就能晉身成專家、權威、人生贏家！是你躍進強者階層的最短捷徑，讓你萬眾矚目、粉絲爆棚、人脈拓展，創造知名度和擴大影響力！讓您──

★借書揚名★　　★建立個人品牌★　　★晉升專業人士★

★推廣自家產品★　　★最吸睛的公關★　　★創造被動收入★

已協助數百位中台港澳東南亞素人作家完成出書夢想

智慧型立体學習出版&培訓集團

結合出書與賺錢的全新商業模式

一石三鳥的絕密BM，成就你的富裕人生！

01 被動收入
自己就是一間微型出版商，取得出書經營權，引薦越多人，收入越可觀！

出書 1+1 02
第1本書，與知名作家合出一本書；第2本為自己著作，坐擁版稅，成為暢銷書作家！

03 高CP值
讓你邊學＋邊賺＋出書＋拓人脈＋升頭銜，成為下一個奇蹟！

智慧型立体學習體系，
首創 NEPCCTIAWSOD 同步出版，
也是兩岸四地暢銷書製造機，
如今最新邊學邊賺 BM，
不僅讓你寫出專業人生，
還能打造自己的自動賺錢機器！

改變你
的人生
Right
NOW！

📞 服務專線：02-**82458318**

📍 地址：台灣新北市中和區中山路二段 366 巷 10 號 3 樓

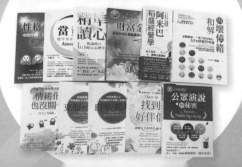

世界文學巨著套組　1-7

一生不能錯過的東西方文學經典！不同世代的時空背景下，以及多元的歷史文化中，衍生出許多豐富動人的文學傑作。

跨時代經典文學套組　1-8

最多人閱讀的的傳世經典鉅著！
讀好書，讀經典，精選名著，盡在掌握。

生活風格套組　1-9

最實用、熱銷的生活休閒、醫學養生經典！
提供你自在、樂活、健康的生活解方。

642 創業套組　1-10

啟動新商機、新 BM 的最佳首選！
觀念｜創意｜價值｜創新，以最無痛的方式，開創最大志業，帶你富起來！

好禮 2　★ 精選線上課程·20選5 ★

- ☐ **1.** 零成本完售自己的電子書 / $40980
- ☐ **2.** 斜槓經營亞馬遜跨境電商 / $30980
- ☐ **3.** 玩轉區塊鏈，大賺趨勢財 / $50980
- ☐ **4.** 3 小時暢銷書作者培訓精華班 / $35980
- ☐ **5.** 不用超級開朗也能成為主持人 / $30980
- ☐ **6.** 學測數學最低 12 級分的秘密 / $50980
- ☐ **7.** 民初文學：魯迅、胡適、沈從文 / $34980
- ☐ **8.** 從山間到人間的文學絲路：山海經 / $39980
- ☐ **9.** 成為國際級講師超值精華課 / $49980
- ☐ **10.** 公眾演說口才表達精華班 / $47980
- ☐ **11.** 新世代互聯網 Web4.0 / $37980
- ☐ **12.** 元宇宙 NFT 新手攻略 / $43980
- ☐ **13.** 區塊鏈眾籌與白皮書 / $32980
- ☐ **14.** 借力眾籌圓夢班 / $47980
- ☐ **15.** 真永是真：馬太效應 / $30980
- ☐ **16.** 真永是真：莫菲定律 / $20980
- ☐ **17.** 真永是真：紅皇后效應 / $30980
- ☐ **18.** 真永是真：鯰魚效應 / $30980
- ☐ **19.** 英倫神探福爾摩斯 / $39980
- ☐ **20.** 老子與道德經 / $35980

好禮 **3** ★ 精選 **10** 大實體課程・全部免費參加 ★

☑ 2023 邊學邊賺商機說明會

每週
週二&週五
下午2:00
～3:30

低門檻+可斜槓+制度優+高收入+前景廣
微資創富，跳晉複業人生，月入百萬不是夢！
地點：中和魔法教室（新北市中和區中山路二段
366巷10號3樓 ⍟ 橋和站左轉走路5分鐘）

☑ 2023 金石堂創業新書分享會

10/14

向大師借智慧，與專家面對面！掌握
前瞻趨勢與新知，成就富足未來！
地點：金石堂信義店5樓　龍顏講堂
（台北市信義路二段196號5樓 ⍟ 東門站）

☑ 2023 世界華人八大明師高峰會

10/21
～22

高CP值的創業創富機密，世界級講師陣
容，助您奪回人生主導權，顛覆未來！
地點：台北矽谷國際會議中心
（新北市新店區北新路三段223號 ⍟ 大坪林站）

☑ 2023 終極BM借力眾籌

10/28
～29

集眾人之智・籌眾人之力・圓人之夢！助您
借大咖的力、平台的力，匯聚人脈與金脈！
地點：中和魔法教室（中和 Costco 對面，新北市中和區中山路
二段366巷10號3樓）

☑ 2023 MSIR 多元收入大革命

12/12

改變收入結構，才有可能擁有財務自由，
教你如何打造系統、創造多元財富！
地點：中和 Costco 對面，中山路二段巷內的中和魔法教室
（ ⍟ 橋和站和 ⍟ 中和站之間）

☑ 2023 國際級講師培訓班

12/16

為您揭開成為紅牌講師的終極之秘，A+
to A++ 成為國際級講師！
地點：中和魔法教室（巷口為一邊是郵局一邊是福斯汽車，
新北市中和區中山路二段366巷10號3樓

☑ 2024 亞洲八大名師高峰會

6/15
～16

創業培訓高峰會，人生由此開始改變！為
您一揭 AI、元宇宙時代下的創新商業模式
地點：矽谷國際會議中心
（新北市新店區北新路三段223號 ⍟ 大坪林站）

☑ 2024 168 系統月入千萬魔法班

6/29
～30

100% 複製、建構高效萬人團隊，
系統化經營，只要方法用對，就沒
有賺不到的億萬富貴。
地點：中和魔法教室（ ⍟ 橋和站左轉走路5分鐘，新北市中和
區中山路二段366巷10號3樓）

☑ 2024 打造自動賺錢機器M³

9/28

運用系統、轉換思維、輕鬆複製這條致富
路，傳授實戰、實效、實用的賺錢 BM！
地點：新店矽谷國際會議中心 1B 教室
（新北市新店區北新路三段223號）

☑ 2024 世界華人八大明師創業講座

10/19
～20

新趨勢│新商機│新布局│新人生，世
界級的講師陣容，為您鏈結全球新
商機趨勢，創業智富，顛覆未來！
地點：台北矽谷國際會議中心
（新店北新路三段223號 ⍟ 大坪林站）

課程日期更新資訊請查詢  www.silkbook.com.tw

---

 好禮 **4** ★ **15** 本電子書通通免費送給你 **!!** ★

有錢人都在學
**塑造價值│傳遞價值│實現
價值**，複製成功超實用工具
書，只要四週，就能讓人
生產生改變！ **01**

斜槓創業
一本專為您打造的創業聖
經！你斜槓的不僅是生活，
更是收入，助你實現多重收
入與自由的夢想人生！ **02**

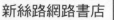

國家圖書館出版品預行編目資料

納爾遜精神 / 劉秝福, 唐子林, 吳宥忠等 合著. -- 初版. -- 新北市：創見文化出版, 采舍國際有限公司 發行, 2023.10 面；公分--- (Magic power ; 28)

ISBN 978-986-271-979-4（平裝）

1.CST：成功法　2.CST：人物志

177.2　　　　　　　　　　　112012351

納爾遜精神

 創見文化 · 智慧的銳眼

作者／王晴天、劉秝福、吳宥忠、唐子林、曾衣宸、温世君、黃光啟、葉繁芸、
　　　陳靜宜、黃斐貞、李沛存、簡見家、楊雅雯、鄭玉環

出版者／智慧型立体學習 · 創見文化

總顧問／王寶玲

總編輯／歐綾纖

文字編輯／何牧蓉

美術設計／Maya

台灣出版中心／新北市中和區中山路 2 段 366 巷 10 號 10 樓

電話／（02）2248-7896　　　　　　　　傳真／（02）2248-7758

ISBN ／ 978-986-271-979-4

出版日期／2023 年 10 月

全球華文市場總代理／采舍國際有限公司　　新絲路網路書店 www.silkbook.com

地址／新北市中和區中山路 2 段 366 巷 10 號 3 樓

電話／（02）8245-8786　　　　　　　　傳真／（02）8245-8718

智慧型立体學習股份有限公司